Jeet Kune Do

Jeet Kune Do

BRUCE LEES

Jeet Kune Do

FALKEN

Bei FALKEN erscheint die erfolgreiche Serie
»Bruce Lees Kampfstil« mit den Einzeltiteln:

Band 1: Grundtechniken
Band 2: Selbstverteidigungs-Techniken
Band 3: Trainingslehre
Band 4: Kampftechniken

Außerdem:

Der König des Kung Fu BRUCE LEE
Sein Leben und Kampf. Von seiner Frau Linda

Der FALKEN Videofilm »Karate« (Nr. 6037) garantiert nicht nur den direkten Nachvoll-
zug der Techniken und eine stetige Kontrolle des Lernerfolgs, sondern er vermittelt auch
plastisch die Faszination dieser Kampfsportart.

ISBN 3 8068 0440 0

161 514 131 211

Inhalt

Dieses Buch ist dem freien und schöpferischen Kampfkünstler gewidmet –
möge er das Nützliche annehmen und es weiter entwickeln!

Einführung

Mein Mann Bruce betrachtete sich immer zuerst als Kampfsportler und erst in zweiter Linie als Schauspieler. Mit 13 Jahren begann er, den Kung-Fu Stil Wing-Chun zum Zwecke der Selbstverteidigung zu erlernen. Von da ab entwickelte er das Erlernte in den folgenden 19 Jahren zu einer Wissenschaft, einer Kunst, einer Philosophie und einem Lebensstil. Er trainierte seinen Körper durch praktische Übungen und schulte seinen Geist durch Lektüre und Selbstreflektion. Seine Gedanken und Ideen notierte er während der ganzen 19 Jahre. Sie sind auf den Seiten dieses Buchs zusammengestellt, ein stolzes Lebenswerk.

In seinem dauerndem Streben nach Selbsterkenntnis und Selbstverwirklichung studierte, analysierte und modifizierte er ständig alle seine Interessen betreffenden Veröffentlichungen und Informationen. Er stützte sich dabei hauptsächlich auf seine aus über 2000 Büchern bestehenden Bibliothek, in der Werke über Körperschulung, Kampfkünste und deren Techniken, Selbstverteidigung und verwandte Themen vertreten waren.

1970 zog sich Bruce eine ziemlich ernste Rückenverletzung zu. Um die Verletzung auszuheilen, verordneten ihm die Ärzte strenge Bettruhe und untersagten ihm jegliche körperliche Betätigung. Diese sechs Monate der erzwungenen Ruhe waren wohl die deprimierendste und am meisten an den Nerven zehrende Zeit in Bruces Leben. Aber selbst während sein Körper zur Untätigkeit gezwungen war, arbeitete sein reger Geist weiter, und das Ergebnis ist dieses Buch. Der Hauptteil der Niederschrift entstand zu jener Zeit, manche verstreute Notizen aus früheren oder späteren Tagen wurden ebenfalls aufgenommen. Besonders beeindruckt war Bruce von den Schriften von Edwin L. Haislet, Julio Martinez Castello, Hugo und James Castello und Roger Crosnier, wie aus seinen Notizen zu ersehen war. Viele der von Bruce entwickelten Theorien standen in direkter Beziehung zu den Werken dieser Autoren und fanden darin eine Bestätigung.

Bruce hatte sich entschlossen, sein Buch 1971 fertigzustellen, aber seine Filmarbeit hielt ihn davon ab. Er schwankte auch, ob es überhaupt ratsam sei, diese Arbeit zu veröffentlichen, weil er fühlte, daß man sie mißbrauchen könnte. Er wollte nicht ein »Wie man es macht« – Buch, oder eine »Lerne Kung-Fu-Fibel in 10 leichten Lektionen« herausbringen. Es sollte kein Lehrbuch werden, sondern die Wiedergabe dessen, was Bruce dachte, ein Führer seiner Leitlinien. Wenn es in diesem Licht betrachtet oder gelesen wird, kann man sich vieler Dinge bewußt werden, die auf diesen Seiten angeschnitten sind. Sie werden wahrscheinlich viele Fragen haben – die Antworten darauf müssen Sie in sich selbst suchen.

Wenn Sie dieses Buch gelesen haben, werden Sie Bruce Lee besser kennen, aber hoffentlich werden Sie sich dann selbst auch besser kennen.

Nun öffnen Sie Ihren Geist, lesen Sie, verstehen Sie, erfahren Sie, und wenn Sie diesen Punkt erreicht haben, legen Sie das Buch weg. Sie werden sehen, daß diese Seiten dazu dienen, Unklarheiten und Verwirrung in Ihrem Geist zu beseitigen.

Linda Lee

Einfache Dinge, in die Hände eines außergewöhnlichen Menschen gelegt, beeindrucken durch eine unleugbare Harmonie. Bruces Zusammenfassung der Kampfkünste hatte diese Eigenschaft, die auch besonders in seinem Kampfstil sichtbar wurde. Durch eine Rückenverletzung einige Monate zur Untätigkeit verurteilt, griff Bruce zur Feder. Auch hier schrieb er, wie er sprach und so wie er sich bewegte, offen und ehrlich.

Wenn man die Elemente, die in einem Musikstück enthalten sind, begreift, hat man auch etwas Spezielles, außer der Melodie, erkannt, etwas Wesentliches.

Linda Lee und ich wollen die Einführung zu diesem Buch dazu benützen, um Ihnen verständlich zu machen, wie es überhaupt dazu kam. Die pantheistische Religion und das Tao des Jeet Kune Do begann bereits vor der Geburt von Bruce. Und der klassische Wing Chun Stil, der ihn auf seinen Weg brachte, wurde schon vor 400 Jahren entwickelt. Die 2000 oder noch mehr Bücher, die Bruce besaß, sowie die unzähligen Bücher die er las, beschrieben die persönlichen Erkenntnisse tausender Menschen, die vor ihm lebten. In diesem Buch steht nichts Neues, es enthält keine Geheimnisse, es ist nichts Spezielles, pflegte Bruce zu sagen. Aber so war es nicht. Der Schlüssel zu Bruces Persönlichkeit war eben der, sich selber zu kennen, seine eigenen Fähigkeiten, und die Dinge auszuwählen, die ihm nützten. Diese Dinge setzte er dann um in Bewegung und Sprache. In der Philosophie des Konfuzius, Spinoza, Krishnamurti und anderer fand er die Grundlage für seine eigenen Konzepte, und mit dieser Grundlage bzw. auf dieser Grundlage schrieb er das Buch seines Tao, seines Weges.

Als Bruce starb, war sein Buch nur teilweise fertig. Obwohl das Material für sieben Bücher gereicht hätte, ergab es nur eines. Zwischen vielen Manuskriptseiten befanden sich nichtnummerierte Seiten weißen Papiers, jede mit einer einfachen Überschrift. Manchmal schrieb er so als ob er nur für sich allein schriebe. Dabei stellte er sich seine eigenen Fragen. Meistens jedoch schrieb er an seinen unsichtbaren Schüler, seinen Leser. Wenn er schnell schrieb, ließ er die gebräuchliche Grammatik außer acht. Aber wenn er sich Zeit nahm, war er sehr beredtsam und ausführlich.

Einige Passagen in seinen Notizen waren wohlvorbereitet und sorgfältig überlegt niedergeschrieben. Andere Stellen wiederum erweckten den Eindruck, als seien sie schnell hingekritzelt worden, als plötzliche Inspirationen und noch unausgegorene Ideen durch seinen Kopf schossen. Überall in seinem Werk konnte man solche Stellen finden. Solange sich Jeet Kune Do in der Entwicklung befand, machte sich Bruce Notizen. Er stapelte sie, und teilweise fand man sie auch unter seinen anderen Sachen in Schubladen. Einige waren überholt, andere wieder waren frisch und neu und sehr wertvoll für sein Buch.

Mit Lindas Hilfe versuchte ich, all dieses Material zu sichten, zu ordnen und zusammenzustellen. Das meiste ist unverändert geblieben. Auch die Zeichnungen und Skizzen stammen von ihm.

Eine richtige Gliederung dieses Buches wäre nicht ohne die Hilfe Danny Inosantos möglich gewesen, sowie ohne die Mitwirkung seiner Assistenten und seiner Klasse für fortgeschrittene Schüler. Sie waren es, die meine acht Jahre Training der Kampfkünste erweiterten und vertieften, und die mit ihrem Wissen die Theorien in Aktion umsetzten. Ihnen gebührt mein Dank, sowohl als Herausgeber dieses Buches als auch als Kampfsportler.

Es muß noch erwähnt werden, daß das Tao des Jeet Kune Do nicht vollständig ist. Bruces Kunst veränderte sich praktisch jeden Tag. Bei den »Fünf Arten des Angriffs« z. B. begann er ursprünglich mit der Technik des Unbeweglichmachens der Hände. Später wurde das geändert, weil diese Technik sowohl für die Beine als auch für Arme und Kopf angewendet werden kann. Es war eine ganz einfache Beobachtung, die die Grenzen aufzeigte, die entstehen, wenn man bestimmte Begriffe etikettieren will.

Die Philosophie des Tao von Jeet Kune Do hat eigentlich kein richtiges Ende. Es dient nur dazu, einen Anfang zu zeigen. Es hat keinen Stil, es hat keine Basis, obgleich es ganz leicht von jenen verstanden wird, die ihre Fähigkeiten, ihre Waffen kennen. Wahrscheinlich gibt es zu jeder Aussage in diesem Buch eine Ausnahme, aber kein Buch kann uns ein absolutes Bild der Kampfkünste vermitteln. Dieses hier ist lediglich ein Werk, das den Weg beschreibt, den Bruce ging. Die Nachforschungen sind nicht abgeschlossen, viele Fragen, einige ganz elementar und andere wieder kompliziert, blieben unbeantwortet. Schon deshalb, weil der Schüler sich selber die Fragen stellen soll. Gleichermaßen verhält es sich mit den Zeichnungen. Sie sind oft gar nicht erklärt und geben daher manchmal nur vage Eindrücke. Aber wenn diese Zeichnungen eine Frage auslösen oder einen Gedanken hervorbrechen lassen, dann erfüllt das seinen Zweck.

Hoffentlich betrachten die Kampfkünstler dieses Buch als eine Ideenquelle. Ideen, die heute entwickelt werden sollen. Bedauerlicherweise und unvermeidlich wird dieses Buch jedoch auch mit dazu beitragen, daß »Jeet Kune Do Schulen« entstehen, geleitet von Leuten, die wohl den hervorragenden Ruf dieses Begriffs kennen, aber nur sehr wenig über ihn selber. Vor solchen Schulen muß man sich hüten. Wenn ihre Instruktoren die wichtigen letzten Zeilen übersahen, besteht die Wahrscheinlichkeit, daß sie dieses Buch überhaupt nicht richtig verstanden haben.

Selbst die Gliederung dieses Buches ist unverbindlich. Da gibt es keine Abgrenzung zwischen Geschwindigkeit und Kraft, oder zwischen Präzision und Beintechniken, oder zwischen Handschlägen und Reichweite. Jedes Element der Kampfbewegung wirkt auf andere ein. Die Einteilung, die ich vornahm, dient nur dem bequemen Lesen. Nehmen Sie diese nicht allzu ernst. Benützen Sie beim Lesen einen Bleistift und kreuzen Sie verwandte Stellen, die Sie finden, an. Jeet Kune Do hat keine bestimmten Linien oder Grenzen. Nur jene, die Sie selber ziehen.

Gilbert L. Johnson

Grundlagen

In eine Seele, die frei ist von Gedanken und Empfindungen, kann selbst ein Tiger seine grimmigen Krallen nicht hineinschlagen.

Immer wieder der gleiche Wind streicht über die Kiefern, die auf den Bergen stehen und die Eichenbäume im Tal; warum jedoch ist ihr Rauschen so anders?

Kein Denken, kein Bewußtsein, vollkommene Leere, doch etwas Bestimmtes bewegt sich darin, eigenen Gesetzen folgend.

Das Auge sieht ihn, doch keine Hand könnte ihn fassen, den im Strome sich spiegelnden Mond.

Wolken und Nebel sind Luftgebilde, doch über ihnen liegt ewiger Sonnen- und Mondenschein.

Der Sieg gehört immer dem, der sogar vor der Schlacht nicht an sich selbst denkt, sondern in der Leere des Großen Ursprungs ruht und aufgeht.

Alle Kampfsportarten einschließlich des Boxens erfordern Verständnis des Wesens, harte Arbeit und eine absolute Beherrschung der Techniken. Um eine Kampfsportart zu meistern, genügen ein Krafttraining und die Anwendung von Gewalt nicht. Voraussetzung für das Verständnis ist das Studium der natürlichen Bewegungsabläufe bei allen Lebewesen. Auch die Kampfweise anderer, ihr Timing und ihre Schwächen zu beobachten ist nützlich. Hat man diese beiden Elemente erkannt, wird man einen Gegner ziemlich leicht bezwingen können.

Im Mittelpunkt steht das Verstehen der Techniken

Um die Techniken zu verstehen, muß man sich vergegenwärtigen, daß sie aus einer Vielzahl schnell aufeinanderfolgender Bewegungen bestehen. Besonders zu Beginn mag einem das schwierig erscheinen. Das liegt daran, daß eine gute Technik aus einer Menge verschiedener, sich blitzschnell verändernder Stellungen besteht. Dieses System von Wirkung und Gegenwirkung kann ebenso gegensätzlich sein wie Gott und Teufel. Wer hat in einem Moment die Oberhand? Wechselt das blitzschnell? Die Chinesen glauben es. Eins zu sein mit dem Wesen der Kampfkünste bedeutet umfassendes Verständnis und die Möglichkeit, einen eigenen freien Stil zu entfalten. Hat man das erreicht, dann erfährt man, daß es keine Grenzen gibt.

Warnung vor Körpertechniken

Einige Kampfsportarten sind bei den Zuschauern wegen ihrer guten Wirkung und ihrer flüssigen Techniken besonders beliebt. Vorsicht ist jedoch angebracht: Sie sind wie verwässerter Wein. Und gepanschter Wein hat keineswegs die Qualitäten des Originalerzeugnisses.

Manche Kampfsportarten sehen nicht so ansprechend aus, aber man weiß, daß sie etwas Charakteristisches, einen Pfiff, die Ausstrahlung der Echtheit haben. Sie sind wie Oliven, streng und vielleicht bittersüß im Geschmack. Doch ihr Aroma bleibt. Und man lernt ihren Geschmack schätzen. Aber niemand entwickelt eine Vorliebe für gepanschten Wein.

Erworbene und natürliche Fähigkeiten

Manche Menschen haben von Geburt an nicht nur einen guten Körperbau, sondern auch schnelle Reaktionen und Widerstandsfähigkeit. Sie haben es gut. Aber in den Kampfsportarten ist eigentlich alles Erlernte eine erworbene Fähigkeit. Sich intensiv mit einer Kampfkunst zu beschäftigen ist dem Erlebnis des Buddhismus vergleichbar. Das Gefühl dafür kommt aus dem Herzen. Man hat die innere Gewißheit, daß man erhält, was einem wirklich nottut. Wenn man es erlangt hat, spürt man es. Und wächst daran. Vielleicht versteht man es nicht ganz, aber man strebt nach weiterer Vervollkommung. Und je weiter man fortschreitet, desto einfacher und natürlicher wird alles. Man kann einem Tempel oder einer Kampfkunst-Schule beitreten. Man folgt den einfachen Wegen der Natur. Und man erfährt ein Leben von bisher nicht erlebter Fülle.

A Taoist Priest

Das Bewußtsein des eigenen Ichs ist das größte Hindernis in der Ausübung aller körperlicher Aktionen.

Wahres Verstehen der Kampfkünste heißt Ausschalten all dessen, was das wahre Wissen und das wahre Leben verschleiern könnte. Gleichzeitig bedeutet es grenzenlose Ausdehnung, und nicht die Ausbildung eines bestimmten Bereichs, der mit dem Totalen verschmilzt, sondern eher die Ausbildung des Totalen, die diesen speziellen Bereich durchdringt und mit sich vereinigt.

Der Weg, um das Karma zu erfahren, besteht darin, Geist und Willen im besten Sinne zu gebrauchen. Die Einheit allen Lebens ist eine Wahrheit, die dann voll erkannt werden kann, wenn falsche Vorstellungen von einem getrennten Ich, dessen Geschick man sich getrennt vom Ganzen vorstellen kann, für immer ausgelöscht werden.

Leere ist das, was in der Mitte steht zwischen diesem und jenem. Die Leere umfaßt alles und hat keinen Widerpart. Sie schließt nichts aus und hat keine Gegensätze. Es ist eine lebende Leere, weil alle Formen aus ihr entstehen, und wer diese Leere erkennt, ist angefüllt mit Leben und Kraft und der Liebe allen Seins.

Verwandle dich in eine aus Holz geschnitzte Puppe. Sie hat kein Ich, sie denkt nichts, sie ergreift nichts und behält nichts. Laß Körper und Glieder ihren eigenen Gesetzen folgen.

Wenn in dir nichts starr ist, werden sich dir die äußeren Dinge enthüllen. In der Bewegung sei wie Wasser – in der Stille wie ein Spiegel. Sei wie ein Echo in der Entgegnung.

Nichtsein kann nicht erklärt werden. Die weichste Sache kann nicht gefaßt werden.

Ich bewege mich und bewege mich doch nicht. Ich bin wie der Mond unter den Wellen, die fortwährend über ihm wogen und branden. Es ist nicht das Bewußtsein, »ich tue das«, eher eine innere Erkenntnis, daß »etwas durch mich geschieht«, oder »daß dies für mich getan wird«. Das Bewußtsein des eigenen Ichs ist das größte Hindernis in der Ausübung aller körperlichen Aktionen.

Die Lokalisierung des Sinnes bedeutet seine Erstarrung. Wenn der Sinn nicht länger so frei fließen kann, wie es nötig wäre, dann ist er nicht mehr der Sinn in seiner eigenen Fülle.

Das »Unbewegliche« ist die Konzentration der Energie auf einen gegebenen Punkt, wie auf die Achse eines Rades, im Gegensatz zu Sichzerstreuen in verschiedene Tätigkeiten.

Das Entscheidende ist das Tun, nicht so sehr die Ausführung. Es gibt keinen Schauspieler, nur das Spiel. Es gibt keinen Erfahrenden, nur die Erfahrung.

Wenn man etwas betrachtet, unabhängig von den eigenen Erwartungen und Wünschen, sieht man es in seiner ursprünglichen Einfachheit.

Wenn das Ich-Bewußtsein ausgeschaltet ist, dann erreicht die Kunst ihren Höhepunkt. Freiheit entdeckt der Mensch erst dann, wenn er das Interesse daran verliert, welchen Eindruck er macht oder machen wird.

Der vollkommene Weg ist nur schwer für jene zu finden, die stets wägen und wählen wollen. Habe nicht irgend etwas besonders gerne, verabscheue aber irgend etwas Nichtsbesonderes. Dann wird alles klar sein. Eine Haaresbreite Unterschied, und du hast Himmel und Erde voneinander getrennt. Wenn du die Wahrheit erkennen willst, dann sei nicht für, aber auch nicht gegen etwas. Der Kampf zwischen dem »für etwas oder gegen etwas sein« ist die schlimmste Krankheit der menschlichen Vernunft.

Die Wahrheit besteht nicht darin, das Gute dem Bösen zu entreißen, sondern darin, zu lernen sich so zu verhalten wie ein Kork, der sich dem Auf und Ab der Wogen anpaßt.

Paß dich der Krankheit an, sei mit ihr, mache dich mit ihr vertraut. Es ist der beste Weg, sie loszuwerden.

Eine Behauptung ist Zen nur dann, wenn sie für sich selber Wirkung hat und keinen Bezug zu irgendetwas, das im Zen behauptet wird.

Im Buddhismus gibt es keinen Platz für irgendeine Anstrengung. Bleibe ganz natürlich und tue oder versuche nicht irgendetwas Spezielles zu tun. Nehme deine Nahrung zu dir, mach dein großes und kleines Geschäft, und wenn du müde bist, lege dich hin. Der Unwissende wird über mich lachen, aber der Weise wird mich verstehen.

Gründe nichts, was sich nur auf sich selbst bezieht. Bewege dich schnell wie das Nichtexistierende, und

sei ruhig wie die Reinheit. Jene die gewinnen, verlieren. Gehe nicht anderen voran, aber folge ihnen immer.

Renne nicht davon, füge dich dem Unvermeidlichen. Suche nicht, denn was du suchst wird kommen, allerdings dann wenn es kaum mehr erwartet wird.
Gebe das Denken auf, als ob du es nicht aufgeben wolltest. Beobachte Techniken, als ob du sie nicht beobachten wolltest.
Da gibt es keine bestimmte Lehre. Das einzige, was ich geben kann, ist eine richtige Medizin für ein bestimmtes Leiden.

Der achtfältige Pfad des Buddhismus

Die acht Forderungen, um das Leiden auszuschalten bestehen darin, falsche Werte aufzugeben, andererseits das wahre Wissen um den Sinn des Daseins zu erkennen. Sie sind wie folgt zusammengefaßt:

1. Rechte Erkenntnis: Du mußt klar erkennen, was falsch ist.
2. Rechter Zweck: Entscheide dich für die Heilung.
3. Rechtes Sprechen: Spreche so, daß man spürt, du suchst die Heilung.
4. Rechtes Betragen: Du mußt handeln.
5. Rechte Berufung: Deine Lebenseinteilung darf deiner Therapie nicht entgegenstehen.
6. Rechte Anstrengung: Die Therapie muß mit einer zuträglichen Geschwindigkeit vorankommen d. h. mit derjenigen Geschwindigkeit, die gerade noch ausgehalten werden kann.
7. Richtiges Bewußtsein (Kontrolle der Gedanken): Du mußt es fühlen und unaufhörlich darüber nachdenken.
8. Die rechte Konzentration (Meditation): Lerne, wie man etwas tiefsinnig beschaut.

Die Kunst der Seele

Die Ziele der Kunst sind es, inneres Schauen in die Welt zu projizieren. Die tiefsten seelischen und persönlichen Erlebnisse werden so in einem ästhetischen Kunstwerk dargeboten. Im Rahmen einer vorstellbaren idealen Welt werden jene Erlebnisse somit allgemein verständlich und erkennbar.

Kunst offenbart sich im psychischen Verstehen des Wesens der Dinge und zeigt dann die Beziehung des Menschen zum Nichts, mit der Natur des Absoluten.

Kunst ist ein Ausdruck des Lebens und steht über Raum und Zeit. Unsere eigene Seele sollte mit der Kunst durchdrungen werden, um so eine neue Gestalt und ein neues Verständnis von der Natur und von der Welt zu bekommen.

Der Ausdruck eines Künstlers besteht darin, seine Seele sichtbar zu machen, seine Schulung sowie auch sein »kaltes Sein«, das sich damit praktisch entblößt. Die Musik seiner Seele wird erkennbar durch jede Bewegung. Andernfalls wäre die Bewegung bedeutungslos, und eine bedeutungslose Bewegung ist wie ein bedeutungsloses Wort.

Schalte unklares Denken aus und lebe aus dir selber.

Kunst ist niemals Dekoration oder Verschönerung. Sie ist ein Werk der Erleuchtung. Mit anderen Worten: Kunst ist eine Technik zur Erlangung der Freiheit.

Die Kunst verlangt vollkommenes Beherrschen ihrer Techniken, die durch Bewußtmachung in der Seele entwickelt wurden.

»Kunstlose Kunst« ist ein kunstvoller Prozeß in der Seele des Künstlers. »Kunst der Seele« ist seine eigentliche Bedeutung. Alle Bewegungen, die mit allen Hilfsmitteln ausgeführt werden können, bedeuten einen Schritt auf dem Wege in die absolute ästhetische Welt der Seele.

Die Schöpfung in der Kunst ist das seelische Ausdrücken der Persönlichkeit, welche in dem Nichts wurzelt. Sie bewirkt eine Ausdehnung der Welt der Seele.

Die kunstlose Kunst ist die Kunst der Seele, die sich in Ruhe befindet, wie das Mondlicht, das sich in einem tiefen See spiegelt. Das letzte Ziel eines Künstlers ist es, seine täglichen Aktivitäten dahingehend einzusetzen, daß er ein Lebenskünstler wird, sozusagen in der Kunst lebensbewandert wird. Die Meister in all den verschiedenen Zweigen der Kunst müssen zuerst Lebenskünstler sein, denn die Seele schafft alles.
Alle verschwommenen Vorstellungen müssen verschwinden, bevor sich ein Schüler Meister nennen kann.

Die Kunst ist der Weg zum Absoluten und zum Wesentlichen im menschlichen Dasein. Das Ziel der Kunst ist nicht eine einseitige Ausbildung oder Förderung des Geistes, der Seele oder der Sinne, sondern ein Öffnen aller menschlichen Fähigkeiten, Gedanken, Gefühle, Willen, zu diesem Lebensrhythmus der Welt der Natur. Nur so wird auch die lautlose Stille gehört werden und das eigene Sein kann sich harmonisch mit ihr verbinden.
Künstlerische Geschicklichkeit bedeutet deshalb

noch nicht künstlerische Perfektion. Sie dient viel eher als ständiger Mittler, oder als Bewußtsein einiger Schritte in der seelischen Entwicklung einer Vollkommenheit, die man nicht in der Form, oder in den Umrissen finden kann, sondern die kommen und ausstrahlen muß aus der menschlichen Seele.

Die künstlerischen Aktivitäten liegen nicht so sehr in der Kunst als solche, vielmehr dringen sie in eine tiefere Welt ein, in der alle Kunstformen (der Dinge, die in einem selbst erfahren werden) zusammenfließen und in der die Harmonie der Seele mit dem Kosmos in dem »Nichts« in der Wirklichkeit hervorgebracht werden.

Deshalb ist es der künstlerische Vorgang, der Wirklichkeit ist, und Wirklichkeit ist Wahrheit.

Der Pfad zur Wahrheit

1. Suche nach der Wahrheit
2. Bewußtsein der Wahrheit (und ihres Seins)
3. Wahrnehmen der Wahrheit (ihrer Substanz und ihrer Richtung – wie das Wahrnehmen der Bewegung)
4. Verstehen der Wahrheit (ein erstklassiger Philosoph wendet sie an, um sie zu verstehen – Tao. Nicht zerstückelt, sondern als Ganzes gesehen – Krishnamurti)
5. Erfahren der Wahrheit
6. Meistern der Wahrheit
7. Vergessen der Wahrheit
8. Vergessen des Übermittlers der Wahrheit
9. Rückkehr zur eigenen Ursprünglichkeit, wo die Wahrheit ihre Wurzeln hat
10. Die Ruhe in dem Nichts.

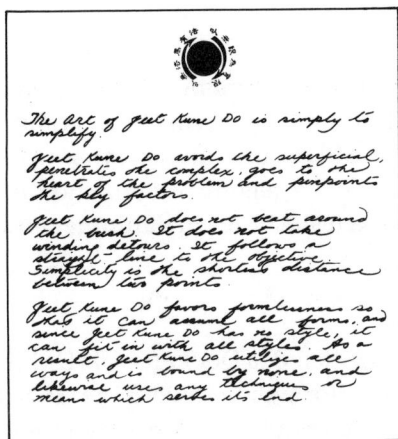

Das uneingeschränkte Leben endet um der Sicherheit willen in etwas Totem, ein gewähltes Muster, das Grenzen setzt. Um Jeet Kune Do verstehen zu können, sollte man alle Ideale, Methoden und Stile verwerfen. Tatsächlich sollte man selbst die Konzepte dessen, was ideal ist, oder nicht ideal ist in Jeet Kune Do verwerfen. Kannst du dich mit einer Situation befassen, ohne sie zu benennen? Wenn man sie mit einem Begriff bezeichnet, dann erweckt das Furcht.

In der Tat ist es schwer, die Situation, oder die Gegebenheit einfach zu sehen. Unser Verstand ist sehr komplex, und es ist leicht, jemand Geschicklichkeit zu lehren, aber es ist schwer, jemandem zu einer eigenen Verhaltensweise zu verhelfen.

Jeet Kune Do begünstigt das Informelle, weil es alle Formen annehmen kann, und da Jeet Kune Do keinen bestimmten Stil hat, paßt es sozusagen zu allen Stilen. Deshalb nimmt Jeet Kune Do alle Wege in sich auf und ist somit an nichts gebunden. So wendet es alle Techniken oder Erkenntnisse an, die seinem Zweck dienen.

Befasse dich mit Jeet Kune Do in der Absicht, den Willen zu meistern. Vergiß alles über gewinnen und verlieren. Vergiß Stolz und Schmerz. Der Gegner mag dir die Haut verletzen, du wirst sein Fleisch verwunden. Laß ihn dein Fleisch verwunden, du wirst ihm die Knochen brechen. Laß ihn deine Knochen brechen, du wirst ihm das Leben nehmen! Sei nicht besorgt darüber, wie du sicher davonkommen kannst. Leg ihm das Leben zu Füßen.

Der große Fehler besteht darin, immer im voraus nach dem Ausgang eines Kampfes zu fragen. Du solltest nicht darüber nachdenken, ob er nun im Sieg oder in der Niederlage enden wird. Laß der Natur ihren Lauf und deine Werkzeuge werden im rechten Moment zuschlagen.

Jeet Kune Do lehrt uns nicht rückwärts zu schauen, wenn der Kurs bereits festgelegt ist. Es behandelt Leben und Tod gleich.

Jeet Kune Do vermeidet das Oberflächliche, durchdringt das Komplexe, trifft den Kern des Problems und trifft genau die Schlüsselfaktoren.

Jeet Kune Do hält sich nicht mit dem Unwesentlichen auf, macht keine verschlungenen Umwege. Es folgt einer geraden Linie direkt zum Ziel. Einfachheit ist die kürzeste Distanz zwischen zwei Punkten.

Die Kunst des Jeet Kune Do besteht einfach darin, zu vereinfachen. Es heißt Sichselbstsein, es ist Wirklichkeit in sich selbst. Daher ist Sichselbstsein die eigentliche Bedeutung – die Freiheit im ursprünglichen Sinn, ungehindert von Bindungen, Beschränkungen, Parteilichkeit oder Verwicklungen.

Jeet Kune Do ist die Erleuchtung. Es ist ein Lebensweg, ein Sichhineinbewegen zur Kraft und Kontrolle, obwohl dieser Weg durch Intuition erleuchtet werden sollte.

Während er trainiert wird, muß der Schüler in jeder Beziehung aktiv und dynamisch sein. Im tatsächlichen Kampf allerdings müssen seine Sinne ruhig bleiben und dürfen durch nichts gestört werden. Er muß sich so fühlen, als könnte überhaupt nichts Kritisches geschehen. Wenn er angreift, sollten seine Schritte leicht und sicher sein und seine Augen nicht unstet flackernd am Gegner haften bleiben. Sein Verhalten sollte sich in nichts von seinem täglichen Verhalten unterscheiden. In seinem Ausdruck sollte keine Veränderung sichtbar werden. Nichts an ihm sollte verraten, daß er einen tödlichen Kampf auszufechten hat.

Deine natürlichen Waffen dienen als Werkzeuge einem doppelten Zweck:
1. Das Gegnerische, mit dem du konfrontiert wirst, zu vernichten – Dinge zu beseitigen, die dem Frieden, der Gerechtigkeit und der Menschlichkeit im Wege stehen.
2. Alle Regungen in dir abzutöten, die durch den Selbsterhaltungstrieb hervorgerufen werden; alles zu zerstören, was deinen Geist belastet. Niemanden zu verletzen, wohl aber die eigene Gier, Verärgerung und Torheit zu überwinden. Jeet Kune Do wirkt direkt auf uns selbst zurück.

Schläge und Tritte sind Mittel das eigene Ich zu töten. Die Werkzeuge repräsentieren die Macht der intuitiven oder instinktiven Direktheit, die – anders als der Intellekt oder das komplizierte Ich – sich selbst nicht teilt und nicht der eigenen Freiheit im Wege steht. Die Werkzeuge bewegen sich vorwärts und weder zurück noch zur Seite.

Auf Grund des dem Menschen innewohnenden reinen Herzens und seines unvoreingenommenen Geistes profitieren seine Werkzeuge von diesen Eigenschaften und können dabei ihre Rollen in allergrößter Freiheit spielen. Die Werkzeuge stehen als Symbole für den unsichtbaren Geist und halten Sinne, Körper und Glieder in voller Aktivität.

Der Mangel von stereotypen Techniken als Substanz bedeutet völlige Freiheit. Die Funktion besteht dann aus Linien und Bewegungen.

Im Grunde basiert die menschliche Natur auf Unabhängigkeit. In ihrem normalen Verlauf bewegen sich die Gedanken unaufhaltsam; sowohl die vergangenen, wie die gegenwärtigen und die zukünftigen. Gedanken sind wie ein dahinfließender Strom.

Die »Abwesenheit des Denkens« als Doktrin bedeutet das »Nichtfortgetragenwerden« durch die Gedanken. Es bedeutet aber auch nicht abgelenkt zu werden durch irgendwelche äußerlichen Erscheinungen, d. h. in Gedanken, jedoch ohne Gedanken zu sein.

Das wahre »Sosein« ist die Substanz des Denkens, und Denken ist die Funktion des wahren »Soseins«. Wenn man sich das »Sosein« bewußt machen will und es in Gedanken definieren will, geht man am Kern vorbei.

Wenn die Sinne sehr wachsam sind, dann kann man sofort die Wahrheit erfassen, die überall ist. Der Geist muß befreit werden von alten Gewohnheiten, Vorurteilen, unproduktivem Denken, selbst von gewöhnlichen Gedanken.

Entferne all den Schmutz, der sich angesammelt hat und enthülle die Wirklichkeit in ihrem Wesen, oder in ihrem Sosein, oder in ihrer Nacktheit. Das entspricht dem buddhistischen Begriff der Leere.

Leere deinen Becher, damit er gefüllt werden kann, entblöße dich, um das Absolute zu gewinnen.

Die lange Geschichte der Kampfkünste zeigt, daß der Instinkt zu folgen und nachzuahmen den meisten Kampfkünstlern, Lehrern und Schülern anhaftet. Teilweise hängt das mit der menschlichen Neigung und Anlage zusammen, teilweise mit den gesetzten Traditionen, die hinter den mannigfachen Mustern der Stile zu finden sind. So ist es eine Seltenheit, einen ideenreichen, originellen Lehrmeister zu finden. Der Ruf nach einem Wegweisenden ist überall zu hören.

Jeder Mensch ist Anhänger eines Stils, von dem er meint, es sei der wahre und schließe alle anderen Stile aus. Diese Stile werden zu starren Einrichtungen mit ihren Erklärungen des Weges. Sie verzerren und isolieren die Harmonie von Festigkeit und Sanftheit. Dafür errichten sie rhythmische Formen als die feste Systeme ihrer Techniken.

Anstatt nun den Kampf in seinem Sosein zu suchen, häufen die meisten dieser Kampfkunstsysteme eine sichtliche Unordnung an, die die Ausführenden verwirrt und verkrampft und sie von der tatsächlichen Wirklichkeit des Kampfes ablenkt, die einfach und direkt ist. Anstatt sofort auf das Wesentliche der Dinge zuzugehen, werden verschlungene Formen (systematisierte Akte der Verzweiflung) und künstliche Techniken in ritualisierender Form geübt, um so den tatsächlichen Kampf zu simulieren. Also tun die Ausführenden etwas, was außerhalb eines Kampfes liegt, anstatt im Kampfe zu sein.

Schlimmer noch, übernatürliche geistige Kraft und »geistiges Dies« und »geistiges Das« tragen dazu bei, daß die Übenden sich mehr und mehr in Mysterien und Abstraktionen verlieren. Alle diese Dinge sind die vergeblichen Versuche, die ständig wechselnden Bewegungen, die ein Kampf mit sich bringt, zu halten und zu fixieren. Man versucht sie anatomisch zu zerlegen wie einen Leichnam.

Wenn man es verstanden hat, dann weiß man, der richtige Kampf ist nichts Fixiertes, nein, er ist etwas sehr Lebendiges. Die phantastische Unordnung (eine Form der Lähmung) verfestigt und läßt das erstarren, was einst fließend war. Und wenn man genau hinschaut, dann ist es nichts als eine blinde Ergebenheit vor einer systematischen Übungsroutine oder Kunststücken, die nirgendwo hinführt.

Wenn Gefühle auftauchen, z. B. Zorn oder Furcht – ist dann der Stilist noch fähig, sich mit den klassischen Methoden auszudrücken, oder hört er nur noch seine eigenen Schreie und Laute? Ist er eigentlich noch ein lebendiger, ausdrucksvoller Mensch, oder nur ein vorprogrammierter, mechanischer Roboter? Ist er ein Ganzes, fähig sich äußeren Umständen anzupassen, oder widersteht er mit den von ihm gewählten Mustern? Tragen die von ihm gewählten Muster dazu bei, eine Wand zwischen ihm und dem Gegner zu errichten, welche eine absolute und gänzlich neue Beziehung verhindert?

Anstatt der Gegebenheit direkt ins Auge zu sehen, kleben Stilisten sehr oft an Formen (Theorien) und binden sich mehr und mehr daran. Zuletzt verfangen sie sich dann in einer unlösbaren Schlinge.

Sie sehen es nicht in seinem Sosein, weil ihr Wissen verkrüppelt ist. Disziplin muß übereinstimmen mit der Natur der Dinge in ihrem Sosein.

Reife heißt nicht, daß man ein Gefangener einer gewissen Lehrgläubigkeit sein soll. Reife ist die Verwirklichung dessen, was in unserem innersten Selbst zu finden ist.

Einfachheit ist dort, wo man frei von mechanischen Training ist. Leben ist Beziehung zum Ganzen.

Ein Mensch, der schlicht und einfach lebt, wählt nicht. Was ist, ist. Die Tätigkeit, die auf einer Idee basiert, ist selbstverständlich die Tätigkeit, die einer Wahl entspringt und solche Tätigkeit macht nicht frei. Im Gegenteil, sie schafft nur noch weiteren Widerstand und einen weiteren Konflikt. Erlange eine unvoreingenommene Erkenntnis.

Beziehung heißt Verstehen. Es ist ein Prozeß der Selbstenthüllung. Beziehung ist der Spiegel, in welchem man sich selbst entdeckt. Sein heißt in Bezug zu etwas sein.

Vorgegebene Muster sind nicht anpassungsfähig, sind nicht beweglich. Sie bieten nur einen besseren Käfig an. Die Wahrheit steht außerhalb jeglicher vorgegebener Muster. Formen sind nichts anderes, als nutzlose Wiederholungen, die eine bequeme und schöne Ausflucht bieten, wenn es darum geht, mit einem tatsächlichen Gegner Selbsterfahrung zu sammeln.

Die Ansammlung bestimmter Muster schließt den eigenen Widerstand ein und verschnörkelte Techniken stärken den Widerstand des Gegners.

Der Mensch im herkömmlichen Sinn besteht aus Routine, vorgefaßten Meinungen und Traditionen. Wenn er handelt, übersetzt er jede lebendige Regung in althergebrachte Formen.

Wissen ist an die Zeit gebunden. Dagegen ist Erkenntnis ewig. Wissen kommt aus der Anhäufung bestimmter Fakten, oder von Folgerungen. Dagegen ist Erkenntnis eine Bewegung.

Ein schrittweiser Fortgang ist nur ein Ausbau der Erinnerung und wird mit der Zeit ganz mechanisch. Lernen heißt nicht anhalten, es ist eine Bewegung des Erkennens, das weder beginnt noch endet.

In der Beschäftigung mit den Kampfkünsten muß ein Hauch der Freiheit spürbar werden. Ein vorgeprägter Geist ist niemals ein freier Geist. Wenn man eine Person beeinflußt, dann bindet man sie sozusagen an ein besonderes System.

Wenn man sich in Freiheit äußern will, muß man sich von allem Gestrigen lösen. Vom »Alten« gewinnt man Sicherheit, vom »Neuen«, gewinnt man das ständige Fließende.

Wenn man Freiheit erkennen will, dann muß der Geist lernen, das Leben zu sehen, das eine große Bewegung ist, unabhängig von Zeit. Denn die Freiheit liegt jenseits des Bewußtseinsbereichs. Beobachte, aber halte nicht an und versuche nicht zu deuten. Wenn du denkst »Ich bin frei«, dann lebst du in einer Erinnerung an etwas, das vergangen ist. Jetzt zu verstehen und jetzt zu leben heißt: »Alles was gestern war, muß vergessen sein.«

Frei zu sein von Erkenntnis bedeutet Tod; dann aber lebst du. Kümmere dich nicht um inneres Hin- und Herschwanken. Wo Freiheit ist, stellt sich die Frage nicht nach dem, was richtig ist oder falsch.

Wenn jemand sich nicht ausdrückt, ist er nicht frei. Er kämpft mit sich und verfällt in Routine der Methoden. Bald reagiert er auf alles mit Routine, anstatt auf die Dinge, wie sie sind, zu reagieren.

Ein Kämpfer soll einzig und allein immer nur ein Ziel vor Augen haben – zu kämpfen, ohne nach rückwärts oder seitwärts zu schauen. Er muß versuchen, alle Behinderungen loszuwerden, die ihn an seiner geradlinigen Bewegung, sei sie gefühlsmäßig, körperlich oder geistig, hindern könnte.

Frei und ganzheitlich kann nur der handeln, der sich außerhalb eines einengenden Systems befindet.

Wer es ernst meint und den Drang hat, die Wahrheit zu finden, beschränkt sich nicht auf einen bestimmten Stil. Er lebt in dem, was ist.

Will man die Wahrheit in den Kampfkünsten verstehen um dadurch den Gegner klar zu erkennen, muß man die Vorstellungen von bestimmten Stilrichtungen, oder Schulen, Vorurteilen, Vorlieben und Abneigungen vergessen. Dann trägt man keine geistigen Konflikte mit sich herum und kommt zur Ruhe. In dieser Stille zeigt sich alles allumfassend und neu.

Wenn bei irgendeinem Stil bestimmte Kampfmethoden gelehrt werden, ist man vielleicht fähig, nach diesen Methoden zu kämpfen, aber das ist nicht das wirkliche Kämpfen.

Wenn du einem unkonventionellen Angriff, z. B. ein Angriff mit gebrochenen Rhythmen, dem du mit den von dir gewählten Methoden der rhythmischen und klassischen Abwehr begegnest, wird deine Verteidigung und dein Gegenangriff stets Geschmeidigkeit und Wendigkeit vermissen lassen.

Folgt man klassischen Bewegungsmustern, versteht man zwar die Routine, die Tradition, das Nachmachen – aber sich selbst versteht man dadurch nicht.

Wie könnte es auch möglich sein, dem Absoluten mit Teilen, mit bruchstückhaften Mustern zu begegnen?

Bloßes Wiederholen von Rhythmen, vorausberechneten Bewegungen nimmt den Kampfbewegungen ihre Lebendigkeit – ihre Wirklichkeit.

Häuft man nur Bewegungsformen an, dann ist das eine Möglichkeit, Kondition zu erlangen; aber es wird zum Anker, der einen am Boden festhält und unweigerlich nach unten zieht.

Mit Formen pflegt man den Widerstand, der sich in eingedrillten bestimmten Bewegungsmustern äußert. Anstatt Widerstand künstlich zu erzeugen, geh lieber direkt in die Bewegung hinein, wenn sie sich anbahnt, ohne innere Abwehr oder Zustimmung. Nur eine allseitige Wachsamkeit führt zu einer Anpassung an den Gegner und zu einem vollkommenen Verstehen dessen, was ist.

Ist man einmal an die Stückwerk-Methode gewöhnt, auf isolierte Bewegungsmuster beschränkt, sieht man den Gegner durch einen Schleier des inneren Widerstands – man stellt die eigenen stylisierten Blockaden nur dar, hört nur die eigenen Schreie und sieht nicht, was der Gegner wirklich tut.

Wir selbst sind die Kata und die klassischen Abwehr- und Schlagtechniken, so sehr sind sie uns bereits in Fleisch und Blut übergegangen.

Um mit einem Gegner zurechtzukommen, braucht man eine direkte Wahrnehmung. Allerdings gibt es keine direkte Wahrnehmung, wo ein Widerstand besteht, ein Verharren auf dem »einzig richtigen Verhalten«.

Das Absolute zu haben heißt fähig zu sein, dem zu folgen, was ist, weil das »was ist« sich ständig bewegt und sich ständig verändert. Wenn man etwas nur aus einem bestimmten Blickwinkel betrachtet, wird man nicht fähig sein, der schnellen Bewegung zu folgen, von dem was ist.

Gleichgültig, was man zu Haken und Schwingern als Teil des Stils denkt, kann man zweifellos perfekte Abwehren dagegen erlernen. In fast allen natürlichen Kampfsituationen werden sie eingesetzt. Und sie verleihen den Angriffen eines Budosportlers eine gewisse Vielseitigkeit. Schließlich muß er fähig sein, aus der Stellung zuzuschlagen, in der sich seine Hand befindet.

Allerdings ist den klassischen Stilen das System wichtiger als der Mensch. Der Vertreter der herkömmlichen Kampfkünste agiert in einem bestimmten Stilmuster.

Wie kann man aber Methoden und Systeme anwenden wollen, wenn man etwas Lebendes erreichen will. Zu dem, was statisch fixiert und tot ist, kann es einen Weg geben, einen bestimmten Pfad, aber nicht zu dem, was wirklich lebt. Versuche nicht die Wirklichkeit zu etwas statischem zu mindern, um dann Methoden zu finden, es zu erreichen.

Wahrheit ist die Gemeinsamkeit oder die Gemeinschaft mit dem Gegner, ständig sich bewegend, lebend, niemals statisch.

Die Wahrheit kennt keinen Pfad. Wahrheit ist Leben und deshalb immer wechselnd. Sie hat keinen Ruheplatz, keine Form, keine organisierte Institution, keine Philosophie. Wenn man das begreift, versteht man auch, daß die Wahrheit ebenso lebt, wie man selbst. Man kann sich nicht durch statische, zusammengezimmerte Formen, durch stilisierte Bewegungen ausdrücken und lebendig sein.

Die klassischen Formen vernebeln und dämpfen die schöpferischen Kräfte, die Kondition und lassen den Sinn für die Freiheit erstarren. Man ist nicht länger etwas, man tut nur etwas.

So wie vergilbte Blätter für Goldmünzen ausgegeben werden, um weinende Kinder abzulenken, genau so beeindrucken die sogenannten ›geheimen Bewegungen‹ und verzerrten Haltungen den unwissenden Kampfkünstler.

Das heißt nicht, daß man nichts tun soll, sondern nur, bei seinen Handlungen keinem vorgefaßten Plan zu folgen. Habe nicht im Sinn, im voraus zu wählen oder abzulehnen. Freimachen von diesem Vorausplanen heißt keine Gedanken verschwenden.

Akzeptierung, Ablehnung und Überzeugung behindern das Verstehen. Laß die Gedanken sensibel mit dem Verständnis eines anderen zusammenfließen. Dann ist die Möglichkeit einer echten Kommunikation gegeben. Um einander zu verstehen muß man in einem Zustand wertfreien Aufgeschlossenseins sein, ohne Vergleiche anzustellen oder Aversionen hochkommen zu lassen, ohne den weiteren Verlauf der Diskussion abzuwarten und davon Zustimmung oder Ablehnung abhängig zu machen. Vor allem darf nie eine Vermutung oder vorgefaßte Meinung der Ausgangspunkt einer Auseinandersetzung sein.

Begreife, was die Freiheit von Stilkonformität bedeutet. Mach dich frei, indem du genau beobachtest, was du normalerweise tust. Beobachte nur, ohne Wertung, ob es gut oder schlecht ist.

Wenn man unbeeinflußt ist, wenn man die Konditionierung der klassischen Reaktionen abgeschüttelt hat, wird man ein neues Bewußtsein erlangen und alle Dinge neu und frisch sehen.

Erkenntnis trifft keine Auswahl, erhebt keine Forderungen, ist frei von Angst. Erst dieser Geisteszustand ermöglicht eine Wahrnehmung. Die Wahrnehmung allein schon wird alle unsere Probleme lösen.

Verstehen erfordert nicht nur einen Moment der Wahrnehmung, sondern ein ständig waches Bewußtsein und das ständige Bestreben, den Dingen nachzugehen, aber ohne Schlußfolgerungen zu ziehen.

Um Kampf zu verstehen, muß man sehr einfach und direkt darauf zugehen.

Das Verstehen erwächst aus dem Gefühl, aus dem Augenblick, im Spiegel der Gemeinsamkeiten.

Nicht in der Isolation, sondern in dem Prozeß der Gemeinsamkeiten kommt es zum Verständnis.

Um sich selbst zu erkennen, muß man sich beobachten, und zwar im Zusammenwirken mit anderen Menschen.

Um das Wirkliche zu verstehen, braucht man Erkenntnis, einen wachen und völlig freien Geist.

Geistige Anstrengungen begrenzen den Geist, da mit der Anstrengung ein Ringen um ein bestimmtes Ziel verbunden ist, und wenn man dieses Ziel oder einen Zweck oder einen bestimmten Aspekt verfolgt, hat man den Geist bereits eingeengt.

Heute erfahre ich etwas vollkommen Neues, und dieses Neue erfahre ich durch meinen Geist. Aber Morgen wird diese Erfahrung zu einem Mechanismus, wenn ich versuche, sie in meinem Gefühl zu wiederholen, d. h. die Freude, die ich dabei empfand. Die Beschreibung ist niemals wirklich. Was wirklich zählt, ist sofort die Wahrheit zu sehen, weil eben die Wahrheit kein Morgen kennt.

Wir werden die Wahrheit finden, wenn wir das Problem prüfen. Das Problem ist nicht weit von der Antwort. Das Problem ist die Antwort. Wenn man das Problem versteht, löst man das Problem.

Beobachte das, was ist mit ungeteiltem Bewußtsein.

Wahres Sosein ist ohne einengende Gedanken; es kann nicht durch Vorstellungen und Gedanken erfahren werden.

Im Denken liegt nicht die Freiheit. Jeder Gedanke ist nur ein Teil. Er kann nie umfassend sein. Gedanken sind die Antwort des Gedächtnisses, denn das Gedächtnis ist immer nur ein Teil, weil das Gedächtnis das Ergebnis der Erfahrung ist. So gesehen sind Gedanken, bedingt durch die Erfahrung, Rückwirkungen des Geistes.

Versuche die Leere und die Ruhe deines Geistes zu erkennen. Sei leer; gebe dem Gegner keinen Ansatzpunkt durch einen bestimmten Stil oder eine Form.
Der Geist an sich ist untätig. Der Weg ist immer ohne Gedanken.

Einsicht beginnt mit der Erkenntnis, daß der Ursprung unserer Natur nichts Selbsterschaffenes ist.

Stille und Ruhe werden einkehren, wenn man frei ist und ungestört von äußeren Einflüssen.
Ruhig zu sein heißt, sich keine Illusionen oder Desillusionen über das Sosein zu machen.

Da ist kein Gedanke, nur das Sosein, das ist. Das Sosein bewegt sich nicht, aber seine Bewegung und seine Tätigkeit sind unerschöpflich.

Zu meditieren heißt, die Unerschütterlichkeit seiner eigenen Natur zu verwirklichen. Sicher ist, daß Meditation niemals ein Prozeß der Konzentration sein kann, da die höchste Form des Denkens die Negation ist. Negation ist ein Zustand, in dem es weder das Positive noch das Negative als Antwort gibt. Es ist der Zustand der vollkommenen Leere.

Konzentration ist eine Form des Ausschließens. Wo ein Ausschluß ist, da ist ein Denker, der ausschließt. Es ist der Denker, der Ausschließende, der sich konzentriert, der Widerspruch schafft, weil er eine Mitte formt, von welcher Verwirrung ausgeht.

Es gibt einen Zustand der Tätigkeit ohne den Wirkenden, einen Zustand der Erfahrung ohne den Erfahrenden oder die Erfahrung.
Es ist ein Zustand, der durch die Unordnung des klassischen Stils begrenzt und belastet wird.

Die klassische Konzentration, die sich auf ein bestimmtes Ding richtet und alles andere ausschließt auf der einen Seite, und das Bewußtsein, welches vollkommen ist und nichts ausschließt auf der anderen Seite, das sind Zustände des Geistes, die nur bei objektiver, vorurteilsfreier Beobachtung verstanden werden können.

Erkenntnis kennt keine Grenzen. Darin drückt sich ihr ganzes Sein aus ohne Vorbehalt.

Konzentration ist ein Engpaß des Geistes. Wir müssen uns aber mit den ganzen Lebensvorgängen befassen. Wenn man sich ja ausschließlich auf einen besonderen Aspekt des Lebens konzentriert, nimmt man von der Lebensfülle.

Der Moment kennt kein Gestern und kein Morgen. Er ist nicht das Ergebnis eines Gedankens und deshalb kennt er keine Zeit.

Wenn innerhalb des Bruchteils einer Sekunde dein Leben bedroht ist, sagst du dann »Ich muß darauf achten, daß meine Hand auf der Hüfte liegt und mein Stil mein Stil ist«?
Wenn dein Leben in Gefahr ist, streitest du dich dann um die Methode, die du anwenden wolltest, um dein Leben außer Gefahr zu bringen? Warum die Zweiheit?

Ein sogenannter Kampfkünstler ist das Ergebnis von 3000 Jahren Propaganda und Konditionierung.

Warum hängen sich einzelne an eine Propaganda, die so alt ist? Sie mögen »Weichheit« als das Ideale zu »Härte« lehren. Was passiert jedoch, wenn es darauf ankommt? Ideale und Prinzipien, das »was sein sollte« führt zu Heuchelei.

Weil einer nicht gestört werden möchte oder sich nicht unsicher machen lassen will, richtet er Verhaltens- und Gedankenmuster im Verhältnis zum Menschen auf. Damit macht er sich zum Sklaven seiner Methode und sieht diese als das einzig Wahre.

Die Übereinstimmung bestimmter einstudierter Bewegungen, mag wohl gut sein für einen Sport wie Boxen oder Basketball, um die Teilnehmer in bestimmte Regeln zu zwängen. Der Erfolg von Jeet Kune Do jedoch liegt in der Freiheit, Kunstfertigkeit zu verwenden oder nicht.

Ein zweitrangiger Kämpfer folgt seinem Meister oder Lehrer (Sensei oder Sifu) blind und akzeptiert dessen Methode. Das Resultat ist, daß seine Aktion, und was noch wichtiger ist, seine Denkweise mechanisch wird. Seine Reaktion wird automatisch, und dies macht ihn engstirnig und begrenzt seine Tätigkeit.

Selbstausdruck ist total, sofort, ohne Zeitbegriff und zeigt sich nur, wenn man frei ist von physischer und geistiger Zersplitterung.

1. Die überaus sparsame Struktur in Angriff und Abwehr. (Angriff: Das Innere, Lebendige führt – Abwehr: Unbeweglichmachen der Hände)

2. Die beweglich-lebendigen »kunstlos-kunstvollen«, »totalen« Tritt- und Schlagwaffen.

3. Gebrochener Rhythmus im Halbtakt, oder im 1. oder 3/4 Takt (der Rhythmus von Jeet Kune Do beim Angriff und Gegenangriff).

4. Gewichtstraining und dazugehörige wissenschaftliche Übungen sowie allgemeine Fitness.

5. Die direkten Bewegungen von Jeet Kune Do bei Angriffen und Abwehren. Werfen vom innehabenden Platz, ohne wieder in Stellung zu gehen.

6. Beweglicher Körper und lockere Fußarbeit.

7. Unklare Angriffsformen und unerwartete Angriffstaktiken.

8. Starker Nahkampf:
   a) bewegliche Schlagkraft
   b) Wurfmethoden
   c) den Gegner ergreifen
   d) festhalten.

9. Kampf und tatsächliche Kontaktübungen mit beweglichen Zielen.

10. Starke »Werkzeuge« durch fortwährendes »Schärfen«.

11. Keine verallgemeinerte, sondern individuelle Kampfweise, der kein klassischer Stil, sondern ein lebendiger Stil zugrundeliegt (Verwandtschaft).

12. Von der Struktur her mehr eine Ganzheit, als in Teilen zusammengesetzt.

13. Training einer kontinuierlichen Selbstverwirklichung hinter den körperlichen Bewegungen.

14. Lockere Kraft unter Verwendung der vollen Schlagkraft; eine federnde Lockerheit des Körpers, nicht zu verwechseln mit einem physisch laxen Körper, sowie eine anpassungsfähige geistige Wachsamkeit.

15. Ein dauerndes Fließen (gerade und runde Bewegungen kombiniert – auf und ab, nach links und rechts gebogen, Seitwärtsschritte abducken, täuschen, Kreise mit den Händen beschreiben).

16. Dauernd gut balancierte Stellung während des Kampfes. Stetigkeit zwischen Spannung und Lockerung.

Ich hoffe, daß die Kämpfer am Ursprung der Kampfkünste interessiert sind und nicht an einzelnen Kampfweisen und Kampfstilen. Es ist zwecklos, sich über einen bestimmten Kampfstil oder Kampfweise zu unterhalten, wenn man den Ursprung nicht kennt und versteht.

Mach dir keine Gedanken über die verschiedenen und gegensätzlichen Kampfarten d. h. weiche oder harte Techniken, Bein- oder Armtechniken, Wurf-, Schlag- oder Beintechniken, Weitkampf oder Nahkampf. Grundsätzlich ist eine Kampfart so gut wie die andere. Vor einem aber sollte man sich hüten, nämlich Partei zu ergreifen: Sonst verliert man die Ganzheit, die Einheitlichkeit inmitten der Dualität.

Kampfkünste bergen ein Reifeproblem. Dabei handelt es sich um einen innerlichen Fortschritt der Vervollkommnung einer Person selbst. Dies ist nur durch zum Ausdruck gebrachte Selbsterkenntnis möglich, und nicht durch Nachahmung einer übernommenen Vorlage.

Es gibt Kampfstile, welche eine gerade Linie hervorheben, und solche, die Bogenlinien und Kreise bevorzugen. Kampfarten, die sich an einen Teilaspekt eines Kampfes klammern, sind beschränkt. Jeet Kune Do ist jedoch eine Kunstfertigkeit zum Erwerb der Freiheit, es ist ein Werk der Erleuchtung. Kunst ist nicht irgendeine Ausschmückung oder Dekoration. Eine sorgfältig gewählte Methode preßt die Ausführer in eine bestimmte Schablone. Kampf ist nichts Festgelegtes, er ändert sich von Minute zu Minute. Ein bestimmtes System ist grundsätzlich eine Ausübung von Widerstand, die in eine Sackgasse führt. Ein Verstehen ist nicht möglich und seine Anhänger sind niemals frei.

Ein Kampf richtet sich nicht nach persönlichen Ideen und Vorlieben. Die Wahrheit eines Kampfes ist nur von einem Moment auf den anderen Moment ersichtlich und das nur in voller Erkenntnis ohne Verurteilung, Rechtfertigung oder irgendeine Identifizierung.

Jeet Kune Do hat die Formlosigkeit zum Prinzip erhoben, und da Jeet Kune Do keinen Stil hat, paßt es zu allen Kampfstilen. Als Resultat ist Jeet Kune Do an keinen speziellen Kampfstil gebunden, da es alle anwendet. Es werden alle brauchbaren Techniken einbezogen. Bei dieser Kampfkunst zählt nur die Wirkung.

Eine immer weitere Fortführung der Kultur endet in Einfachheit. Eine nur halbherzige Kultur ist nicht mehr als Verzierung.

Es ist nicht schwer, Unwesentliches an Äußerlichkeiten des Körpers zu trimmen und abzutrennen; anders ist es mit dem Innenleben.

Man kann keinen Straßenkampf ganz erfassen, wenn man ihn vom Gesichtspunkt eines Boxers, Kung-Fu-Mannes, Karateka, Ringkämpfers oder Judo-Mannes usw. betrachtet. Klar kann man ihn jedoch sehen, wenn man keinen Kampfstil in Betracht zieht. In diesem Fall sieht man einen solchen Kampf ohne Gefallen oder Nichtgefallen als Ganzes und nicht nur in Bruchstücken.

Es ist nur »was ist«, wenn kein Vergleich gezogen wird, und wenn man mit dem lebt »was ist«, lebt man friedlich.

Ein Kampf wird nicht diktiert durch die Konditionierung als Kung-Fu-Mann, Karate-Mann, Judo-Mann usw. Beim Suchen des Gegenteils eines Systems beschreitet man den Weg einer anderen Konditionierung.

Ein Jeet Kune Do-Mann sieht der Wirklichkeit in die Augen und glaubt nicht an eine unveränderliche Form. Sein Werkzeug ist Werkzeug einer formlosen Form.

Losgelöstsein bedeutet, daß die Ursache aller Dinge jenseits menschlichen Verstehens ist, jenseits der Kategorien von Zeit und Raum. Es überragt jede Art und Weise von Relativität und darum nennt man es »Losgelöstsein« und verwendet dessen Qualitäten.

Ein Kämpfer, welcher dieses »Losgelöstsein« anwendet, ist nicht mehr er selbst. Er bewegt sich automatisch und überläßt sich dem Einfluß außerhalb seines normalen Bewußtseins, was nichts anderes ist, als sein eigenes Unterbewußtsein, von dem er bis zu diesem Zeitpunkt nichts ahnte.

Ausdruck läßt sich nicht durch das Üben der Form erreichen; und doch ist die Form ein Teil des Ausdrucks. Das Größere läßt sich nicht im Kleineren finden, das Kleinere jedoch im Größeren. »Keine Form« haben bedeutet also nicht, keine »Form« zu haben. »Keine Form« haben entspringt aus der Form. »Keine Form« ist der höhere, individuelle Ausdruck.

»Keine Kultur« bedeutet nicht etwa das Fehlen jeglicher Art von Kultur. Dieser Ausdruck weist nur auf eine Kultur durch eine bewußte Nicht-Kultur hin. Kultur durch Kultur zu erzielen heißt, bewußt zu handeln, positiv zu handeln.

Lehne die klassische Annäherung nicht einfach aus einer Reaktion heraus ab, denn dadurch entsteht wieder ein neues festgelegtes Muster, worin man sich verfangen kann.

Die mehr physisch Betonten richten ihre Aufmerksamkeit auf den körperlichen Aspekt, während die intellektuell Ausgerichteten mehr nach Idealen und Komplexität suchen und dabei ihre Wirksamkeit und die Wirklichkeit aus dem Auge verlieren.

Manch ein Kampfkünstler liebt das »mehr«, das »etwas völlig anderes« und übersieht dabei, daß die Wahrheit und der Weg zu ihr in den einfachen und alltäglichen Bewegungen ruht. Gerade an dieser Stelle sehen sie darüber hinweg. Wenn man bewußt danach sucht.

Vorbereitungen

Um von dem verschieden zu werden, was wir sind, müssen wir ein Bewußtsein von dem entwickeln, was wir sind.

Training ist eine der am meisten vernachlässigten Bestandteile des Sports. Um der Teilnahme an Wettkämpfen willen wird zuviel Zeit für die leistungsmäßige Entwicklung investiert, aber zu wenig für die Weiterentwicklung des Einzelnen. Training sollte sich nicht mit dem ›Sportgerät Mensch‹ befassen, sondern mit menschlichem Geist und menschlichen Empfindungen. Man braucht Denkbereitschaft und einen gesunden Menschenverstand, um so subtile Qualitäten zu fördern.

Training bedeutet die psychologische und physiologische Konditionierung eines Einzelnen, um intensive Nerven- und Muskelreaktionen zu erzielen. Es erfordert geistige Disziplin und körperliche Kraft und Ausdauer, ebenso Geschicklichkeit. Es bedeutet ein harmonisches Zusammenwirken all dieser Voraussetzungen.

Training bedeutet nicht nur wissen um die Dinge, die zur Körperertüchtigung beitragen, sondern auch um die Dinge, die den Körper schwächen und beeinträchtigen. Falsches Training wird Verletzungen zur Folge haben. Deshalb muß sich das Training auch mit der Vermeidung von Verletzungen und ihrer Behandlung befassen.

Tägliche Gelegenheiten für Übungen

Gehe zu Fuß, wann immer du kannst; parke beispielsweise dein Auto einige Blocks von deinem Ziel entfernt.
Vermeide es, einen Fahrstuhl zu benutzen; steige dagegen die Treppen hoch.
Übe gelassene Wachsamkeit, indem du dir einen gegnerischen Angriff vorstellst, während du sitzt, stehst oder liegst, und kontere den Angriff mit verschiedenen Bewegungen. Einfache Bewegungen sind die besten.
Schule das Gleichgewicht, indem du auf einem Fuß stehst während du deine Kleider oder Schuhe anziehst – oder stehe einfach auf einem Fuß wann immer du willst.

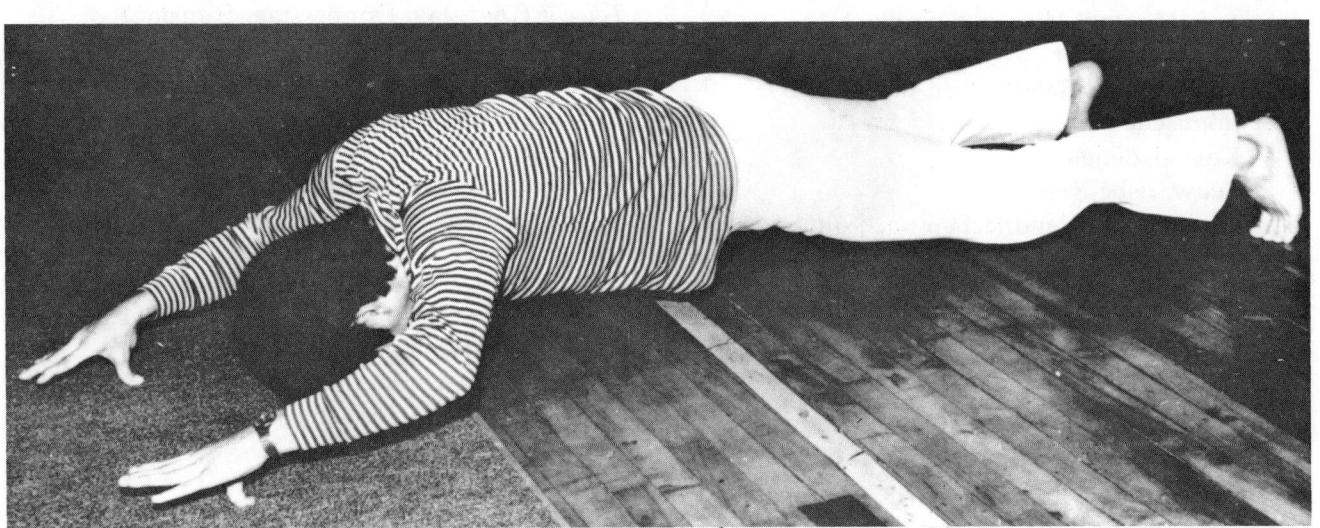

Fitness Programm

1. Abwechselndes Beinspreizen
2. Liegestütze
3. Auf der Stelle laufen
4. Schulterdrehen
5. Hohe Tritte
6. Tiefe Kniebeugen

7. Hochgezogener Seitwärtstritt
8. Aufsitzen und Rumpfdrehen
9. Hüftkreisen
10. Bein hochreißen
11. Rumpfbeugen nach vorne

Ergänzendes Training

1. Stufentraining:

   Folge 1 (Montag, Mittwoch, Freitag)
   1) Seilspringen
   2) Vorwärtsbeugen
   3) Katzenstreckung
   4) Hochspringen
   5) Hocken
   6) Hochtreten

   Folge 2 (Dienstag, Donnerstag, Samstag)
   1) Leisten-Dehnung
   2) Seitliches Beinheben
   3) Hocke im Sprung
   4) Schulterdrehen
   5) Abwechselndes Spreizen
   6) Beinstreckung – A, B.

2. Vorderarm/Hüfte

   Folge 1 (Montag, Mittwoch, Freitag)
   1) Hüftkreisen
   2) Armkreisen, Handflächen nach oben
   3) Römisches Sitzen
   4) Knie anziehen
   5) Seitwärtsbeugen
   6) Armkreisen, Handflächen nach unten

   Folge 2 (Dienstag, Donnerstag, Samstag)
   1) Beinhochreißen
   2) Gegentaktiges Armkreisen
   3) Gedrehtes Aufsitzen
   4) Körperdrehen
   5) Wechselseitiges Beinhochreißen
   6) Handgelenk rollen

3. Krafttraining:
   1) Gegenpressen
   2) Pressen
   3) Auf Zehenspitzen gehen
   4) Ziehen

   5) Hocken
   6) Achselzucken
   7) Extreme Anstrengung
   8) Hocken
   9) Froschtritt

Aufwärmen ist ein Prozeß, der auf den akuten körperlichen Zustandswechsel zielt und damit den Organismus auf die anstrengende Aufgabe vorbereitet.

Wichtig: Um den größten Nutzen aus dem Prozeß des Aufwärmens zu ziehen, sollten die Übungen so weit wie nur möglich den anschließenden Bewegungen angepaßt sein.

Aufwärmen vermindert den Innenwiderstand der Muskeln, den Widerstand gegen die eigenen Bewegungen. Es verbessert die Kampfform und beugt Verletzungen bei kraftvollen Aktionen vor. Dies geschieht in zweierlei Weise:

1. Eine Wiederholung des Erlernten vor dem Kampfbeginn festigt im neuromuskulären System die Bewegungsmuster für die bevorstehende Aufgabe. Es erhöht auch die kinästhetischen Bewegungsempfindungen.
2. Die Erhöhung der Körpertemperatur fördert die biochemischen Reaktionen, die die Energie für die Muskelanspannung liefern. Erhöhte Körpertemperatur verkürzt auch die Perioden der Muskelentspannung und vermindert Steifheit.

Als Folge dieser zwei Prozesse verbessern sich die Treffgenauigkeit, die Kraft und die Schnelligkeit der Bewegungen bei gleichzeitiger Zunahme der Gewebselastizität, was die Verletzungsgefahr vermindert.

Kein Kämpfer setzt zu einem kraftvollen Tritt an, ohne sich gründlich aufgewärmt zu haben. Das gleiche gilt für jeden einzelnen Muskel, der kraftvoll eingesetzt wird.

Die Dauer der Aufwärmzeit richtet sich nach der Gegebenheit. Ein Ballettänzer braucht dafür zwei Stunden vor der Vorstellung, angefangen mit leichten Bewegungen, deren Schwung und Radius allmählich gesteigert werden, bis kurz vor dem Auftritt. Er weiß, daß er damit dem Risiko einer Muskelzerrung vorbeugt, die die Perfektion seiner Bewegungen beeinträchtigen würde.

Ein Sportler in fortgeschrittenem Alter neigt dazu, sich allmählich und längere Zeit aufzuwärmen. Das mag daran liegen, daß er eine längere Aufwärmperiode braucht, oder daran, daß der Sportler mit zunehmendem Alter klüger wird.

Indian Wrestling exercises

THE BAITHAK (SQUAT)

THE DAND (CAT-STRETCH)

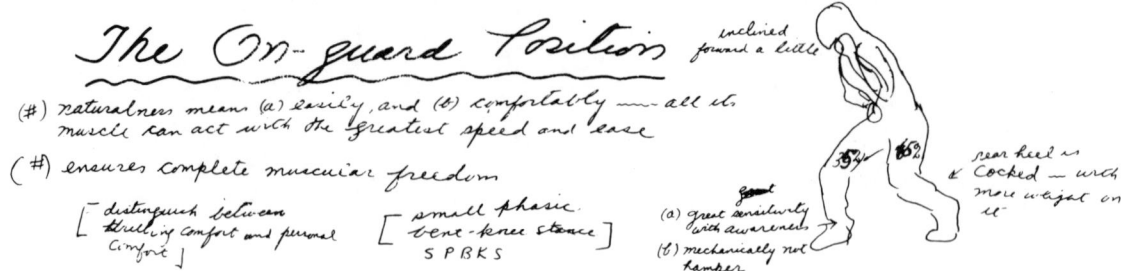

The On-guard Position — inclined forward a little

(#) naturalness mean (a) easily, and (b) comfortably — all its muscle can act with the greatest speed and ease

(#) ensures complete muscular freedom

[distinguish between settling comfort and personal comfort]   [small phasic bent-knee stance] S P B K S

(a) great sensitivity with awareness
(b) mechanically not tamper

rear heel is cocked — with more weight on it

Die richtige Haltung ist eine Frage der wirkungsvollen Organisation des Körpers, die nur durch lange und disziplinierte Übung erreicht werden kann. Die Wachsamkeitsstellung ist die günstigste Stellung für die mechanische Ausführung aller Techniken und Fertigkeiten. Sie gestattet eine vollständige Entspannung und ermöglicht gleichzeitig den für eine schnelle Reaktion günstigsten Muskeltonus. Man ist niemals starr oder angespannt, sondern bereit und beweglich.

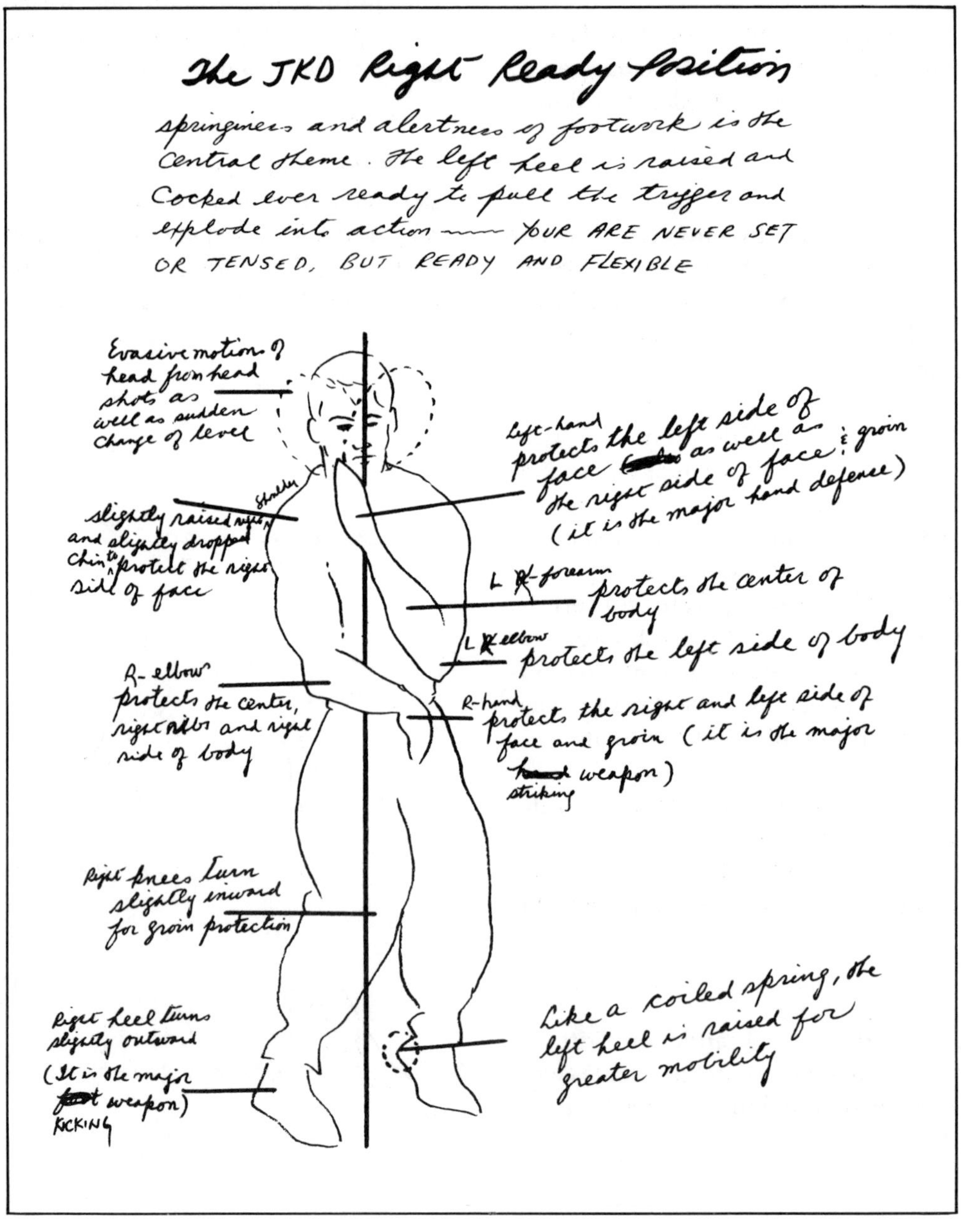

The JKD Right Ready Position

springiness and alertness of footwork is the central theme. The left heel is raised and cocked ever ready to pull the trigger and explode into action — YOU ARE NEVER SET OR TENSED, BUT READY AND FLEXIBLE

Evasive motion of head from head shots as well as sudden change of level

slightly raised — and slightly dropped chin to protect the right side of face

R-elbow protects the center, right ribs and right side of body

right knees turn slightly inward for groin protection

right heel turns slightly outward (It is the major foot weapon) KICKING

left-hand protects the left side of face as well as the right side of face & groin (it is the major hand defense)

L forearm protects the center of body

L elbow protects the left side of body

R-hand protects the right and left side of face and groin (it is the major hand striking weapon)

Like a coiled spring, the left heel is raised for greater mobility

Eine richtige Stellung hat eine dreifache Wirkung:

1. Sie sichert dem Körper und seinen verschiedenen Gliedmaßen eine Stellung, die für die nächste Bewegung mechanisch am günstigsten ist.

2. Sie ermöglicht es, einen »Poker-Körper« zu zeigen, der ebenso wenig von seinen geplanten Bewegungen verrät wie ein »Poker-Gesicht« beim Kartenspiel.

3. Sie gibt dem Körper das richtige Maß an Spannung oder Muskeltonus, wie es für schnelle Reaktion und gute Koordination günstig ist.

Man sollte diejenige Stellung einnehmen, die ein Höchstmaß an Leichtigkeit und Entspanntheit bietet und aus der heraus geschmeidig in eine konstante Bewegung übergegangen werden kann.
Die Wachsamkeitsstellung ist vor allem eine Stellung der »richtigen geistigen Haltung«.

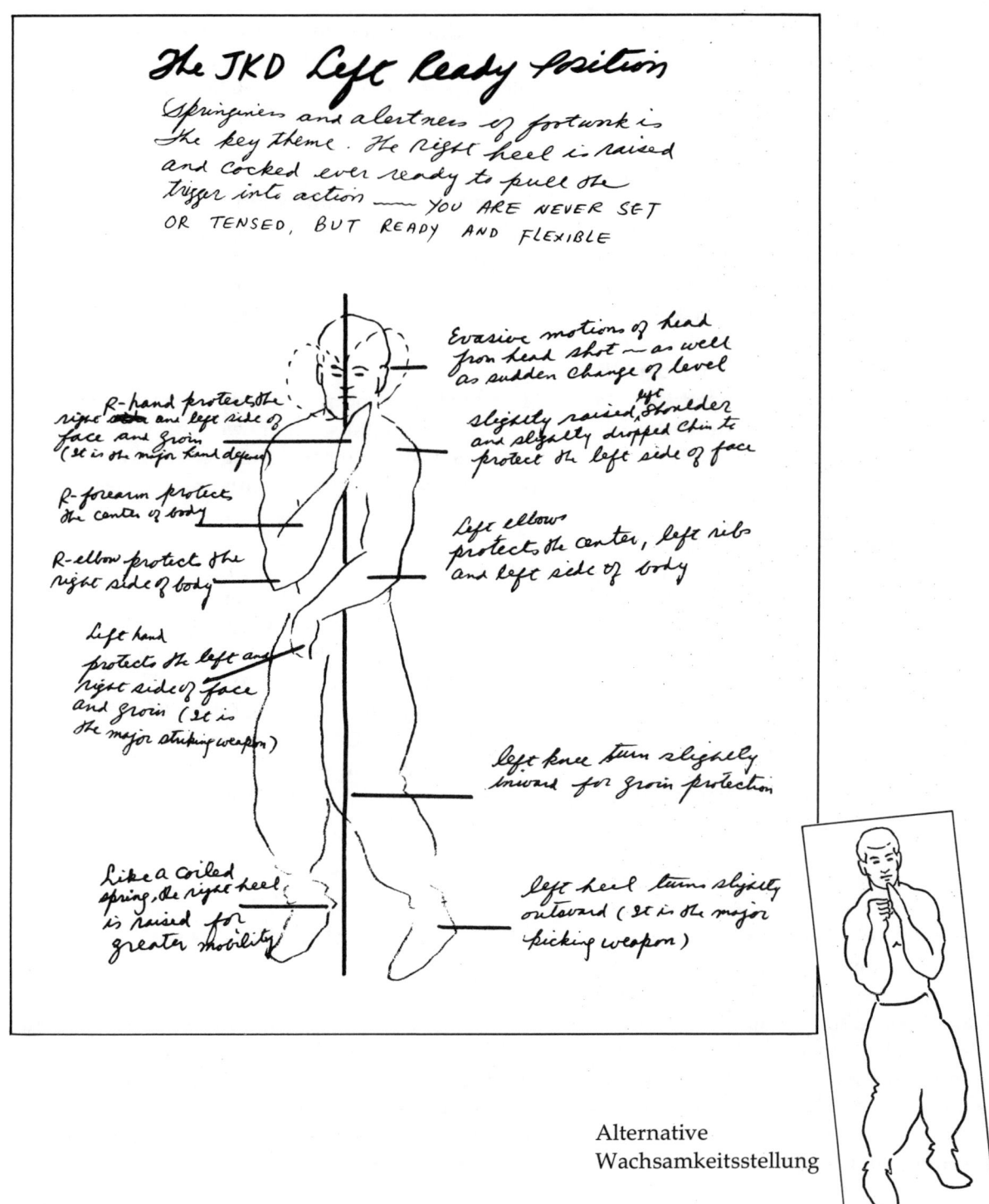

The JKD Left Ready Position

Springiness and alertness of footwork is the key theme. The right heel is raised and cocked ever ready to pull the trigger into action — YOU ARE NEVER SET OR TENSED, BUT READY AND FLEXIBLE

Evasive motions of head from head shot ~ as well as sudden change of level

slightly raised right shoulder and slightly dropped chin to protect the left side of face

Left elbow protects the center, left ribs and left side of body

left knee turn slightly inward for groin protection

left heel turn slightly outward (it is the major picking weapon)

R-hand protects the right and left side of face and groin (it is the major hand defense)

R-forearm protects the center of body

R-elbow protect the right side of body

Left hand protects the left and right side of face and groin (it is the major striking weapon)

Like a coiled spring, the right heel is raised for greater mobility

Alternative
Wachsamkeitsstellung

Der Kopf

Im westlichen Boxen wird der Kopf gewöhnlich so gehalten, als wenn er ein Teil des Rumpfes wäre, also unabhängig von seiner eigenen Aktion. Beim In-Fight sollte er vertikal gehalten werden, mit der Kinnspitze auf dem Schlüsselbein und der Kinnseite gegen die Innenseite der führenden Schulter. Das Kinn darf aber nicht ganz gesenkt werden, so daß es die Schulter berührt, ebenso wie auch letztere nicht die ganze Zeit über nach oben gezogen wird. Die Schuler ist 3–5 cm angehoben, und das Kinn ist 3–5 cm gesenkt.

Die Kinnspitze ist nicht auf die führende Schulter gestützt, ausgenommen wenn der Kopf in einer *extremen Verteidigungsposition* zurückgebogen wird. Die Kinnspitze an die führende Schulter drücken, bedeutet, den Hals in eine unnatürliche Position zu bringen, was die Unterstützung der Muskeln ausschließt und eine *gerade Knochen-Ausrichtung* verhindert. Dies führt auch zur Verspanntheit der führenden Schulter und des Arms, verhindert also eine freie Bewegung und verursacht Ermüdungserscheinungen.

Mit dem heruntergezogenen und dicht zum Schlüsselbein geneigten Kinn erfährt die Muskel- und Knochenstruktur die günstigste Ausrichtung und nur der obere Teil des Kopfes ist dem Gegner zugewandt: dies verhindert das Treffen auf die Kinnspitze.

Der Führungsarm und die Führungshand

Die Schulter wird locker und die Hand leicht nach unten gehalten, entspannt und bereit für einen Angriff. Der ganze Arm und die Schulter müssen locker und entspannt sein, damit der Kämpfer in der Lage ist, die Führungshand wie ein Rapier zu gebrauchen. Die Handhaltung soll häufig wechseln von einer niedrigen Rückfaustposition bis auf Schulterhöhe und so weit zur Außenseite der führenden Schulter wie nur möglich, ohne dabei den Ellbogen zu heben.
Halte die Führungshand immer in leichter Bewegung, um eine schnelle Schlageinleitung zu ermöglichen.

Der Vorzug einer niedrigen Haltung mit Verzicht auf einen ausgestreckten Führungsarm liegt darin, daß die meisten Menschen die niedrige Verteidigung nicht gut beherrschen. Außerdem ist es überflüssig, sich auf einen ausgestreckten Führungsarm vorzubereiten, der dann nicht verwendet wird. (Der Kopf wird nun zu einem beweglichen Ziel, unterstützt durch eine feinfühlige Einteilung der Distanz.) Hat sich also die gegnerische Offensive auf diese Gegebenheiten eingestellt, wird sie aus dem Rhythmus gebracht und gehemmt.

Der verlängerte Schutz kann zu einer gefährlichen Schwäche werden, sowohl für den Angriff wie auch für die Abwehr.

Beim Angriff:

1. Er macht es notwendig, den Arm zurückzuziehen, kündigt also die Bewegung vorher an (im Gegensatz zu einer Sprungfeder-Aktion);
2. Man braucht eine Vorbereitung für Haken.

In der Abwehr:

1. Die führende Körperseite bleibt ungedeckt.
2. Der Gegner hat einen guten Überblick und kann die Abwehr umgehen.
3. Eine ausgestreckte Hand ist leicht vom Gegner unbeweglich zu machen.

Deshalb sollte man sich die empfohlene Stellung zu eigen machen und damit die Möglichkeiten des Einsatzes der Führungshand geheimhalten.

Der hintere Arm und die Hand

Der hintere Ellbogen muß nach unten und vor die kurzen Rippen gehalten werden. Der hintere Vorderarm deckt den Solar Plexus. Die offene Handfläche zeigt zum Gegner und ist zwischen den Gegner und die hintere Schulter gelagert, auf einer Linie mit der führenden Schulter. Die hintere Hand darf auch leicht am Körper liegen. Der Arm sollte entspannt sein, bereit zum Angriff oder zur Abwehr. Entweder eine oder beide Hände dürfen eine kreisende, »webende« Bewegung ausführen. Das Wichtigste ist hier, sie in Bewegung zu halten, dabei aber die Deckung zu bewahren.

Der Rumpf

Die Haltung des Rumpfes wird hauptsächlich durch die Position des führenden Fußes und Beines kontrolliert. Wenn beide in korrekter Haltung sind, erhält auch der Rumpf automatisch seine richtige Position. Die wichtigste Überlegung in bezug auf den Rumpf ist, daß er eine gerade Linie mit dem führenden Bein bilden sollte. Während der führende Fuß und das Bein einwärtsgedreht sind, dreht sich der Körper in dieselbe Richtung (er bietet dadurch dem Gegner nur ein schmales Ziel). Wenn der führende Fuß und das Bein nach außen gedreht sind, zeigt der Körper direkt zum Gegner und bietet dadurch ein breites Ziel. Im Hinblick auf die Verteidigungsabsicht ist ein schmales Ziel weitaus günstiger, während sich die andere (direkte) Position besser für einige Angriffsformen eignet.

Der Stand

Der halbgeduckte Stand ist optimal für den Kampf, weil man gut verankert und immer in einer bequemen Gleichgewichtsposition ist, von der aus man gut den Angriff starten, kontern oder sich verteidigen kann, ohne signalhafte einleitende Bewegung. Dieser Stand kann auch als »Kleiner phasischer Stand mit gebeugtem Knie« bezeichnet werden.

Klein: Bedeutet Angemessenheit, weder zu große, noch zu kleine Schritte. Kleine, schnelle Schritte zur Erlangung von Geschwindigkeit und kontrolliertem Gleichgewicht beim Überbrücken der Distanz zum Gegner, die aber zu wenig ausgeprägt sind, als daß sie der Gegner einschätzen könnte.

Phasisch: Eine Stufe oder ein Intervall in einer Entwicklung oder einem Zyklus, weder starr noch ruhig, sondern sich beständig ändernd.

Gebeugtes Knie: Sichert zu jeder Zeit die Bereitschaft zur Bewegung.

Gebeugtes Knie, geduckter Rumpf, leichte Schwerpunktverlagerung nach vorne und teilweise angezogene Arme sind in vielen Sportarten charakteristische Muster von Bereitschaft.

Der Führungsfuß sollte immer so wenig wie möglich in seinen Bewegungsmöglichkeiten eingeschränkt sein. Wenn auf ihm zu viel Gewicht liegt, muß dieses Gewicht vor einem Angriff zuerst auf den hinteren Fuß verlagert werden. Eine solche Bewegung bedeutet eine Verzögerung und warnt außerdem den Gegner.

Fundamentales Instellunggehen ist die Grundlage

Fundamental bedeutet:
1. Einfache, jedoch wirksame körperliche und geistige Sammlung.
2. Entspanntheit, Bequemheit und Körpergefühl bei der Einnahme des »geistigen Standes«.
3. Einfachheit, Bewegung ohne Anstrengung. Da diese für sich wertneutral ist, bindet man sich nicht in eine bestimmte Richtung, sondern hält sich alle Möglichkeiten offen.

Instellunggehen bedeutet:
1. Ein Zustand der Bewegung, im Gegensatz zu einer statischen Stellung, einer »festgelegten Form« oder Haltung.
2. Die Wiedereinnahme der Ausgangsstellung, das »Wiederinstellunggehen«, trägt ebenfalls dazu bei, die Aufmerksamkeit des Gegners noch weiter zu stören, insbesondere wenn man dies mit einer kleinen phasischen Bewegung durchführt.
3. Einstellung auf die Wachsamkeit des Gegners.

Elastische Schnellkraft und Schnelligkeit der Beinarbeit sind sehr wesentliche Punkte. Die hintere Ferse ist leicht angehoben und gespannt, immer aktionsbereit. Man soll nie starr oder verkrampft sein, sondern immer bereit und flexibel.

Die hauptsächliche Absicht des Jeet Kune Do liegt im Treten, Schlagen und der Anwendung körperlicher Kraft. Es ist der Wert der Wachsamkeitsstellung, hierfür die beste Ausgangsposition zu bieten.

Um wirkungsvoll zu schlagen oder zu treten, muß man beständig sein Gewicht von einem Bein zum anderen verlagern. Hierzu ist eine perfekte Kontrolle der Balance nötig. (Gleichgewicht ist der wichtigste Aspekt bei der Wachsamkeitsstellung.)

Natürlichkeit bedeutet Leichtigkeit und Mühelosigkeit, so daß alle Muskeln mit der größtmöglichen Leichtigkeit und Geschwindigkeit in Tätigkeit treten können. Deshalb sollte man locker und leicht stehen, alle Spannung und Muskelkontraktion vermeiden. Lerne zwischen der Mühelosigkeit durch Drill und der individuellen Mühelosigkeit zu unterscheiden. Wenn man dies kann, wird man in Angriff und Verteidigung schneller, genauer und kraftvoller sein.

In der Wachsamkeitsstellung besteht man nur noch aus Rücken, Ellbogen, Unterarm, Faust und Stirn. Man gleicht mehr einer Katze, die mit gespanntem Rücken nur darauf wartet, vorwärtszuspringen. Nur ist man im Gegensatz zur Katze ganz entspannt. Man bietet dadurch dem Gegner kaum noch ein Ziel. Das Kinn ist hinter der Schulter verborgen, die Ellbogen decken die Körperseiten. Insbesondere der Rumpf wird durch dieses Zusammenziehen geschützt. Aus all diesen Gründen ist die Wachsamkeitsstellung die sicherste Stellung.

Hieraus folgt:

1. Setze nur solche körperlichen Mittel ein, die dich am wenigsten aus der Wachsamkeitsstellung bringen.

2. Übe ein explosionsartiges Herausgehen aus der Neutralität, aus der »Nicht-Bindung«, und komme aus einer exponierten Lage wieder in diese Neutralität zurück. Dies sollte in einem beständigen, weichen Fluß von Bewegungen erfolgen.

3. Übe ständig aus der Wachsamkeitsstellung heraus alle körperlichen Mittel einzusetzen, um dann schnellstmöglich wieder in die Wachsamkeitsstellung zurückzukehren. Versuche, die Zeitspanne zwischen Aktion und Stillstand zu verringern. Dies bedeutet Leichtigkeit, Schnelligkeit und dauernden Wechsel.

Es ist vor allem wichtig, keine einengenden Regeln festzulegen.

Wegen ihrer vorgerückten Stellung erfolgt das Schlagen und Treten zu mindestens 80% durch die Führungshand und den Führungsfuß (sie befinden sich schon vor der Einleitung eines Angriffs auf dem halben Weg zum Gegner). Es kommt darauf an, daß diese schnell und kraftvoll zuschlagen können, entweder einzeln oder in Kombinationen. Weiterhin müssen sie durch eine entsprechende Genauigkeit der Arbeit des hinteren Fußes und der hinteren Hand unterstützt werden.

The Right lead stance

Like the Cobra, you remain coiled in a loose but compact position, and your strike should be felt before it is seen

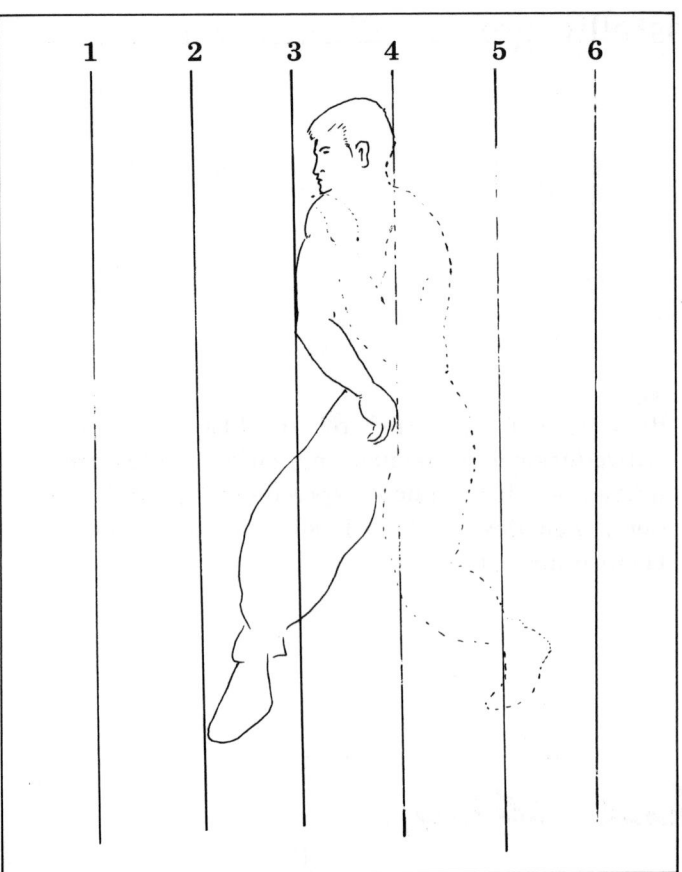

Rechte Vorwärtsstellung

Linke Vorwärtsstellung

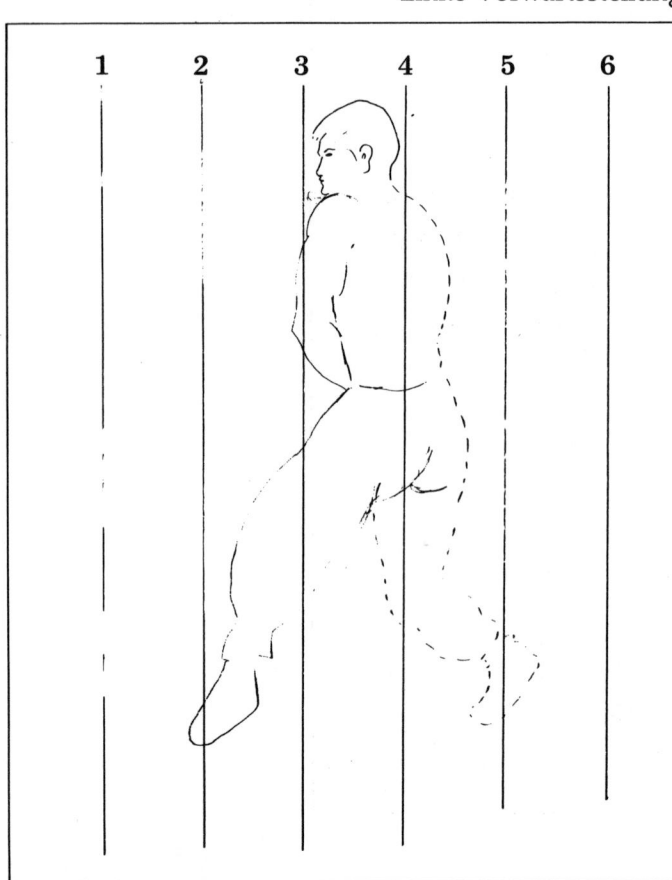

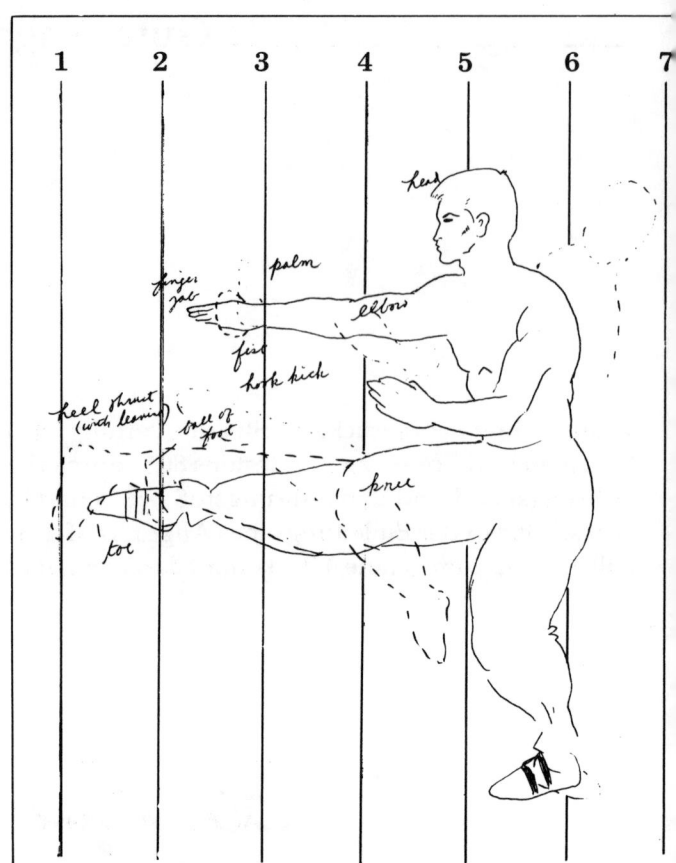

Führende Körperwaffen rechts

Führende Körperwaffen lin

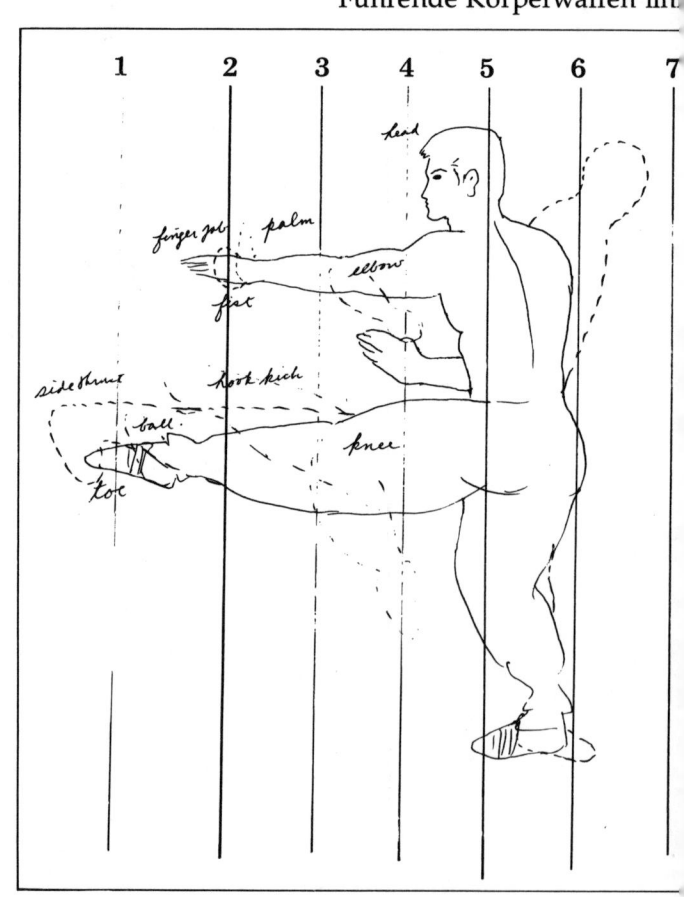

Acht Grundpositionen der Verteidigung

(Linke und rechte Stellungen)

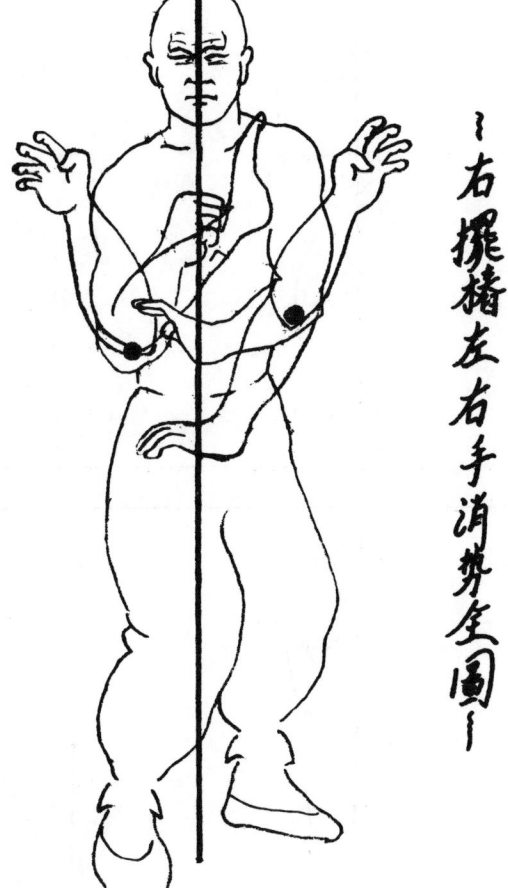

Ähnlich einer Kobra bleibt man in einer lockeren, und doch kompakten Stellung. Das Zuschlagen sollte so schnell erfolgen, daß es zuerst gespürt und dann erst gesehen wird.

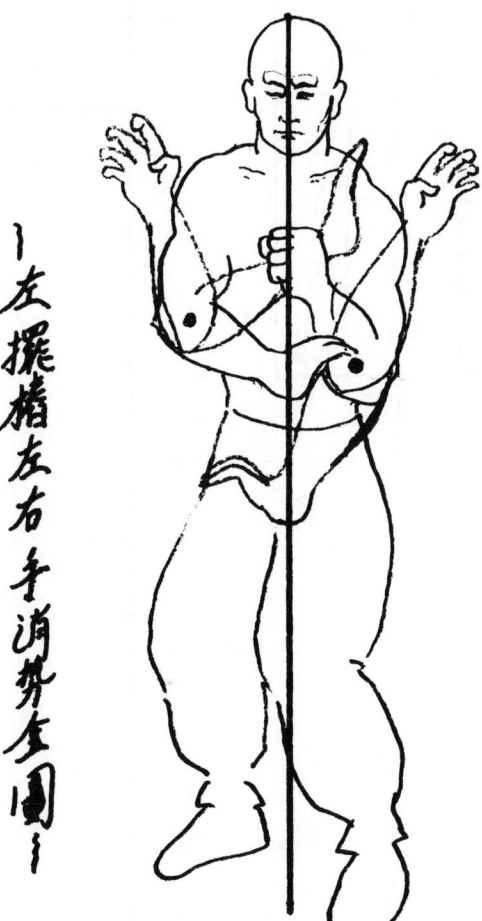

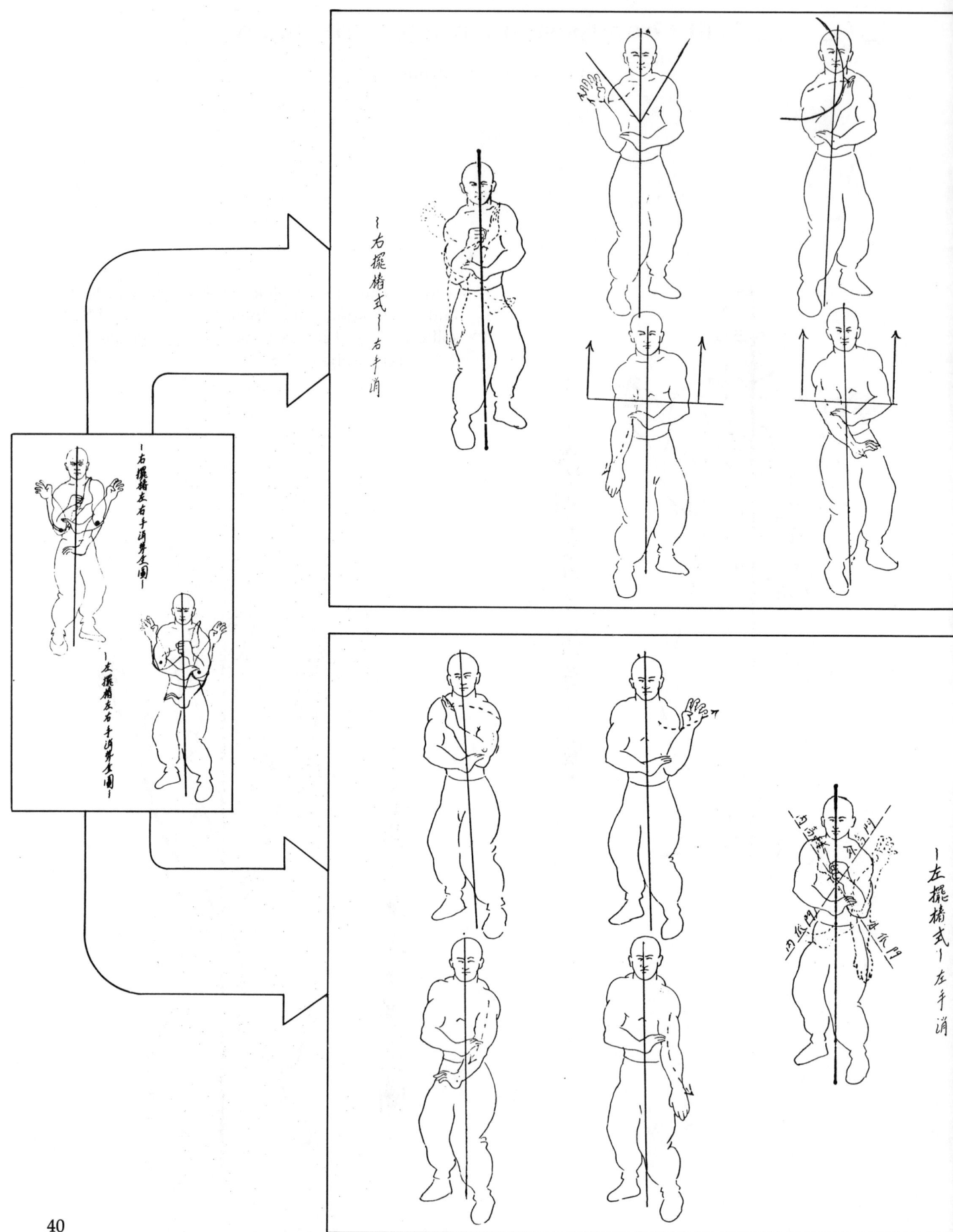

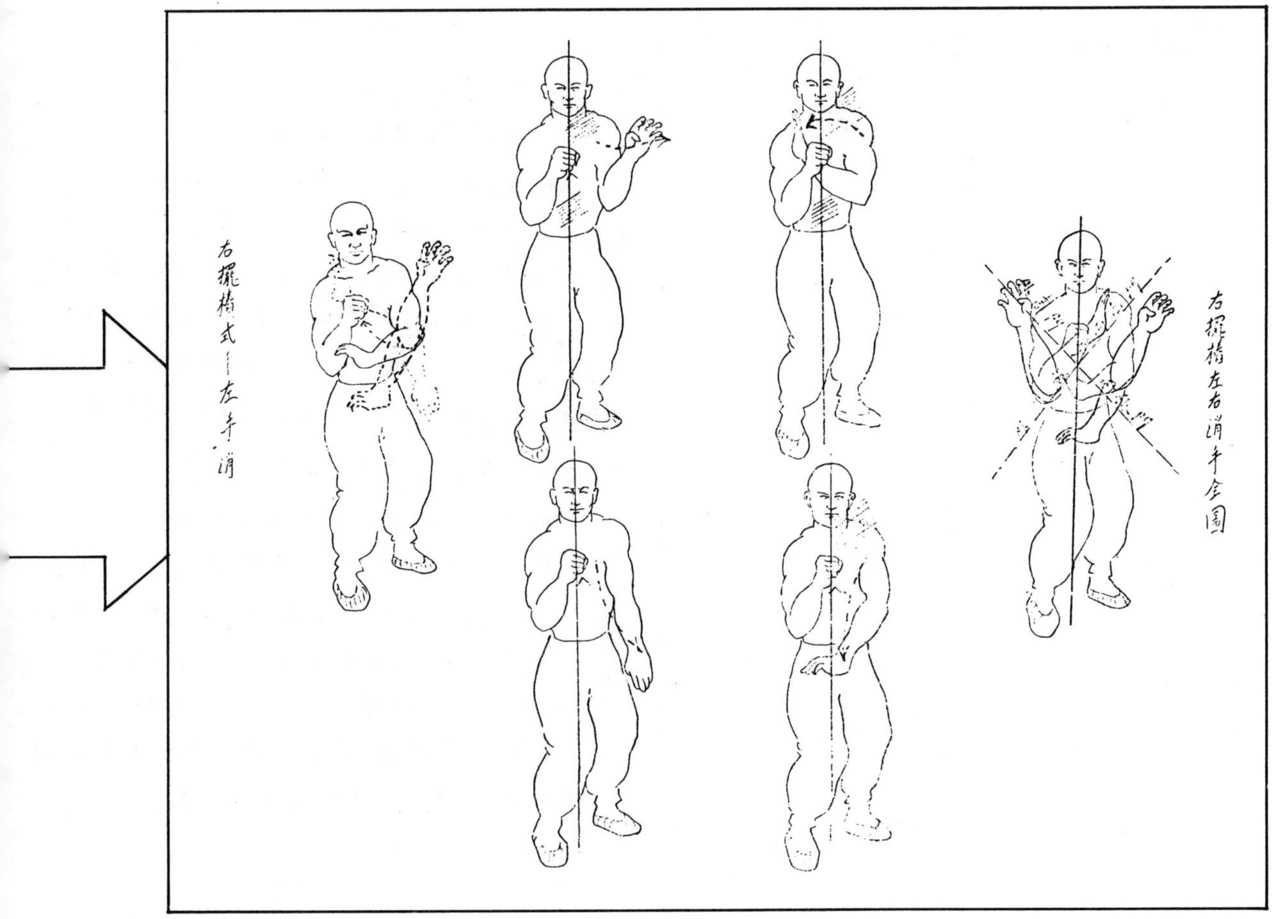

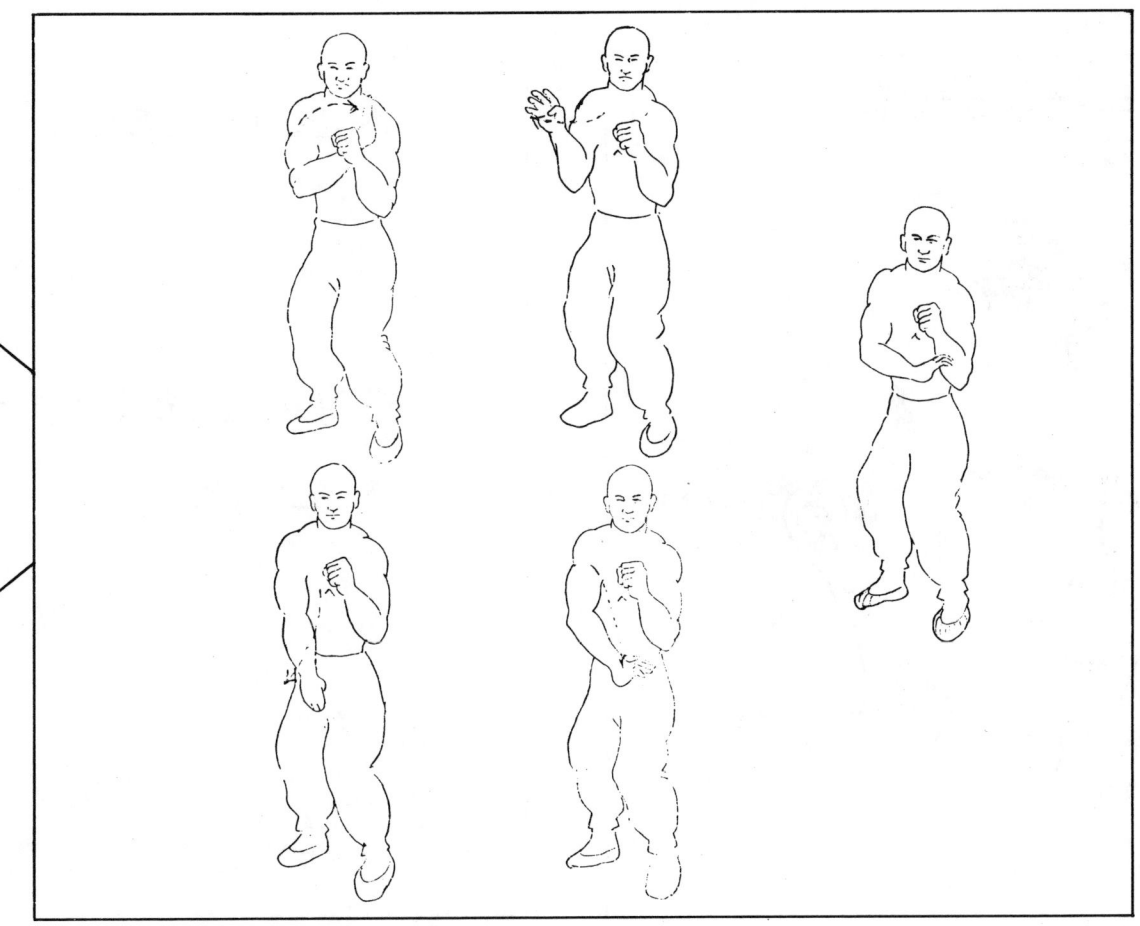

右擺橋式一左手消

右擺橋左右消手全圖

Einige Ziele für Treffer

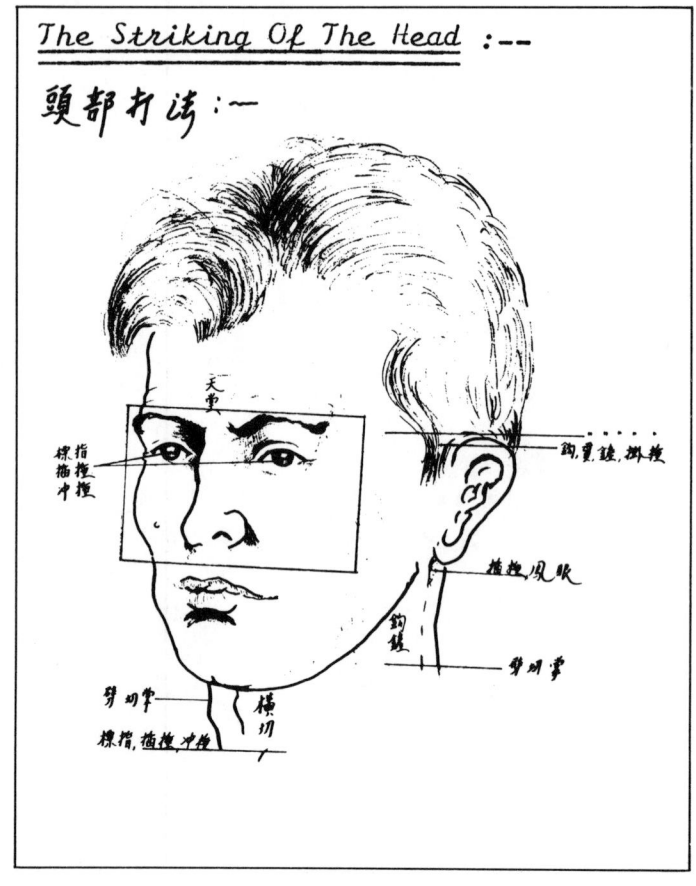

詠春派先師秘傳總訣

　　師曰生死要害訣須知春夏秋冬四季分十二叶反
方可以斷生死) 若不大傷心之事不可行之偏出外往別方
或困路途隆阻偏過惡人. 此手自不可忍為非惡人何必
傷人之命也　此手出在三尖 何為三尖虎尖掌尖省尖
定要子午分明百發百中覺徒單習此手法須傳師口訣
分明努力工夫 百中難曉) 但使手須善而用之若强方
不能成功矣. 出手法 雖要虎尖掌尖諸眉尖諸掌尖切不可
亂傷人命若亂傷人命是忘先師付托之言沒方良
心也 此書不可亂傳方義方信之人業記 : : 師
有詩四句云: 江湖一点訣 莫叶親朋説) 若叶方義訣
七吼皆流血 人有十八穴 五十四小穴 天地八和
四大穴 乃傷人之命也. 何為小穴手足四胘是乃内外
骨節其成七十二穴業有七十二方學習練成業可以
治之 若出外往別處 非知心者不可亂言戲語怕
人暗算為人四海見事愛諜為師者業記業記～

Ziele am Kopf

The Striking Of The Head :—

頭部打法:～

太極門之八死穴:——

(1) 曰夫頂　　　　　(5) 曰兩肋乳
(2) 曰兩耳　　　　　(6) 曰前陰
(3) 曰咽喉　　　　　(7) 曰兩腎
(4) 曰中脘　　　　　(8) 曰尾閭

螳螂派 八打与八不打

八不打 (死穴):———

(1) 太陽為脊　　　　(5) 海底撩陰
(2) 正中鎖喉　　　　(6) 兩腎叶心
(3) 中心兩雙　　　　(7) 尾閭風府
(4) 兩肋太極　　　　(8) 兩耳扇風

八打:——

(1) 眉頭双睛　　　　(5) 脅内肺腑
(2) 唇上人中　　　　(6) 撩陰高骨
(3) 穿腮耳門　　　　(7) 鶴膝虎頭
(4) 背後骨縫　　　　(8) 破骨千斤

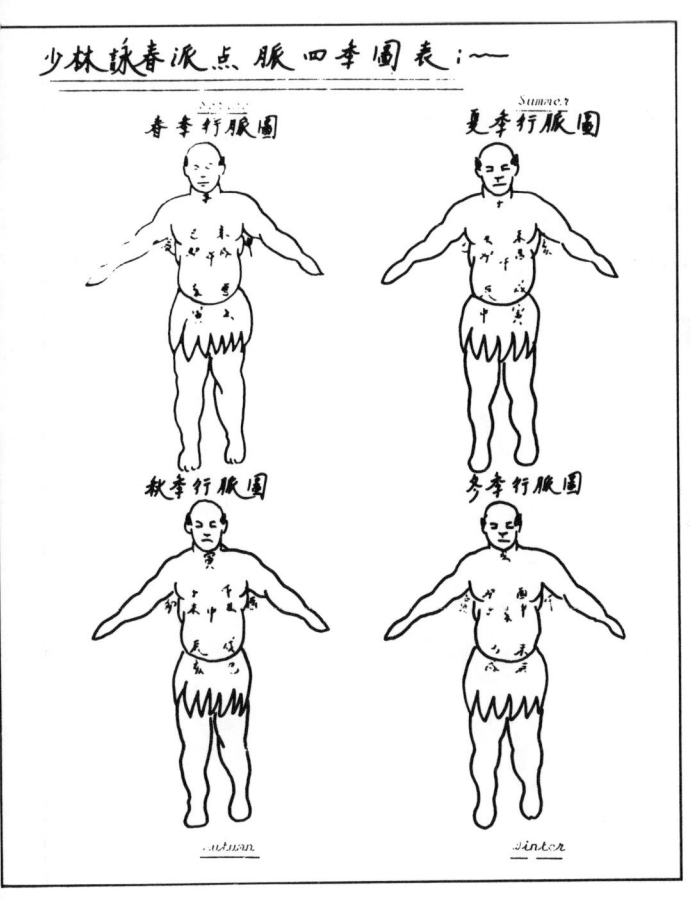

少林詠春派点脈四季圖表:—

春季行脈圖 (Spring)　　夏季行脈圖 (Summer)

秋季行脈圖 (Autumn)　　冬季行脈圖 (Winter)

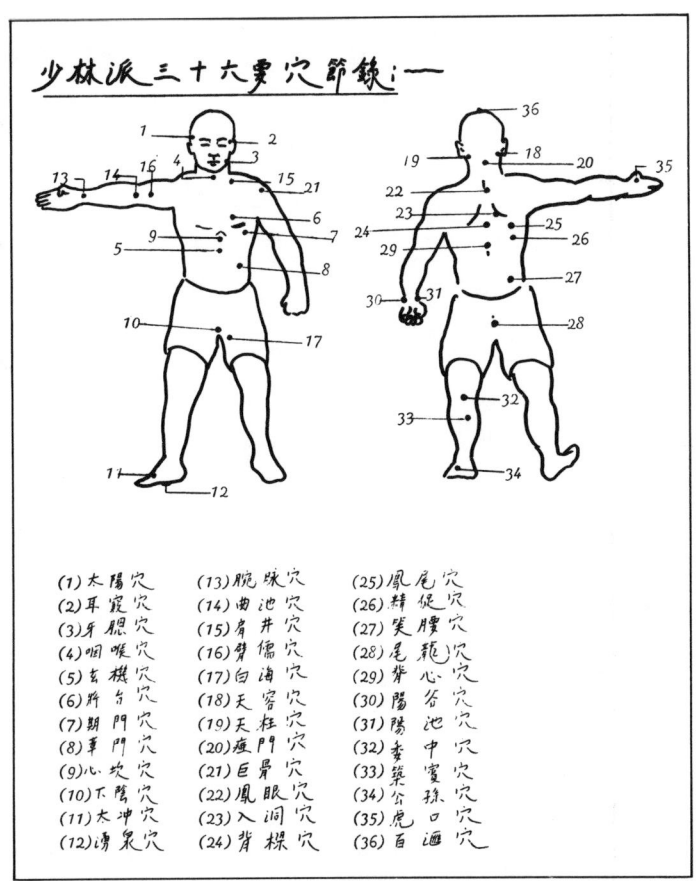

少林派三十六要穴節錄:—

(1)太陽穴	(13)腕脈穴	(25)鳳尾穴
(2)耳寶穴	(14)曲池穴	(26)辣俵穴
(3)牙腮穴	(15)肩井穴	(27)笑腰穴
(4)咽喉穴	(16)臂臑穴	(28)尾背穴
(5)玄機穴	(17)白海穴	(29)背脊穴
(6)脺台穴	(18)天窘穴	(30)陽陽穴
(7)期門穴	(19)天柱穴	(31)中寶穴
(8)軍門穴	(20)天應門穴	(32)囊穴
(9)心坎穴	(21)巨骨穴	(33)築穴
(10)下陰穴	(22)鳳眼穴	(34)孫口穴
(11)太沖穴	(23)入涧穴	(35)虎涵穴
(12)涾泉穴	(24)背樑穴	(36)百穴

Die beiden Hauptziele　　Empfindliche Stellen am Körper

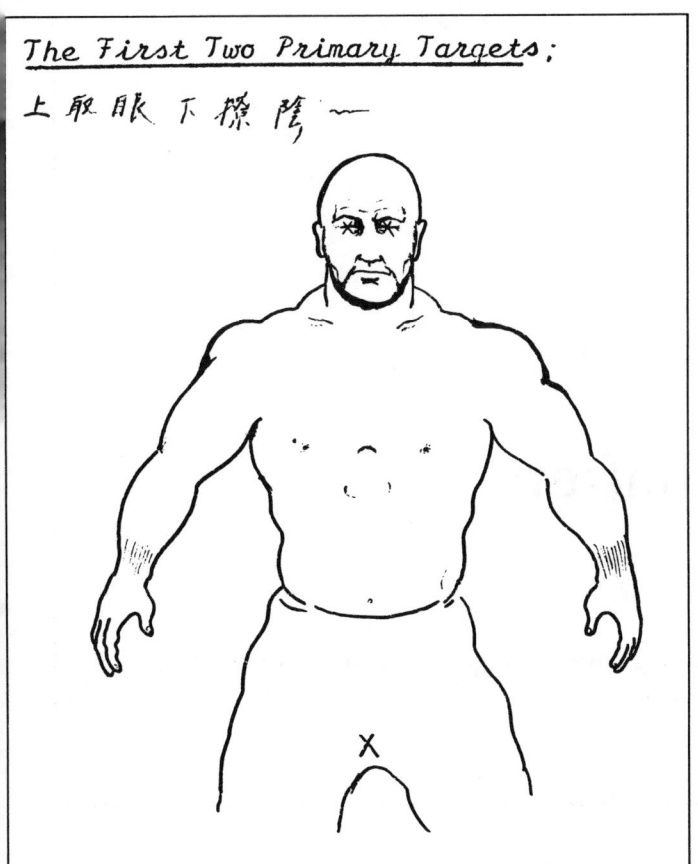

The First Two Primary Targets :

上取眼下標陰～

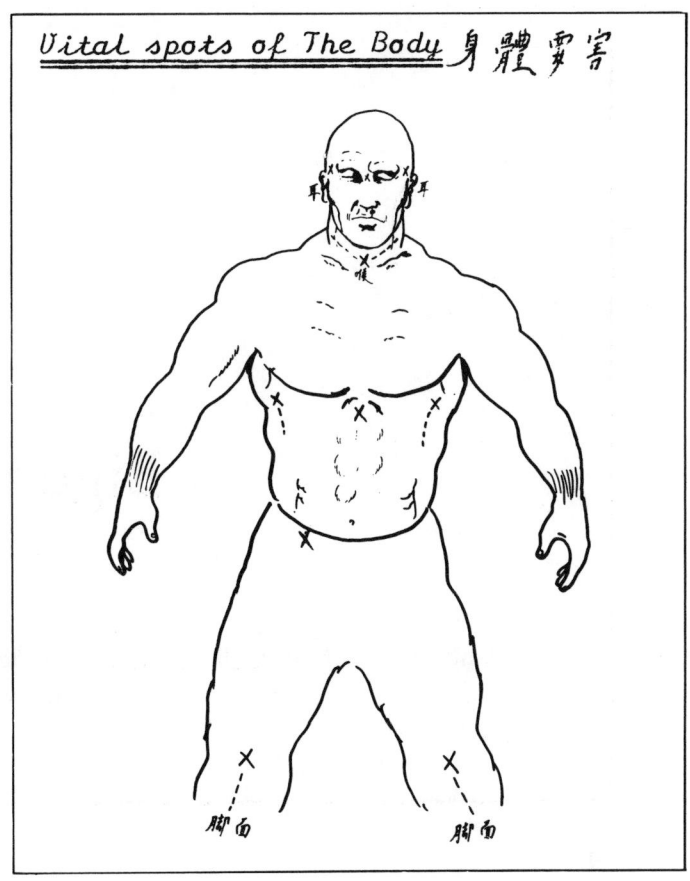

Vital spots of The Body 身體要害

脚面　　脚面

Eigenschaften

Wichtig ist nicht ein tägliches Mehr, sondern ein tägliches Weniger – trenne dich von allem
Unwesentlichen!

Befaßt man sich mit Sport, so gehört die Koordination zu den grundlegenden Überlegungen. Unter Koordination ist die Eigenschaft des Einzelnen zu verstehen, sein gesamtes Potential und alle Fähigkeiten seines gesamten Organismus auf die wirkungsvolle Durchführung einer Handlung zu konzentrieren.

Bevor eine Bewegung gemacht werden kann, müssen auf beiden Seiten der zu bewegenden Gelenke Veränderungen der muskulären Spannung erfolgen. Die Effektivität dieses Zusammenspiels der Muskeln ist einer der Faktoren, die Schnelligkeit, Ausdauer, Beweglichkeit und Genauigkeit jeder körperlichen Tätigkeit bestimmen.

Bei statischen Tätigkeiten oder Tätigkeiten mit langsamem Innenwiderstand, wie die Durchführung eines Handstandes oder das Halten eines schweren Gewichts, arbeiten die Muskeln auf beiden Seiten des Gelenks schwer, um den Körper in dieser Stellung zu halten. Bei schnellen Bewegungen wie Laufen oder Werfen verkürzen sich die Muskeln auf der einen Seite des Gelenks, während sich die auf der anderen Seite verlängern, um dadurch die Bewegung zu ermöglichen. Zwar besteht auf beiden Seiten Spannung, aber die Spannung der sich verlängernden Seite ist wesentlich geringer.

Jede übermäßige Spannung der sich verlängernden Muskeln wirkt wie eine Bremse. Folglich verlangsamt und schwächt sie jede Aktion. Eine derartige Spannung erhöht den muskulären Energieverbrauch und führt somit zu schneller Ermüdung. Wenn der Muskel eine neue Aufgabe lösen soll, bei der sich Belastungsintensität, Intensitätsgrad, Wiederholung und Dauer mit unterschiedlichen Anfor-

derungen stellen, muß ein ganz neues Muster von »neurophysiologischer Einstellung« gefunden werden. So wird die Ermüdung bei der Durchführung von neuen Bewegungsabläufen nicht allein durch den Einsatz neuer, verschiedener Muskeln verursacht, sondern auch durch das durch mangelnde Koordination verursachte »Abbremsen«.

Die herausragende Eigenschaft eines Spitzenathleten ist die Leichtigkeit seiner Bewegung, die selbst noch bei höchster Belastung vorhanden ist.
Einen Neuling erkennt man an seiner Verkrampftheit, dem Überangebot an Bewegung und Anstrengung. Der »geborene Athlet«, diese Rarität, scheint mit der Fähigkeit ausgestattet, jede Art von Sport mit Leichtigkeit ausüben zu können, ganz gleich, ob er in diesem Sport bereits Erfahrungen gesammelt hat oder nicht. Bei ihm besteht die Leichtigkeit darin, sich mit minimaler gegensätzlicher Muskelspannung bewegen zu können. Diese Eigenschaft ist bei einigen Sportlern stärker ausgeprägt als bei anderen; sie läßt sich jedoch bei allen verbessern.

Der Kämpfer, dessen Bewegungen ungelenk erscheinen, der anscheinend nie die richtige Distanz findet, immer berechenbar ist, seinen Gegner nie überraschen kann und immer seine Absichten schon im voraus verrät, diesem Kämpfer fehlt es vor allem an Koordination. Ein Kämpfer mit guter Koordination zeichnet sich immer durch Weichheit und Eleganz aus. Er scheint in die gegnerischen Aktionen hinein- und herauszugleiten, alles mit einem Minimum an Anstrengung und einem Maximum an Täuschung. Sein Timing ist deshalb so gut, weil seine eigenen Bewegungen so rhythmisch sind, daß sie anscheinend den Gegner in einen entsprechenden und passenden Gegenrhythmus zwingen. Er scheint seinen Gegner zu überlisten, da die Initiative

45

meist von ihm ausgeht und er dadurch zum größten Teil die Reaktionen seines Gegners bestimmt. Vor allem aber sind seine Aktionen bestimmt und zweckgerichtet, und nicht zögernd, weil er auf sich selbst vertraut.

Muskeln haben keine innere Kraft, die sie lenkt. Die Art und Weise jedoch, wie sie reagieren, und damit gleichzeitig die Wirksamkeit unserer Leistungen hängt nur davon ab, wie die Muskeln durch unser Nervensystem geführt werden. So ist eine schlecht ausgeführte Bewegung das Ergebnis von Nervenimpulsen an die falschen Muskeln. Das gleiche gilt, wenn diese Impulse den Bruchteil einer Sekunde zu früh oder zu spät, in der falschen Folge oder mit unzureichender Intensität ausgeschickt wurden.

Eine gut ausgeführte Bewegung bedeutet, daß das Nervensystem so hoch trainiert ist, daß es über Impulse bestimmte Muskeln dazu veranlaßt, sich im genau richtigen Bruchteil einer Sekunde zusammenzuziehen. Gleichzeitig werden Impulse an die entsprechenden entgegenwirkenden Muskeln unterdrückt, um eine Entspannung dieser Muskeln zu erreichen. Richtig koordinierte Impulse entstehen mit der genau benötigten Intensität, und sie verlieren ihre Wirkung genau in dem Sekundenbruchteil, in dem sie nicht mehr gebraucht werden.

Deshalb ist das Erlernen von Koordination keine Frage des Trainierens der Muskeln, sondern des Trainierens des Nervensystems. Der Übergang von total unkoordinierter Bewegung der Muskeln bis zur Erlangung von höchster Perfektion bedeutet die Entwicklung der Verbindungen innerhalb des Nervensystems. Aus der Psychologie und der Biologie weiß man, daß die Milliarden von Elementen unseres Nervensystems keine direkte Verbindung untereinander haben, sondern daß die Fasern einer Nervenzelle so eng mit denen anderer Zellen verschlungen sind, daß die Impulse zwischen ihnen in einer Art Induktionsprozeß weitergegeben werden können. Der Punkt, an dem ein Impuls von einer Zelle zur anderen übergeht, wird mit »Synapse« be-

zeichnet. Die Synapsen-Theorie macht auch deutlich, warum ein Kleinkind, das beim Anblick eines Balls total unkoordinierte Bewegungen zeigte, später einmal zu einem erstklassigen Fußballspieler wird.

Das Trainieren von Koordination ist deshalb nur eine Frage der Ausbildung der richtigen Verbindungen innerhalb des Nervensystems durch Übung (Genauigkeitsübungen). Jede Handlung stärkt die betreffenden Verbindungen und erleichtert somit die darauf folgende Leistung, läßt diese sicherer und selbstverständlicher werden. Aber ebenso läßt ein falscher Einsatz diese Verbindungen schwächer werden, und macht somit die Ausführung einer Leistung schwieriger und ungewisser (konstante Übungen). So kann man Fertigkeiten nur erlangen, wenn man das, was man zu erlernen versucht, auch tatsächlich tut. Man lernt nur durch Agieren oder Reagieren. Bei der Ausbildung dieser Verbindungen kommt es darauf an, nur äußerst sparsamen und wirksamen Gebrauch von Energie und Bewegung zu machen.

Um meisterliche Fertigkeiten zu erreichen, muß man über eine bestimmte Bereitschaft verfügen, die einen mit Freuden selbst in die schwierigste Trainingsstunde gehen läßt. Je größer die Bereitschaft ist, auf eine Anregung zu reagieren, desto größer ist die Befriedigung durch diese Reaktion; je geringer die Bereitschaft, desto größer ist der Widerwille gegen diese erzwungene Reaktion.

Wichtig: Übe nie hochkomplizierte Bewegungen, wenn du müde bist, denn dann werden feine Bewegungsabläufe durch grobe ersetzt, und gezielte Anstrengungen gegen ziellose. Außerdem unterlaufen einem zudem noch falsche Bewegungen, wodurch der bisher gemachte Fortschritt einen Rückschlag erleidet. Deshalb übt ein Sportler nur dann komplizierte Bewegungsfolgen, wenn er noch frisch ist. Bei Zunahme der Ermüdung übt er nur noch gröbere Abläufe, die lediglich zum Training der Ausdauer dienen.

46

Präzision der Bewegung bedeutet Genauigkeit, worunter man allgemein Exaktheit bei der Projektion einer Kraft versteht.

Präzision besteht aus kontrollierten Körperbewegungen. Diese Bewegungen sollten mit einem nur geringen Maß an Krafteinsatz und Anstrengung ausgeführt werden. Dabei sollte das gesteckte Ziel immer noch erreicht werden. Präzision läßt sich nur durch ein beträchtliches Maß an Übung und Training erzielen. Dies gilt sowohl für den Anfänger, als auch für den erfahrenen Kämpfer.

Eine Fertigkeit läßt sich am besten durch das Erlernen von Genauigkeit und Präzision erwerben. Dabei sollte zuerst auf Schnelligkeit geachtet werden, während Kraft erst später hinzukommt.

Ein Spiegel ist ein nützliches Hilfsmittel bei der Erlangung von Präzision, da er einem immer die Überprüfung von Haltung, Handstellung und technischen Einzelheiten der Bewegung gestattet.

Um in seinen Aktionen genau zu sein, sollte alles Schlagen oder Werfen von einem Unterbau aus erfolgen, der stark genug ist, während der Aktion ein ausreichendes Gleichgewicht zu gewährleisten.

Zum Erreichen von Ausgewogenheit zwischen Kraftmoment und mechanischem Einsatz werden Nervenimpulse an den arbeitenden Muskel geschickt, um eine ausreichende Anzahl von Muskelfasern im genau richtigen Zeitpunkt zu aktivieren, während die Impulse zum entsprechenden Gegenmuskel gebremst werden, um dessen Widerstand herabzusetzen – dies alles dient zur Steigerung der Wirksamkeit und zum bestmöglichen Einsatz der verfügbaren Kraft.

Wenn ein Sportler vor einer ihm nicht vertrauten Aufgabe steht, dann neigt er dazu, seine muskulären Kräfte zu übermobilisieren und wendet mehr Kraftanstrengung an, als eigentlich nötig ist. Dies ist sozusagen ein Mangel an »Wissen« des Koordinationssystems von Nerven und Muskeln.

Ein kraftvoller Sportler ist nicht etwa ein stark gebauter Sportler, sondern einer, der seine Stärke schnell zur Anwendung bringen kann. Da sich Stärke aus Kraft mal Geschwindigkeit errechnet, vergrößert ein Athlet mit zunehmender Schnelligkeit seiner Bewegungen auch seine Stärke, selbst wenn die Kontraktionskraft seiner Muskeln die gleiche bleibt. So kann ein leichter Sportler genau so hart treffen wie ein schwerer, der in seinen Bewegungen langsam ist.

Ein Sportler, der seine Muskeln durch Gewichtstraining entwickeln will, sollte aber auch gleichzeitig an seiner Schnelligkeit und Beweglichkeit arbeiten. Nur wenn angemessene Schnelligkeit, Beweglichkeit und Ausdauer zu hochentwickelter Kraft hinzukommen, werden hervorragende Leistungen möglich. Ohne alle diese Eigenschaften ist jemand, der sich nur auf seine Kraft verläßt, im Kampf wie ein Stier, der trotz seiner ungeheuren Stärke vergeblich dem Matador hinterherläuft, oder wie ein niedrig übersetzter Lastwagen, der ein Kaninchen fangen will.

Ausdauer läßt sich durch langes und beständiges Training erreichen, welches den normalen physiologischen Rahmen überschreitet und manchmal bis zur zeitweiligen totalen Erschöpfung geht. Hierbei sollte bis an die Grenze von Muskel- und Atmungssystem gegangen werden.

Die beste Methode zum Training der Ausdauer ist die Durchführung der Tätigkeit selbst. Natürlich sind Langlauf und Schattenboxen wichtige, zusätzliche Ausdauerübungen, aber auch diese sollten mit einem wechselnden Rhythmus und wechselnder neurophysiologischer Belastung ausgeübt werden.

Viele Sportler sind anfangs nicht gewillt, sich selbst genügend hart zu fordern. Sie sollten sich bis zur Erschöpfung abquälen und dann eine angemessene Ruhepause einlegen, um nach dieser Ruhepause das Leistungsquantum noch einmal zu steigern. Die beste Methode zum Training der Ausdauer scheinen mehrere Stunden Übung zu sein, die sich aus vielen kurzen, sehr schnell durchgeführten Trainingsteilen zusammensetzen, die wiederum von weniger intensiven Perioden unterbrochen werden.

Vier Hypothesen über Sportarten mit extremer Ausdauerleistung:
1. Ausdauer läßt sich erzielen durch viele aufeinanderfolgende Sprintintervalle, die sich mit lockerem Laufen abwechseln.
2. Das Ziel ist eine Ausdauer, die genau auf eine bestimmte Geschwindigkeit abgestimmt ist.
3. Extremes Ausdauertraining bedeutet ein Mehrfaches an Aufwand und Zeiteinsatz, verglichen mit einem normalen Training. (Solch ein »spartanisches« Training ist für Meister typisch.)
4. Beim Training sollte gelegentlich ein Rhythmuswechsel vorgenommen werden, der verschiedenartige Bewegungen umfaßt und, in gewissem Ausmaß, auch unterschiedliche Muskelfasern einsetzt.

Die Übungen zum Ausdauer-Training sollten nur allmählich und vorsichtig gesteigert werden. Hierbei scheinen sechs Wochen nur ein unteres Minimum zu sein und stellen eigentlich nicht mehr als nur einen Anfang dar. Erst nach Jahren läßt sich bei extremen Ausdauersportarten die maximale Leistung erzielen.

Wenn Ausdauer nicht ständig trainiert wird, geht sie schnell verloren.

Der wichtigste Faktor bei der Haltung oder Stellung eines Kämpfers ist das Gleichgewicht. Ein Kämpfer kann niemals wirksam sein, wenn er sich nicht zu jeder Zeit und in jeder Lage im Gleichgewicht befindet.

Gleichgewicht läßt sich nur durch eine richtige Ausrichtung des Körpers erzielen. Bei der Schaffung und Beibehaltung einer Gleichgewichtsstellung spielen Füße, Beine, Rumpf und Kopf alle eine wichtige Rolle. Diese übertragen die Körperkraft. Wenn sich die Füße in der richtigen Stellung zueinander und zum Körper befinden, trägt dies zur Aufrechterhaltung des Körpergleichgewichts bei.

Ein zu weiter Stand verhindert eine richtige Ausrichtung des Körpers, weil er ein ausgewogenes Gleichgewicht zerstört, da sich durch ihn zwar Festigkeit und Kraft erreichen lassen, die aber in diesem Fall auf Kosten von Schnelligkeit und wirksamer Bewegung gehen. Ein zu kurzer Stand ist ebenfalls schlecht für das Gleichgewicht, weil er eine schlechte Ausgangslage darstellt. Hier ist zwar eine hohe Schnelligkeit möglich, die aber nur auf Kosten von Kraft und Gleichgewicht erzielt wird.

Das Geheimnis eines guten Gleichgewichts bei einem richtigen Stand liegt darin, die Füße direkt unter dem Körper zu halten. Dies bedeutet, daß sie sich immer in mittlerer Entfernung zueinander befinden sollten. Entweder ist das Gewicht gleichmäßig über beiden Beinen verteilt, oder liegt (wie beim westlichen Boxen) etwas über dem vorderen Führungsbein. Das Führungsbein ist ziemlich gestreckt, das Knie ist locker und nicht angespannt. Die führende Seite des Körpers bildet von der vorderen Ferse bis zur vorderen Schulterspitze eine gerade

Linie. Diese Stellung erlaubt Entspanntheit, Schnelligkeit, Gleichgewicht und Leichtigkeit der Bewegungen. Ebenso bietet sie einen mechanischen Vorteil, indem sie ein sehr hohes Maß an Kraftentfaltung ermöglicht.

Im allgemeinen wird eine vorbereitende Stellung bei sportlichen Wettbewerben eine »eingerollte« oder halbgeduckte Haltung einschließen, bei der der Schwerpunkt etwas abgesenkt und nach vorne gerückt ist. Mit dem Einknicken des vorderen Knies kommt auch der Schwerpunkt geringfügig nach vorne. Bei sonstigen Bereitschaftsstellungen berührt die vordere Ferse normalerweise gerade noch den Boden, selbst bei gebeugten Knien. Ein leichter Bodenkontakt der Ferse trägt zur Festigung des Gleichgewichts bei und verringert die Spannung.

Zwischen den Füßen sollte immer ein der natürlichen Schrittlänge entsprechender Abstand gelassen werden. Dadurch hat man immer einen festen Stand und steht nie nur auf einem Punkt.

Wenn man darauf achtet, seine Füße niemals zu überkreuzen, ist es sehr unwahrscheinlich, daß man wegen schlechter Beinarbeit aus dem Gleichgewicht gebracht oder niedergeschlagen wird.

Kurze und gleitende Schritte eignen sich am besten dazu, immer eine gute Schwerpunktlage beizubehalten und stehen damit im Gegensatz zu gesprungenen oder übergesetzten Schritten. Wenn ein guter Kampfsportler sich schnell bewegen muß, so wird er kurze Schritte machen, damit sein Schwerpunkt nicht außer Kontrolle gerät.

1. Verlagere den Schwerpunkt nach unten.
2. Stehe etwa körperbreit.
3. Belaste die Fußballen.
4. Die Knie sind selten gestreckt, selbst nicht beim Rennen.
5. Ein in dauernder feiner und schneller Bewegungen gehaltener Schwerpunkt ist ganz typisch bei den Sportarten anzutreffen, die plötzliche und häufige Richtungswechsel aufweisen.

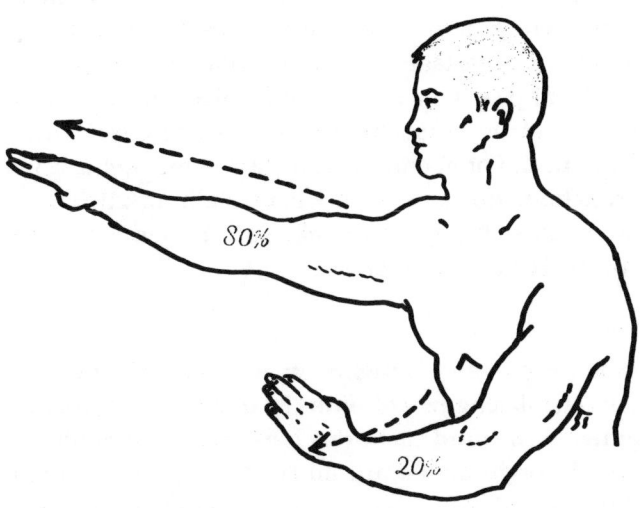

Gleichmäßige Verteilung – Verschmelzung von Yin und Yang.

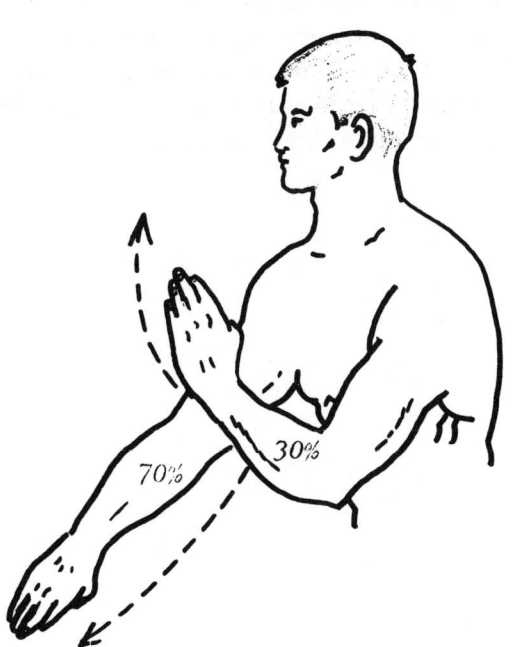

Diese Haltungsgrundsätze sind sowohl für die Bereitschaft in der Bewegung als auch für die statische Haltung bestimmend. Ein Sportler wendet diese statischen und phasischen Grundsätze unmittelbar vor und nach jeder Aktion an, um sich so auf die nächste Aktion vorzubereiten. Wenn sich plötzlich die Notwendigkeit ergibt, eine schnelle Bewegung ausführen zu müssen, wird dies bei einem guten Sportler nie dann vorkommen, wenn sein Knie oder andere Gelenke gerade gestreckt sind. Von dem Warmlaufen mit gebeugten Knien kommt auch der Spruch: »Ein guter Sportler läuft immer so, als ob seine Hose gebügelt werden müßte.«

Gleichgewicht bedeutet die Kontrolle des eigenen Schwerpunkts und die Kontrolle und Steuerung von Ungleichgewichtslagen des Körpers, also letztlich der Anziehungskraft, um Bewegungen zu erleichtern. In diesem Sinne könnte Gleichgewicht auch bedeuten, den eigenen Schwerpunkt über die zugrundeliegende Körperbasis hinauszuwerfen, ihn dann zu jagen und ihn niemals wieder entwischen zu lassen.

Ungleichgewichtslagen des Körpers bei einer Vorbereitungsstellung werden durch Verlagern eines Armes oder Beines oder durch beides ausgeglichen.

In der Bewegung, und nicht in der Ruhe, sollte man ein gutes Gleichgewicht suchen.

Der Schwerpunkt eines Kämpfers verlagert sich andauernd, indem er sich den unterschiedlichen eigenen Aktionen und denen des Gegners anpaßt.

Wenn ein beabsichtigter Schlag oder Fußtritt sein Ziel verfehlt, so bedeutet dies einen momentanen Verlust des Gleichgewichts. In diesem Fall hat ein Konterkämpfer normalerweise einen Vorteil. Dies trifft jedoch kaum zu, wenn der Angreifer den kleinen phasischen Stand mit gebeugten Knien wählt. Deshalb sollten in dem Moment, in dem der Gegner sein Gleichgewicht verliert, Konter geübt werden, insbesondere, wenn dieser zu den Kämpfern gehört, die sofort wieder in eine Gleichgewichtslage zurückkommen.

Das Gleichgewicht muß zu jedem Moment unter Kontrolle sein, so daß es nicht mitten in einer Aktion verloren gehen kann.

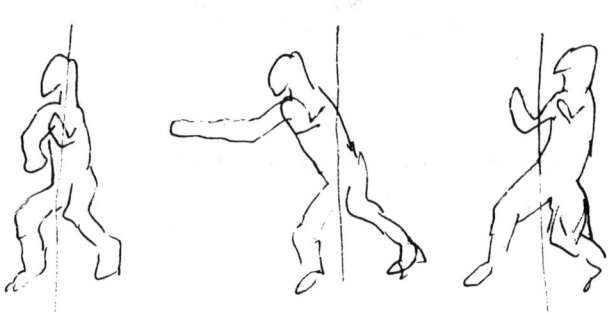

Bei einem Angriff sollte der Schwerpunkt unmerklich auf den vorderen Fuß verlagert werden, so daß mit dem hinteren Bein der kürzeste, schnellste und explosivste Ausfallschritt gemacht werden kann.
Bei einer Abwehr sollte der Schwerpunkt geringfügig auf den hinteren Fuß verlagert werden, so daß sich die Entfernung zum Gegner vergrößert und mehr Zeit für Abwehr- und Konterbewegungen bleibt.

Man sollte immer sein Gleichgewicht beibehalten, um einen weiteren Tritt oder Schlag folgen zu lassen. Niemals jedoch sollte man sich exponieren.

Trainingshilfen

»Erfühle« die richtige Stellung der Füße zueinander sowie zum Körper, während du mit Kombinationen angreifst, dich zurückziehst und konterst. Mache dir ihre Stellung bei allen Arten von Schlägen und Tritten bewußt.

Fühle dich in einen ausgewogenen Stand ein. Man sollte fähig sein, alle seine Bewegungen im Laufschritt auszuführen. Versuche den Unterschied zwischen gutem und schlechtem Gleichgewicht instinktiv zu erfassen. Bewege dich vorwärts, rückwärts und seitwärts. Verbinde dies mit Schlagen und Treten; versuche immer, Schnelligkeit und Kraft und, vor allem, eine ausgewogene Stellung zu erreichen, um eine gute Körperstellung zu halten oder um sich gegebenenfalls sofort wieder in eine solche zurückzubringen.

Eine der besten Übungen zur Ausbildung eines gewissen Gleichgewichtssinns ist das Seilspringen mit einem Bein, und nicht das herkömmliche Seilhüpfen. Springe zuerst auf einem Fuß, während man den anderen vor sich hält; springe dann auf dem anderen Fuß. Wechsle danach bei jeder Umdrehung des Seils das Bein (das ist nicht so einfach, wie es scheinen mag) und steigere die Geschwindigkeit immer mehr. Dies sollte drei Minuten lang durchgehalten werden (der Dauer einer Runde). Nach einer Pause von einer Minute folgen dann die nächsten drei Minuten. Drei Runden Seilspringen nach diesen verschiedenen Arten stellen eine geeignete Grundlage für ein gutes Training dar.

Körpergefühl

Körpergefühl bedeutet ein harmonisches Zusammenwirken von Geist und Körper,
die beide untrennbar miteinander verbunden sind.

Körpergefühl beim Angriff

Körperlich:

1. Denke vor, bei und nach einem Angriff an das Gleichgewicht.
2. Denke vor, bei und nach einem Angriff an eine lückenlose Verteidigung.
3. Lerne, in die Bewegung der Körperwaffen des Gegners hineinzugehen, um so seinen Spielraum zu begrenzen.
4. Sei immer hellwach.

Geistig:

1. Erlaube dem »Wollen«, das Ziel zu treffen.
2. Wappne dich mit Aufmerksamkeit, Wachsamkeit, um sofort zur Verteidigung oder zum Kontern übergehen zu können.
3. Halte immer eine neutrale Aufmerksamkeit aufrecht und beobachte dabei die Aktionen und Reaktionen des Gegners, um sich auf diese einzustellen.
4. Lerne, Zerstörungswirkung (Lockerheit, Schnelligkeit, Festigkeit, Leichtigkeit) auf ein bewegliches Ziel zu übertragen.

Körpergefühl bei der Verteidigung

1. Studiere die Angriffstechniken des Gegners – Anzeichen von vorangekündigten Bewegungen.
2. Lerne die zweiten und dritten Nachfolgetechniken des Gegners einzuschätzen – »lese« seinen Stil und löse das Problem, falls einfache Angriffe scheitern sollten.
3. Finde genau den Moment der größten Hilflosigkeit des Gegners heraus.
4. Mache dir die allgemeine Tendenz zu Nutzen, daß Bewegungen bei Erschöpfung zu weitläufig sind.
5. Bringe den Gegner aus dem Gleichgewicht und ziehe ihn in deine Sphäre, während du gleichzeitig das eigene Gleichgewicht beibehältst.
6. Versuche, selbst beim Rückwärtsgehen wirksam zu sein und experimentiere mit allen Möglichkeiten (Wegtreten zur Seite, Kurven usw.) Bleibe im Gleichgewicht zur Anbringung von Schlägen und Tritten.
7. Greife im richtigen Moment sofort an. Dabei sind folgende Punkte wichtig:
   a) Richtige innere Synchronisation
   b) Richtige Distanz
   c) Richtiges Timing (b und c gehören zusammen).

Gute Form ist die beste Art und Weise, das Ziel einer Leistung mit einem Minimum an verschwendeter Bewegung und Energie zu erreichen.

Um zur Erreichung eines vorgegebenen Ziels Energie durch minimalen Energieeinsatz zu sparen, muß man alle unnötigen Bewegungen und Muskelkontraktionen ausschalten, die nur ermüden, ohne einem sinnvollen Zweck zu dienen.

Ausbildung von neuromuskulärer Fertigkeit:

Der erste Schritt besteht in der Erlangung des Gefühls für Entspanntheit.
Der zweite Schritt besteht darin, dieses Gefühl so lange zu üben, bis es nach Belieben willentlich hervorgerufen werden kann.
Der dritte Schritt liegt darin, dieses Gefühl in möglichen Gefahrensituationen freiwillig und spontan entstehen zu lassen.

Die Fähigkeit, Entspannung und Zusammenziehen zu »fühlen«, zu wissen, was ein Muskel tut, wird kinesthetische Wahrnehmung genannt. Die kinesthetische Wahrnehmung läßt sich am besten dadurch entwickeln, daß man sich in eine vorgegebene Stellung bringt und dann das »Gefühl« hierfür entwickelt. Dieses Gefühl von Gleichgewicht oder Ungleichgewicht, von Eleganz oder Ungelenkheit, dient dem Körper bei all seinen Bewegungen als Führer.

Die kinesthetische Wahrnehmung sollte so stark entwickelt werden, daß sich der Körper gleichsam unwohl fühlt, wenn er nicht jede Bewegung mit einem Minimum an Anstrengung und einem Maxi-

mum an Wirksamkeit durchgeführt (dies gilt auch für Stellungen).

Entspannung ist ein körperlicher Zustand, der aber durch den geistigen Zustand gesteuert wird. Sie wird durch die bewußte Bemühung erworben, sowohl die Gedanken als auch ihre Ausführung zu kontrollieren. Man benötigt Wahrnehmungsvermögen, Übung und Willen, um den Geist in neue Denkgewohnheiten und den Körper in neue Aktionsweisen einzugewöhnen.

Entspannung bezieht sich auf das Maß von Spannung in der Muskulatur. Es ist eine allgemeine Regel im Sport, in den ausführenden Muskeln nicht mehr Spannung als nötig zu haben. Ebenso gilt es, in den entsprechenden Gegenmuskeln das Maß der Spannung so gering wie möglich zu halten und trotzdem die nötige hemmende Kontrolle aufrechtzuerhalten.

Muskeln befinden sich immer in einem geringen Spannungszustand, und dies ist ganz natürlich. Wenn der Spannungszustand jedoch übermäßig erhöht wird, werden dadurch Schnelligkeit und Können beeinträchtigt. Bei diesen Fällen liegt das Hauptproblem in der zu großen Spannung der antagonistischen Muskeln. Ein geringes Maß an Spannung in den ausführenden Muskeln bedeutet weniger Energieverbrauch. Gespannte antagonistische Muskeln verschwenden Energie und führen zu Steifheit und/oder zu Widerstand gegen die Bewegung. Für koordinierte, elegante und wirksame Bewegungen müssen sich die gegenspielenden Muskeln immer und leicht entspannen und dehnen können.

Im Sport hängt Entspannung von der Ausbildung eines geistigen Gleichgewichts und emotionaler Kontrolle ab. Ein entspannter Sportler verbraucht körperliche und geistige Energien konstruktiv. Er wandelt sie wieder zurück, wenn sie nicht zur Lösung des Problems beitragen. Tun sie dies aber, so läßt er ihnen freien Lauf. Dies bedeutet nicht, daß er lasch ist, langsam denkt und sich langsam bewegt. Genausowenig bedeutet dies, daß er sorglos oder gleichgültig ist. Die gewünschte Entspannung bezieht sich mehr auf die Entspannung der Muskeln, als auf die Entspannung von Geist oder Aufmerksamkeit.

Die durch richtige Mechanik der Form eingesparte Energie läßt sich in höhere Ausdauer oder kraftvollere Ausführung umwandeln.

Der ältere Sportler betrachtet Form als ein Mittel zur Energieerhaltung. Der große Sportler spart Energie, weil jede Bewegung durch seine besonderen Fertigkeiten wirksamer wird – er macht weniger unnötige Bewegungen, und sein hochtrainierter Körper verbraucht pro Bewegung weniger Energie.

Trainiere immer in guter Form. Lerne dich leicht und geschmeidig zu bewegen. Beginne dein Training zum Auflockern der Muskeln mit Schattenboxen. Konzentriere dich zuerst auf gute Form, dann erst auf härtere Arbeit.

Die Beherrschung von fundierten Grundkenntnissen und ihre Anwendung ist das Geheimnis von großen Kämpfern.

In den meisten Fällen muß jede Bewegung auch für die andere Körperseite eintrainiert werden, um eine ausgewogene Wirksamkeit zu erzielen. Die Hauptüberlegung bei der Entwicklung von Form ist jedoch, keine grundlegenden mechanischen Prinzipien zu verletzen.

Wirtschaftlichkeit der Bewegung

Es gibt eine beste Art und Weise, eine Aufgabe zu erledigen. Einige der Prinzipien, denen bei der Verbesserung von Leistung eine Bedeutung zukommt, lauten wie folgt:

1. Zur Überwindung von Widerstand sollte Schwungkraft eingesetzt werden.
2. Der Schwung der Kraft soll nur so stark sein, wie ihn ein unangestrengter Einsatz der Muskeln zuläßt.
3. Durchgehende, runde Bewegungen erfordern weniger Kraftaufwand als geradlinige Bewegungen, verbunden mit plötzlichen und scharfen Richtungswechseln.
4. Wenn den eine Bewegung einleitenden Muskeln keine Kraft entgegensteht, und sie sich frei und weich bewegen können, führt dies zu schnelleren, leichteren und genaueren Bewegungen als

sie bei Einschränkung oder Kontrolle möglich sind.

5. Ausgeglichene Arbeit in Richtung auf einen leichten und natürlichen Rhythmus ist für eine weiche und automatische Bewegungsausführung förderlich.

6. Zögern oder die zeitweilige und oft nur geringfügige Unterbrechung in der Bewegung sollten ausgeschaltet werden.

Es ist völlig in Ordnung, wenn man seinen Stil ändert, um sich den verschiedenen Gegebenheiten anzupassen. Aber man sollte hierbei nie seine grundlegende Form ändern. Mit Änderung des Stils meine ich die Änderung des Angriffsplans.

Gute Form läßt sich als eine Art von besonderer Technik definieren, die einen in die Lage versetzt, bei seinen Aktionen maximale Wirksamkeit zu erzielen.

Gleichgewicht ist ebenfalls ein wichtiger Bestandteil von guter Form. Beim Schlagen oder Treten hat die eigene Kraft sozusagen keine Basis, falls einem Gleichgewicht und richtiges Timing nicht ausreichende Hebelkraft geben.

Vor allem aber muß man folgendes beachten: Wenn man sich verkrampft, verliert man die Flexibilität und das Timing, die für einen erfolgreichen Kämpfer so wichtig sind. Deshalb sollten wirtschaftliche Bewegungen und neuromuskuläre Wahrnehmung täglich gewissenhaft trainiert werden. Dabei immer entspannt sein.

Das Erlernen von schnellem visuellen Erfassen ist ein grundlegender Anfang. Das Training sollte täglich kurze, konzentrierte Übungen zum schnellen Sehen aufweisen (Übung der Wachsamkeit).

Eine schnelle Auffassungsgabe ist ein Ergebnis von Übung, und nicht von Vererbung.

Wenn jemand eine etwas lange Reaktionszeit oder langsame Techniken hat, so kann er diese Langsamkeit durch schnelles Sehen ausgleichen.

Die Schnelligkeit der Wahrnehmung wird teilweise durch die Zersplitterung der Aufmerksamkeit des Beobachters beeinträchtigt. Wenn sich die Aufmerksamkeit auf weniger verschiedene Ziele konzentriert, wird auch jede Aktion schneller. Wenn der zu erkennende Gegenstand nur einer unter vielen ist, bei denen jeder ein anderes Verhalten erfordert, dann verlängert sich die Reaktionszeit. Eine komplexe Reaktion nimmt mehr Zeit in Anspruch als eine einfache Reaktion. Dies ist die Ausgangslage für das Training, um damit über eine neurophysiologische Einstellung zu instinktiver Wirtschaftlichkeit zu kommen. Da die instinktive Bewegung die einfachste ist, ist sie auch gleichzeitig die schnellste und genaueste.

Der Übergang von Wollen zur Reflexsteuerung geschieht dann, wenn die Aufmerksamkeit eines Sportlers von kleinen Einzelheiten (mechanische Arbeit) auf größere und schließlich auf das Ganze verlagert wird, wobei Einzelheiten nur noch in ihrer Gesamtheit gesehen werden.

Die Angewohnheit, seine Aufmerksamkeit über eine größere Fläche zu verteilen, trägt dazu bei, Öffnungen schneller zu sehen.

Für eine schnellstmögliche Wahrnehmung muß die Aufmerksamkeit auf die Fläche des wahrzunehmenden Gegenstands intensiv konzentriert werden (d. h.: bereit sein, was einem einen Vorteil über einen Gegner verschafft, der dieses vorbereitende »Fertigsein« nicht besitzt).

Versuche weisen darauf hin, daß nahe dem Sportler auftretende akustische Reize schneller aufgenommen werden als optische. Deshalb sollte man möglichst gleichzeitig optische und akustische Signale zu seinem Vorteil nutzen. Dabei sollte man aber immer daran denken, daß die Aufmerksamkeit eher auf allgemeine Gesamtbewegung gerichtet werden sollte, denn dies führt zu schnelleren Aktionen als das Konzentrieren auf einzelne optische oder akustische Signale.

Trainiere dich, um unnötige Auswahlreaktionen auszuschalten (um sich selbst natürlich auf das Wesentliche zurückzubringen), während dem Gegner aber eine Vielzahl von möglichen Reaktionen entgegengesetzt wird.

Ein guter Kämpfer wird immer versuchen, seinen Gegner in die langsamere Situation der »Auswahlreaktion« zu bringen.

Strategien zur Ablenkung der Aufmerksamkeit (Täuschungsmanöver und Scheinangriffe) dienen dazu, die Aufmerksamkeit des Gegners zu steuern und ihn so zu verunsichern, daß er zögert, da er ja ganz sicher gehen will. Es ergibt sich noch ein zusätzlicher Vorteil, wenn der Gegner dazu verleitet werden kann, eine einleitende Bewegung in eine entsprechende Richtung zu machen.

Ein Angreifer, der nur mit einer Seite treten oder schlagen kann, bietet dem Verteidiger den Vorteil einer schnelleren Aktion, da er seine Aufmerksamkeit nur auf eine Seite konzentrieren muß.

Auf eine schnelle Bewegung zu den Augen reagiert man mit instinktivem Blinzeln. Dieses instinktive Blinzeln muß im Training kontrolliert werden, denn wenn der Gegner bemerkt, daß man bei einer Bedrohung die Augen schließt, wird er versuchen, diese Reaktion zu provozieren, um dann den kurzen Moment der Blindheit für einen Schlag oder Tritt auszunutzen.

Mittelpunktsehen bedeutet, daß die Augen und die Aufmerksamkeit auf einen Punkt konzentriert sind. Beim peripheren Sehen ist die Aufmerksamkeit auf einen größeren Bereich ausgedehnt, obwohl die Augen auf einen Punkt konzentriert sind. Das Mittelpunktsehen kann als klar und scharf bezeichnet werden, während das periphere Sehen mehr gestreut ist.

Man muß lernen, beim Kampf seine Aufmerksamkeit auf den gesamten Bereich auszudehnen, indem man das periphere Sehen bestmöglich einsetzt.

Übung: Der Lehrer streckt seinen Zeigefinger aus und sagt dem Schüler, daß er sich auf die Fingerspitze konzentrieren soll. Dann bewegt er den Zeigefinger der anderen Hand auf das Gesichtsfeld des Schülers zu und schreibt mit ihm langsam imaginäre Buchstaben und Zahlen in die Luft. Der Schüler sollte in der Lage sein, seine Aufmerksamkeit genügend auszudehnen, um diese Buchstaben und Zahlen zu erkennen, ohne dabei aber die Scharfeinstellung auf den Finger der ersten Hand zu ändern.

Das Sehfeld vergrößert sich mit zunehmender Entfernung und verkleinert sich im Nahbereich. Ebenso ist es einfacher, der Beinarbeit des Gegners zu folgen als seinen Händen, da diese im Vergleich zu den Händen relativ langsam ist.

The fighter, visual field.

Verschiedene Arten von Schnelligkeit:

1. Wahrnehmende Schnelligkeit. Schnelligkeit des Auges bei der Erkennung von Gelegenheiten, um den Gegner zu verwirren, zu entmutigen und ihn abzubremsen.
2. Geistige Schnelligkeit. Schnelligkeit des Geistes bei der Wahl der richtigen Aktion, um den Gegner zu frustrieren und zu kontern.
3. Einleitende Schnelligkeit. Der Beginn aus der richtigen Haltung und mit der richtigen geistigen Haltung.
4. Ausführende Schnelligkeit. Schnelligkeit der Bewegung bei der Ausführung der geplanten Aktion; schließt auch die tatsächliche Kontraktionsschnelligkeit der Muskeln ein.
5. Ändernde Schnelligkeit. Die Fähigkeit, mitten in einer Aktion die Richtung zu wechseln; schließt auch die Kontrolle des Gleichgewichts und Trägheitsmoments ein. (Hierbei den kleinen phasischen Stand mit gebeugtem Knie verwenden.)

Wünschenswerte Eigenschaften
zur Förderung von Schnelligkeit:

1. Beweglichkeit
2. Elastizität, federnde Spannkraft
3. Widerstandsfähigkeit gegen Ermüdung (Ausdauer und körperliche Fitness)
4. Körperliche und geistige Wachsamkeit
5. Vorstellungs- und Vorausahnungsvermögen.

Übungen zur Verbesserung von Fertigkeit und Flexibilität der Arm- und Beinarbeit sind für jeden Kämpfer unverzichtbare Grundlagen. Viele Kämpfer sind sich nicht bewußt, wie sehr Schnelligkeit von der Wirtschaftlichkeit der Bewegung abhängt (d. h. von guter Form und guter Koordination). So ist ein dauernder mechanischer Drill (Üben der Aktion) sehr wesentlich. Ebenso hilft ein gewisses Maß an emotionaler Anregung.

Schattenboxen ist eine gute Übung zur Verbesserung der Beweglichkeit und zur Erhöhung der Schnelligkeit. Man muß dabei immer ganz bei der Sache sein! Man stellt sich am besten vor, daß sein schlimmster Feind – falls man einen hat – vor einem steht und man ihm mit allen Mitteln »einheizt«. Schöpfe dein Vorstellungsvermögen bis zum äußersten aus; versuche die Bewegungen deines imaginären Gegners vorauszuahnen und ihnen zuvorzukommen und bringe dich in richtige Kampfstimmung. Schattenboxen ist gut für die Atmung und Schnelligkeit, gibt Ideen und hilft dem Geist beim Einprägen von Boxtaktiken, die somit abrufbereit sind, wenn sie am dringendsten gebraucht werden.

Wirtschaftlichkeit der Form und Entspanntheit der Muskeln tragen zur Schnelligkeit bei. Eine der größten Anpassungsleistungen, die ein Neuling beim Wettkampf machen muß, ist die Überwindung der natürlichen Tendenz, alles zu sehr »bemüht« zu tun – den ganzen Kampf sofort und mit einem Schlag zu gewinnen. Wenn sich der Sportler zwingt, alles was er geben kann, in seine Leistung hineinzulegen, dann übersteigen seine geistigen Maxime oft seine körperlichen Fähigkeiten. Dies führt zu »gestreuten« anstatt zu »speziellen« Anstrengungen. Eine allgemeine, gestreute Spannung und unnötige Muskelkontraktionen wirken wie Bremsen, die die Geschwindigkeit verringern und Energie vernichten. Der Körper erbringt bessere Leistungen, wenn der Sportler ihm freien Lauf läßt und nicht versucht, ihn mit Gewalt zu steuern. Wenn der Sportler so schnell läuft wie er kann, sollte er nicht das Gefühl aufkommen lassen, daß er eigentlich noch schneller laufen sollte.

● Vorbereitendes Aufwärmen zur Verminderung des Innenwiderstandes und zur Verbesserung von Elastizität und Flexibilität; zur Abstimmung des Körpers auf einen höheren physiologischen Rhythmus (Pulsfrequenz, Durchblutung und Blutdruck, Einstellung des Atmungssystems).
● Vorbereitender Spannungszustand der Muskeln und teilweise Zusammenziehung.
● Guter Stand.
● Richtige Konzentration der Aufmerksamkeit.
● Verringerung der Reizaufnahme zugunsten von schneller instinktiver Wahrnehmung sowie Verringerung der bewußten Folgebewegungen zugunsten von schnellen instinktiven Bewegungsmustern.

Nachdem in einer geschnellten oder elliptischen Schlagbewegung durch einen großen Radius oder langen Bogen beim Schwung ein Kraftmoment erzeugt wurde, läßt sich dies noch ohne zusätzlichen Krafteinsatz vergrößern, indem plötzlich der Radius des Bogens verkürzt wird. Dieser Effekt zeigt sich beim »Hereinziehen« in der letzten Phase des Bogens beim Hammerwurf, im Rückwärtsmoment gegen das vordere Bein des Schlägers beim Baseball, usw. Das Knallen mit einem Handtuch oder einer Peitsche sind bekannte Beispiele für dieses Prinzip des verkürzten Hebels.

Das peitschenartige oder federgleiche Verhalten des menschlichen Körpers bei seinen Schlag- oder Wurfbewegungen ist ein bemerkenswertes Phänomen. Diese Bewegung kann durch ein Abstoßen mit den Zehen in Gang gesetzt werden, sich über ein Strecken der Knie und des Körpers weiter fortsetzen, die Drehung der Schultern, den Schwung des Oberarms hinzunehmen und schließlich in einem Schnappen von Unterarm, Handgelenk und Fingern gipfeln. Das Timing ist so, daß jedes Teil seine Geschwindigkeit an das nächste weitergibt. Das Prinzip des verkürzten Hebels wird hier verwendet, um die vielen einzelnen Teilgeschwindigkeiten dieses »Feder-Auseinanderspringens« oder »Peitschens« zu steigern. Das Drehen eines jeden einzelnen Teils um sein Drehpunkt Gelenk erfolgt im jeweiligen Teil mit großer Geschwindigkeit; aber die Geschwindigkeit jedes Teils wird noch zusätzlich

gesteigert, da es ja seinerseits um einen bereits beschleunigten Drehpunkt dreht.

Beim Werfen eines Balls kommen alle diese addierten Geschwindigkeiten des Körpers am Ellbogen zum tragen, wenn der Unterarm über den Drehpunkt des sich bereits schnell bewegenden Ellbogen schnappt. Die meisten der Wurf- oder bogenförmigen Schlagbewegungen verdeutlichen diese Prinzipien. Man »schlägt nicht mit seinen Füßen«, sondern leitet das Kraftmoment mit seinen Füßen ein. Ein wichtiger Aspekt bei diesem Beschleunigen ist, die Bewegung eines jeden Abschnitts erst so spät wie möglich einzuleiten, um dadurch die Spitzenbeschleunigung seines Drehpunkts optimal auszunutzen. Der Arm wird so weit hinten gehalten, daß die gegen ihn ziehenden Muskeln der Brust gestreckt und gespannt sind. Das abschließende Schnappen mit dem Handgelenk wird bis zum letzten Moment kurz vor dem Kontakt zurückgehalten. Im Fußball legt ein Spieler das letzte »Schnappen« erst dann in seinen Fuß oder sein Knie, wenn er den Ball berührt, oder kurz danach. Diese letzte Beschleunigung ist auch gemeint, wenn man im Boxen vom »durch den Mann hindurchschlagen« spricht. Das Prinzip liegt darin, die maximale Beschleunigung bis ganz zum Schluß zurückzuhalten. Unabhängig von der Entfernung sollte die letzte Phase einer Bewegung auch die schnellste sein. Die Aufrechterhaltung dieser Beschleunigung bei erfolgtem Kontakt ist prinzipiell richtig. Diese Konzeption wird jedoch manchmal mit der Vorstellung einer vollen, freien und ungehinderten Bewegung der Zentrifugalkraft des Körpers nach erfolgtem Kontakt verwechselt. Dieses letzte Prinzip gilt nur dann, wenn sich ein solches entspanntes Durchziehen nicht mit der Geschwindigkeit der nächsten Aktion überschneidet.

Schnelligkeit hat viele Aspekte. Sie beinhaltet die Erkennungszeit und die Reaktionszeit. Je vielschichtiger die Situation ist, auf die man reagiert, desto langsamer erfolgt wahrscheinlich auch die Reaktion. Hierin liegt die Wirksamkeit von Täuschungsmanövern.

Ein Sportler kann seine Schnelligkeit durch Erlernen von richtiger Aufmerksamkeit (Konzentration der Aufmerksamkeit) und richtiger Vorbereitungsstellungen steigern. Die Geschwindigkeit, mit der er seine Muskeln zusammenziehen kann, ist wichtig bei seiner relativen Geschwindigkeit.

Die Schnelligkeit wird von bestimmten physikalischen Prinzipien bestimmt: kürzerer Radius für schnellere Aktion, längerer Bogen zur Erreichung eines größeren Kraftmoments, Zentrierung von Masse in Drehung für größere Schnelligkeit und Vervielfachung von Geschwindigkeit durch abschnittsweise, sich jedoch überlappende Bewegungen. Die Frage, die sich jeder Sportler stellen muß, ist die, welche Art von Schnelligkeit für seine spezielle Methode am wirksamsten ist.

Oft aber kommt es nicht darauf an, wie schnell die Bewegung ist, sondern wie schnell sie im Ziel ist.

Schnelligkeit und Timing ergänzen sich gegenseitig. So verliert die Schnelligkeit einen Großteil ihrer Wirksamkeit, wenn die Aktion kein richtiges Timing aufweist.

Reaktionszeit

Die Reaktionszeit ist die Zeitspanne zwischen einem Reiz und der Reaktion darauf.

Sie läßt sich auf zweierlei Arten genauer definieren: Die Zeit, die zwischen dem Auftauchen eines Reizes, oder dem »Stichwort« zum Handeln, und der Einleitung der Muskelbewegung verstreicht.

Die Zeit vom Auftauchen eines Reizes bis zur Durchführung einer einfachen Muskelzusammenziehung.

Beide Definitionen beinhalten die zur Wahrnehmung benötigte Zeit. Wenn das Wahrnehmen einfach ist, wie z. B. das Hören eines Schusses oder das Senken einer Flagge, ist das mögliche Maß zur Steigerung der Wahrnehmungsgeschwindigkeit gering. Die Techniken von vorbereitenden Bewegungen lassen sich verbessern, so daß sich die Reaktionszeit verkürzt. Die Richtung der Wachsamkeit (Aufmerksamkeit) auf die auslösende Aktion hin kann die Reaktionszeit ebenfalls verkürzen. Der bei der zweiten Definition übrigbleibende Faktor ist der der Zusammenziehungsgeschwindigkeit des Muskels.

Das Aufwärmen, der körperliche Zustand und das Maß der Motivation bestimmen zusammen die allgemeine Reaktionszeit.

Die gesamte Reaktion besteht aus drei Elementen:

1. Die Zeit, die der Reiz benötigt, um die Empfänger (Augen, Ohren, Gefühlssinn, usw.) zu erreichen.

2. Zusätzlich die Zeit, die das Gehirn benötigt, um den Impuls über die entsprechenden Nervenfasern an die richtigen Muskeln weiterzuleiten.

3. Zusätzlich die Zeit, die die Muskeln benötigen, um den erhaltenen Impuls in Aktion umzusetzen.

Die Reaktionszeit verlängert sich:

1. wenn sie in keinerlei Art von System trainiert wurde,
2. bei Ermüdung,
3. bei Zerstreutheit,
4. bei gefühlsmäßiger Aufgeregtheit (z. B. Zorn, Furcht, usw.).

Die Reaktionszeit des Gegners verlängert sich:

1. unmittelbar nach Beendigung einer Technik,
2. bei zu vielen einströmenden Reizen,
3. beim Einatmen,
4. wenn er seine Energie zurückzieht (Haltung ist wichtig),
5. wenn seine Aufmerksamkeit oder sein Blick irregeleitet werden,
6. wenn er ganz allgemein körperlich oder geistig aus dem Gleichgewicht ist.

Bewegungszeit

Die Bewegungszeit läßt sich am besten mit der Fechtzeit vergleichen. Mit einer Periode Fechtzeit (temps d'escrime) wird die Zeit beschrieben, die ein Fechter zum Ausführen einer einfachen Fechtbewegung benötigt. Solch eine einfache Fechtbewegung könnte entsprechend z. B. auch eine einfache Armbewegung oder ein Schritt nach vorne sein.

Die zur Ausführung einer einfachen Bewegung benötigte Zeit hängt von der Schnelligkeit des einzelnen Kämpfers ab.

Ein unerwarteter Angriff oder das Zurückziehen der Waffe kurz vor dem Kontakt mit der gegnerischen Waffe sind Beispiele für rechtzeitig durchgeführte Aktionen.

Es ist nicht nötig, eine Aktion mit einer schnellen oder gewaltsamen Bewegung rechtzeitig durchzuführen. Eine Bewegung, die aus der Ruhe heraus ohne erkennbaren Ansatz kommt und sich dann weich und ohne Zögern fortsetzt, kann so unvermutet kommen, daß der Gegner schon getroffen ist, bevor er gewarnt wird.

Verkürze die Bewegungszeit des Gegners:

1. durch Drängen, um ihn aus dem Rhythmus zu bringen,
2. durch den Versuch, ihn unter Kontrolle zu bringen (Unbeweglichmachen),
3. durch den Versuch, ihn bei der ersten Hälfte des eigenen Angriffs zu einer vorbereitenden, falschen Reaktion zu verleiten,
4. durch Ablenkung seiner Bewegung und durch eigene Treffer.

Eine Aktion kann, obwohl sie technisch perfekt ist, durch dazwischenkommende Schläge des Gegners empfindlich gestört werden. Deshalb ist es unbedingt erforderlich, den Angriff im genau richtigen Moment anzusetzen, in dem der Gegner einen Treffer nicht verhindern kann.

In diesem Sinn bedeutet Timing die Fähigkeit, den richtigen Moment zu erkennen und die Gelegenheit zur Aktion auszunutzen. Das Timing kann von den physischen, physiologischen und psychologischen Gesichtspunkten her untersucht werden.

- Ein Treffer läßt sich anbringen, wenn der Gegner eine Bewegung plant oder vorbereitet.
- Ein Treffer ist möglich, wenn sich der Gegner gerade mitten in einer Bewegung befindet.
- Ein Treffer ist innerhalb der sich ständig ändernden Spannungszustände möglich.
- Ein Treffer läßt sich anbringen, wenn der Gegner nicht aufpaßt, wenn seine Konzentration nachläßt.

Dieser genau richtige Moment kann entweder instinktiv wahrgenommen oder bewußt provoziert werden. Ein guter Kämpfer muß seine Chance eher spüren als bemerken.

Übungen für das Timing:

1. Übe die richtige Distanz.
2. Greife dann an, wenn der Gegner seine Stellung wechselt oder seine Körperwaffen zurückzieht.
3. Übe den ausweichenden Angriff, ein einfacher Angriff, der gerade rechtzeitig den Angriffsversuch des Gegners stört. Der ausweichende Angriff muß gegen einfache, halbkreisförmige und kreisförmige Angriffe geübt werden.

Versuche, immer schnell zu schlagen und nicht Schnelligkeit zugunsten von Kraft zu opfern. Eine wirksame Fußtechnik und ein kraftvoller Schlag hängt von zwei Voraussetzungen ab, dem Hebelverhältnis und dem Timing. Das Timing ist ein untrennbarer Bestandteil des Hebelverhältnisses, was umgekehrt jedoch nicht der Fall ist. Um hart zu schlagen braucht man nicht Stärke oder Gewicht. Das richtige Timing eines Schlags ist das Geheimnis hinter jedem kraftvollen Schlagen.

Beim Boxen bedeutet ein richtiges Timing die Kunst, den Gegner dann zu treffen, wenn er nach vorne geht oder wenn er verleitet wurde, nach vorne zu gehen. Ein guter Kämpfer scheint seinem Gegner immer eine Nasenlänge voraus zu sein. Wenn möglich, reißt er sofort die Initiative an sich und beeinflußt so die Reaktionen seines Gegners. Seine eigenen Aktionen werden zweckgerichtet und ohne Zögern ausgeführt. Dies erfordert Selbstvertrauen und niemand, ich wiederhole, niemand kann allein durch richtiges Timing hart treffen, wenn er nicht völliges Vertrauen in seine eigenen Fähigkeiten hat.

Unterbrochener Rhythmus

Normalerweise können zwei Kämpfer mit gleichem Können den gegenseitigen Bewegungen folgen und sind sich wahrscheinlich ebenbürtig, falls ihre Schnelligkeit nicht sehr unterschiedlich ist. Die Angriffs- und Abwehrbewegungen weisen beinahe einen aufeinander abgestimmten Rhythmus auf. Sie stehen in zeitlicher Reihenfolge zueinander, und das richtige Timing einer Bewegung hängt von der vorausgegangenen Bewegung ab. Obwohl beim Angriff ein geringfügiger Vorteil liegt, muß dieser aber auch mit sehr großer Schnelligkeit durchgeführt werden, um einen Treffer zu erzielen. Wenn jedoch der Rhythmus unterbrochen wird, dann ist die Schnelligkeit nicht mehr das allein ausschlaggebende Moment beim Erfolg eines Angriffs oder Gegenangriffs. Wenn sich ein bestimmter Rhythmus einmal durchgesetzt hat, dann besteht allgemein die Tendenz, die Bewegungen in diesem Rhythmus weiterzuführen. Oder mit anderen Worten: Jeder Kämpfer muß wie »aufgezogen« in dem einmal gewählten Bewegungsrhythmus weitermachen. Derjenige, der seinen Rhythmus durch ein geringfügiges Zögern oder eine unerwartete Bewegung unterbricht, kann nun einen Angriff oder Gegenangriff mit nur mäßiger Geschwindigkeit erfolgreich durchführen; sein Gegner macht gezwungenermaßen im einmal gewählten Rhythmus weiter und er ist schon getroffen, bevor er sich auf die Änderung einstellen kann. Deshalb ist ein Schlag mit richtigem Timing normalerweise sehr wirksam, denn er scheint sein Opfer »kalt« zu treffen.

Das Timing muß als ein psychologisches Problem und nicht so sehr als ein im Kampf auftretendes Problem gefühlt und gemeistert werden, denn die Unterbrechung des Rhythmus beruht auf der Tatsache, daß der Gegner noch für Sekundenbruchteile in dem Bewegungsrhythmus verharrt, der soeben plötzlich unterbrochen wurde.

Manchmal bedeutet Timing auch, mit vielen bedrohenden Bewegungen (Scheinangriffe) anzugreifen. Wenn sich der Verteidiger auf diesen Rhythmus einstellt und versucht, die verschiedenen Bedrohungen abzuwehren, dann führt ein geringfügiges Zögern zur Unterbrechung des Rhythmus und schafft die Möglichkeit zum entscheidenden Angriff. Wenn aber der Gegner bei anderen Gelegenheiten seinerseits sich mitten im Angriff befindet oder drohende Bewegungen ausführt, dann kann man den Rhythmus dadurch unterbrechen, daß man anscheinend zuerst so reagiert, wie es der Gegner erwartet, um dann plötzlich einen Gegenangriff zu starten, wenn er meint, daß man auf sein Täuschungsmanöver eingegangen ist. In diesem Moment lassen sich Treffer anbringen, denn der Gegner muß zwangsläufig seine drohenden Bewegungen fortsetzen und kann sich nicht auf die Notwendigkeit einstellen, wieder in die Abwehr zu gehen, nachdem man ihn gekontert hat. Hier bedeutet Timing ganz allgemein, daß man seine Bewegung oder seinen Angriff einleitet, wenn der Gegner die Vorbereitung eines Angriffs begonnen hat.

Halbtaktige Bewegung

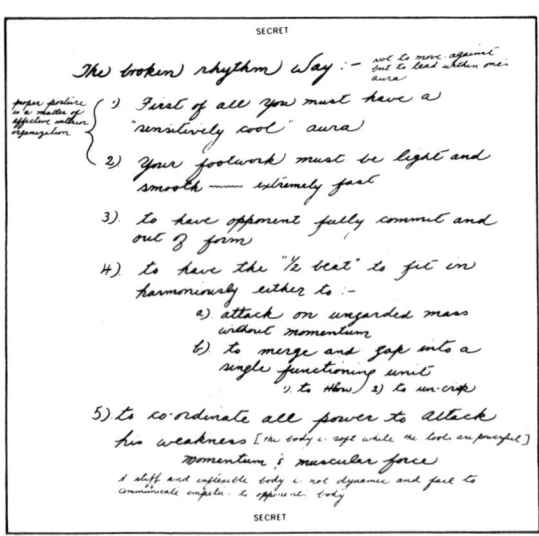

Als halbtaktige Bewegung wird der Angriff bezeichnet, der mitten in eine Bewegung des Gegners hinein geführt wird. Wenn ein Kämpfer den Rhythmus des Gegners »einschläfert«, indem er sich in einem

64

ganztaktigen Rhythmus bewegt, dann kann er den Trancezustand unterbrechen«, indem er in einem halbtaktigen Rhythmus schlägt. Diese Methode des unterbrochenen Rhythmus trifft den Gegner oft geistig und körperlich unvorbereitet.

Kadenz – Gleichtakt

Die Geschwindigkeit, die so geregelt wird, daß sie sich der des Gegners anpaßt, wird als Kadenz bezeichnet. Sie ist der spezielle Rhythmus, mit der eine Folge von Bewegungen ausgeführt wird.

Eine richtig eingeschätzte Kadenz erlaubt es, jeden Schlag mit ruhiger Kontrolle durchzuführen. Diese Kontrolle ermöglicht es dem Kämpfer, die Abwehr- und Angriffsbewegungen, die zu einem Treffer führen, mit größerer Leichtigkeit auszuwählen.

Um einen Treffer zu landen, muß immer die Abwehr vermieden werden. Übermäßige Schnelligkeit kann sich mit den zuvor gemachten Abwehrbewegungen des Gegners überschneiden. Der Angreifer hat sich dann sozusagen selbst abgewehrt.

Im Idealfall sollte ein Kämpfer versuchen, seine Kadenz dem Gegner aufzudrängen. Dies kann dadurch geschehen, daß man die Kadenz der eigenen Bewegungen absichtlich variiert. Man kann z. B. beim Angriff in Täuschungsmanövern freiwillig einen bestimmten Rhythmus herstellen, bis der Verteidiger verleitet wird, dieser Kadenz zu folgen.

Wenn man sich auf dem Gebiet der Schnelligkeit einen Vorteil über den Gegner verschafft, so kann man diesen führen. Oder mit anderen Worten gesagt, es ist dann der Gegner, der beständig versuchen muß aufzuholen. Wenn man einen ausreichenden Schnelligkeitsvorsprung hat, kann man diesen Vorteil aufrechterhalten. Dies führt zwangsläufig zu Auswirkungen auf die Kampfmoral des Gegners, dessen Selbstvertrauen sich sicherlich verringert, wenn er auf dem so wichtigen Gebiet der Schnelligkeit dem Willen des Gegners unterworfen wird.

Eine Vorbereitung mit einer Reihe von Scheinangriffen und Täuschungsmanövern, die alle in einem normalen Rhythmus ausgeführt werden, hat den Effekt, den Gegner in einem falschen Gefühl von Vorbereitetsein zu wiegen. Er stellt dann seine Reaktionen ganz auf diese Kadenz ein; nur daß der eigentliche Angriff mit einer anderen Kadenz geführt wird, bei der sich die Bewegungen plötzlich beschleunigen und ihn somit in seinem Rhythmus hinterherhinken lassen.

Ein wirksamer Wechsel der Kadenz als letzte Aktion eines kombinierten Angriffs oder Gegenangriffs ist das Abbremsen, anstatt das Beschleunigen. Diese Verlangsamung der Kadenz kann man sich als einen Schlag vorstellen, der eingeleitet und auf seinem Weg zum Gegner kurz angehalten und dann wieder fortgesetzt wird, wenn der Gegner die Gefahr schon vorüber glaubt.

Die im richtigen Moment eingesetzte Schnelligkeit, kombiniert mit einer richtig eingeschätzten Kadenz bei der Ausführung der Bewegung, bieten eine große Gewähr für den erfolgreichen Einsatz einer Technik.

Tempo

Der Erfolg einer Bewegung, sei sie nun abwehrend oder angreifend, hängt davon ab, ob man sie rechtzeitig im richtigen Moment ausführt. Man muß den Gegner überraschen und den Moment seiner größten Hilflosigkeit ausnutzen.

Dieser kleine Zeitbruchteil (ein Takt innerhalb einer Kadenz), der zur Durchführung einer wirksamen Aktion am günstigsten ist, wird »Tempo« genannt.

Vom psychologischen Standpunkt aus ist der richtige Moment zum Angriff der Moment der Überraschung, vom körperlichen Standpunkt aus der Moment der Hilflosigkeit. Dies ist die richtige zugrundeliegende Konzeption beim Tempo – genau den richtigen psychologischen und physischen Moment der Schwäche beim Gegner zu wählen.

Es gibt auch Gelegenheiten zum Einsatz von Tempo, wenn der Gegner eine bewußte Bewegung macht, wenn er nach vorne geht, wenn er zum Angriff verlockt, wenn er sich irgendwie bindet, usw. Bei diesen und ähnlichen Fällen ist der Moment des Angriffs der, in dem sich der Gegner mitten in der Ausführung einer Bewegung befindet, denn er kann aus dieser Bewegung erst zurück, wenn er diese abgeschlossen hat.

Jede Aktion auf dem Höhepunkt der Kampfkunst bedeutet Tempo. Hierbei sollte man jedoch vorsichtig sein, daß einen der Gegner nicht durch anscheinend gute Gelegenheiten zum Einsatz von Tempo irreführt.

Greife dann an, wenn der Gegner gerade beschäftigt ist, wenn er seinen Angriff vorbereitet, wenn er nach vorne geht, usw. Dies erfordert jedoch fortwährende Konzentration und Wachsamkeit.

Betrachte die Konzentration des Gegners wie eine Fieberkurve und greife in den Tiefpunkten an, in den Momenten seiner größten Unentschlossenheit.

Die Auswahl des Zeitpunkts spielt die Hauptrolle beim Erfolg eines Angriffs. Arbeite an diesem Punkt. Wenn bei einem Angriff nicht genau der richtige Zeitpunkt gewählt wird, dann können selbst makellose Technik und große Schnelligkeit oft den Mißerfolg eines Angriffs nicht verhindern.

Das »Wie« ist wichtig, aber um erfolgreich zu sein, braucht man auch das »Warum« und das »Wann«.

Stoppschlag

Bei größerer Entfernung braucht ein Angreifer eine gewisse Vorbereitung. Greife ihn deshalb schon bei der Vorbereitung des Angriffs an.

Ein Stoppschlag ist ein genau getimter Schlag gegen den Gegner, der in dem Moment geführt wird,

wenn dieser angreift. Dieser Schlag kommt der Endphase des gegnerischen Angriffs zuvor und fängt diese ab. Er wird so ausgeführt, daß man selbst gedeckt ist, indem man sich mit dem Schlag in einer Linie befindet oder sich zusätzlich deckt. Um erfolgreich zu sein, muß dieser Schlag aber dem gegnerischen Angriff genau im richtigen Moment zuvorkommen und präzise mit Timing und Plazierung geführt werden.

Ein Stoppschlag nagelt einen Angreifer mitten in der Entwicklung seines Angriffs fest. Er kann direkt oder indirekt geführt werden, wenn der Gegner zum Schlagen oder Treten nach vorne geht, wenn er gerade Täuschungsmanöver durchführt, oder wenn er sich zwischen zwei Bewegungsabschnitten einer komplizierten Kombination befindet.

Anwendung des Stoppschlags

1. bei der Vorbereitung des Gegners zum Nachvornegehen,
2. um den Angriff des Gegners zu stoppen, wenn sein Arm noch angewinkelt ist,
3. wenn der Gegner sich bei einem Scheinangriff eine Blöße gibt und seine Deckung vernachlässigt,
4. gegen einen Angriff mit weiten und schlecht gezielten Handbewegungen,
5. vor der Unbeweglichmachung (bei direktem oder indirektem Stoppschlag),
6. bei dem ersten eigenen Scheinangriff aus der Wachsamkeitsstellung heraus, bevor man den eigentlichen Angriff durchführt.

Ein Stoppschlag ist eine ausgezeichnete Verteidigungswaffe gegen einen Gegner (insbesondere gegen seine weiter vorn liegenden Körperteile und gefährdeten Flächen), der ungestüm angreift und dabei seine Deckung vernachlässigt. Dies gilt auch bei einem Gegner, der einem einfach zu nahe kommt.

Die richtige Einschätzung des Zeitpunkts und der Distanz sind für die wirkungsvolle Ausführung eines Stoppschlags sehr wichtig. Normalerweise besteht ein Stoppschlag aus einem geraden Tritt oder Schlag. Er kann aber auch beim Loslösen oder Nachstoßen, beim Abducken oder Weggleiten ausgeführt werden.

Manchmal erfordert ein Stoppschlag ein gewisses Abwinkeln des Körpers, um die Hand des Gegners besser unter Kontrolle zu bekommen.

Ein Stoppschlag macht es oft erforderlich, einen Schritt nach vorn zu machen, um vor die Treffzone des Gegners zu gelangen. Hierbei ist es zumindest ratsam, sich nach vorn zu beugen, als ob man dem Gegner entgegentreten wollte.

Ein Stoppschlag ist ziemlich häufig gegen Angriffe erfolgreich, die mit einem Schritt nach vorne beginnen, da bei diesen Angriffen die Zeitspanne zum erfolgreichen Ausführen größer ist als bei Angriffen, die nicht mit einem Schritt nach vorne eingeleitet werden. Deshalb läßt sich sagen, daß ein Stoppschlag im allgemeinen ein Schlag ist, der der Angriffseinleitung durch einen Schritt entgegengesetzt wird.

Man sollte sich dahingehend trainieren, daß man jederzeit bereit ist, bei jeder Bewegungsphase einen Stoppschlag ausführen zu können. Ein Stoppschlag läßt einen nicht nur viele wirksame Treffer erzielen, sondern er wirkt sich bei einem starken und selbstbewußten Gegner auch negativ auf diessen Kampfmoral aus. Deshalb sollte der Stoppschlag mit großer Schnelligkeit und Genauigkeit aus allen möglichen Angriffswinkeln geübt werden.

Konter

Man sollte nicht angreifen, bevor man nicht die Bewegungszeit oder die Handhaltung des Gegners unter Kontrolle hat. Deshalb nutzt ein guter Kämpfer geduldig und systematisch alle ihm zur Verfügung stehenden Mittel, um einen Stoppschlag zu provozieren. Dieser bringt die Hand oder das Bein des Gegners in Reichweite und verschafft so die Gelegenheit, diese unter Kontrolle zu bringen.

Der Angriff mit »Hintergedanken« oder »Konter« ist eine vorausbedachte Bewegung, die im allgemeinen gegen einen Gegner eingesetzt wird, der es sich zur Angewohnheit gemacht hat, immer Stoppschläge zu versuchen, oder der in einen Angriff hinein angreift; d. h. der sofort einen Angriff startet, sobald sein Gegner irgendeine Angriffsbewegung macht.

Als Konter wird hier die Strategie verstanden, einen Gegner zu einem Angriff mit Tempo zu verleiten oder zu provozieren, mit dem Ziel zu kontern oder aber die Hand des Gegners zu ergreifen oder sie abzulenken und einen Gegenangriff folgen zu lassen. Es kommt nicht so sehr darauf an, den Stoppschlag zu provozieren, sondern seine Abwehr mit genau richtigem Timing auszuführen. Man muß sich genau auf die Geschwindigkeit der Reaktionen des Gegners einstellen; ebenso muß man seine Kadenz einschätzen können.

Um mit der letzten abschließenden Bewegung des Konters durchzukommen, muß die Distanz genau richtig eingeschätzt werden, damit die Gefahr eines Treffers innerhalb der Reichweite des Gegners minimal bleibt.

Der Erfolg eines Konters hängt hauptsächlich davon ab, die eigenen wahren Absichten zu verbergen und den Gegner zu einem voll geführten Stoppschlag zu verleiten, so daß er kaum noch zurück kann, wenn sein Stoppschlag abgewehrt wird.

Ein Stoppschlag läßt sich auf verschiedene Art und Weise provozieren:
● man lädt absichtlich dazu ein (einfach Treffflächen anbieten),
● durch absichtlich ungedeckte Scheinangriffe,
● durch Scheinangriffe, die aber nur halb vorgehen oder durch einfaches Vorwärtsgehen.

Man sollte einen Konter möglichst so führen, daß der Stoppschlag oder die anderen Körperwaffen des

Gegners unbeweglich gemacht werden oder indem man in einer ausweichenden Art und Weise angreift (d. h. aus verschiedenen, sich ändernden Körperstellungen heraus oder durch indirekte Angriffe).

Paß auf, wenn der Gegner absichtlich einen Stoppschlag als Scheinangriff führt, da er sonst den Konter abfangen und seinerseits einen Gegenkonter anbringen kann. Er könnte einen zu Kontern verleiten, wenn er eine offensichtliche Vorliebe für Stoppschläge zeigt.

Angriffe und Konter werden, selbst wenn sie gut geplant und ausgeführt werden, im allgemeinen fehlschlagen, falls sie nicht im richtigen Zeitpunkt (Timing) und mit der richtigen Geschwindigkeit (Kadenz) gemacht werden. Ein einfaches Beispiel für die Wahl des richtigen Zeitpunkts ist beim Befreiungsangriff gegeben. Ein Befreiungsangriff läßt sich aus der normalen Wachsamkeitsstellung heraus mit einer Seitwärtsbewegung der Hand abwehren. Hierbei muß die Hand nur wenige Zentimeter zurücklegen, während die Hand des Angreifers einen wesentlich größeren Weg hat. Unter diesen Voraussetzungen sollte selbst der schnellste Angriff mit einer gleichmäßigen und langsamen Bewegung abgewehrt werden. Dieser Zeitunterschied wird noch verstärkt, wenn der Angriff auf eine Seite des Ziels gerichtet ist, auf die sich die Hand des Verteidigers bereits zubewegt, um die Linie zu schließen.

Es ist klar, daß der Angriff zeitlich so abgestimmt sein sollte, daß er sich auf einen Teil des Ziels zubewegt, von dem aus sich die Hand des Gegners bewegt. Das heißt, daß man eher in eine sich öffnende Linie hineingehen sollte als in eine sich schließende, wenn man die beste Chance nutzen will, den Nachteil bei Zeit und Distanz auszugleichen, dem ein Angriff immer unterworfen ist.

Ein sehr guter Zeitpunkt für einen Angriff ist, wenn der Gegner gerade selbst einen Angriff vorbereitet. Seine Absichten und Handbewegungen sind in diesem Moment kurzzeitig eher auf Angriff als auf Abwehr eingestellt.

Ein Angriff in die Vorbereitung eines Angriffs hinein ist bei einem Gegner sehr wirksam, der immer genau auf seine Distanz achtet und der schwer zu treffen ist, da er bei jedem Angriff sofort außer Reichweite geht. Bei einem solchen Gegner kann ein Angriff dann erfolgen, wenn er auf Reichweite gebracht und, durch einen kurzen Schritt nach hinten, zur Vorbereitung eines Angriffs verleitet wurde.

Ein Angriff in die Vorbereitung eines Angriffs darf nicht mit einem Angriff in einen Angriff verwechselt werden. Der erstere wird in die Vorbereitung und vor dem eigentlichen Angriff gemacht, während ein Angriff in einen Angriff eine Gegenoffensivbewegung darstellt. Wenn ein Angriff in die Vorbereitung eines Angriffs über diesen einen zeitlichen Vorteil herausholen soll, dann kommt es sehr genau auf richtige Distanz und sorgfältiges Timing an.

Die geistige Haltung des Sportlers vor dem Wettkampf bestimmt das Maß an überschüssiger Spannung, das er mit in den Kampf nimmt. Ein Sportler ohne überschüssige Spannung vor dem Kampf ist ruhig und gelassen. Er besitzt das, was man allgemein als Haltung eines Siegers bezeichnet. Er fühlt sich ganz der ihm gestellten Aufgabe gewachsen. Für viele Sportler ist ein Meister zu sein einfach eine Sache der »psychologischen Notwendigkeit«. Durch frühere Erfolge bestärkt und nach Verarbeitung von vorhergehenden Mißerfolgen fühlt er sich buchstäblich wie ein Hecht im Karpfenteich.

Vor einem Kampf verspüren viele Sportler oft ein Gefühl von Schwäche im Bauch (Magenkribbeln), fühlen sich übel und sind manchmal kurz vor dem Erbrechen; das Herz trommelt und es stellen sich Schmerzen im unteren Rücken ein. Der erfahrene Sportler sieht in diesen Empfindungen nicht Zeichen von Schwäche, sondern von innerer mobilisierender Aktivität. Diese Zeichen bedeuten für ihn Hinweis auf eine Vorbereitung für gesteigerte Aktivität. So läßt sich sagen, daß ein Sportler sich wahrscheinlich in einem schlechten Vorbereitungszustand befindet, wenn er vor einem Kampf Gefühle von Euphorie hat. Bei vielen Sportlern ist dieses Phänomen unter der Bezeichnung »Adrenalinschub« bekannt, wodurch eine hohe Adrenalinausschüttung gemeint ist, die noch durch die stimulierende Wirkung der Wettkampfsituation verstärkt wird.

Wenn sich die emotionale Kontrolle nicht gefestigt hat, führen kritische Momente im Kampf, bei dem ja die emotionale Anspannung am höchsten ist, zu verringerter Leistungsfähigkeit des Kämpfers. Seine Muskeln müssen plötzlich gegen die Überspannung der entsprechenden Gegenmuskeln ankämpfen, wodurch seine Bewegungen steif und schwerfällig werden. Man sollte sich am besten den verschiedenen Kampfsituationen aussetzen und aus diesen diese Kontrolle lernen.

Die Erfahrung zeigt, daß ein Sportler genau so lange wie nötig durchhalten kann, wenn er bis an die Grenzen seines Leistungsvermögens geht. Dies bedeutet, daß sich die letzten Leistungsreserven noch nicht durch gewöhnliche Anstrengung mobilisieren lassen. Außerordentliche Anstrengung, hochgradig emotionalisierte Situationen oder absoluter Siegeswille aktivieren diese zusätzliche Energie. Deshalb ist ein Sportler genau so müde wie er sich fühlt; und wenn er den absoluten Willen zum Sieg hat, dann kann er zur Erreichung seines Ziels unendlich lange durchhalten. Bei der Einstellung »Du kannst gewinnen, wenn du es nur stark genug willst« ist der Siegeswille immer vorhanden. Keine Quälerei, keine Anstrengung, keine Situation ist auf dem Weg zum Sieg zu hart. Eine solche Haltung bekommt man aber nur, wenn die eigenen Ideale und Träume ganz auf die Idee »Sieg« ausgerichtet sind.

Man muß sich angewöhnen, alle Bewegungen immer mit größtmöglicher Schnelligkeit auszuführen und darf nicht bei der Vorstellung bleiben, daß man im gegebenen Fall noch »einen Zahn zulegen« kann. Ein echter Kämpfer ist nur der, der zu jeder Zeit und in jeder Situation sein Bestes gibt. Um eine solche Haltung zu bekommen, muß man sich länger, härter und schneller fordern, als es normalerweise nötig wäre.

Mit Haltung gewinnt man

1. die Fähigkeit, sich mit leichten Bewegungen zu entziehen (das bedeutet aber nicht Passivität),
2. vernichtende Angriffe,
3. Schnelligkeit,
4. Natürliche Dynamik,
5. Täuschung und Glattheit,
6. Klebrigkeit und Direktheit,
7. völliges Entspanntsein.

Mittel

Bevor ich mich mit der Kampfkunst befaßte, war für mich ein Schlag nur ein Schlag und ein Tritt nur ein Tritt. Nachdem ich die Kampfkunst erlernt hatte, war ein Schlag nicht mehr nur ein Schlag und ein Tritt nicht mehr nur ein Tritt. Jetzt, da ich die Kampfkunst verstehe, ist für mich wieder ein Schlag nur ein Schlag und ein Tritt nur ein Tritt.

Durch die Beschränkung von nicht erlaubten oder »unfairen« Schlägen wird im westlichen Boxen zu viel riskiert. Im Gegensatz hierzu steht die Übervorsicht der asiatischen Kampfkünste, die sich dadurch entwickelte, daß der ganze Körper das Ziel von Griffen und Treffern sein kann. Zusätzlich entsteht jedoch bei den asiatischen Kampfkünsten durch die Regel, einen Schlag immer wenige Zentimeter kurz vor dem Ziel abzustoppen, ein verfälschtes Distanzgefühl. Aus diesen eigentlich nur Staub aufwirbelnden Bewegungen vor einem sich bewegenden Ziel ergibt sich eine Vernachlässigung des Ausweichens, was bei einer genau richtig getimten »Explosion« durch ein sich bewegendes Ziel hindurch nicht der Fall wäre. Diese Ausweichtaktiken sind zu einem sehr hohen Maß Bestandteil einer aggressiven Kampfkunst wie die des Boxens. Ausweichen, Abducken, Pendeln gehören zu einer aggressiven Verteidigung, bei der der Körper jedoch nicht aus der Distanz gebracht wird.

Beim realistischen Kampf ohne Einschränkungen muß man aus den beiden obigen Taktiken die brauchbaren Elemente herausnehmen und sie verbinden. Man muß die Distanz als Schutz einsetzen und die Ausweichtaktiken des Infights ausnutzen. Allein für sich genommen ist keine von beiden ein Garant für Erfolg beim Kämpfen ohne beschränkende Regeln.

Ausweichtaktiken, die mit kurzen und wirkungsvollen Kontern kombiniert werden, lassen sich in den asiatischen Kampfkünsten während des letzten längeren Angriffs des Gegners oder zwischen zwei aufeinanderfolgenden Ausfällen anwenden. Diese Taktiken nehmen dem Gegner die Initiative aus der Hand oder geben Gelegenheit zu Grifftechniken.

Beim Boxen gilt der Wahlspruch, daß der Angriff die beste Verteidigung ist. Ein guter Angriff besteht aus mit der Führungshand geschlagenen Schlägen, aus Scheinmanövern und Kontern, die durch Beweglichkeit, Druck und Gewandtheit unterstützt werden.

Ein guter Boxer nimmt seinem Gegner mit blitzschnellen Führungsschlägen die Initiative und provoziert ihn mit Scheinangriffen so zu Kontern, daß die Konterschläge ihr Ziel verfehlen. Diese fehlgeschlagenen Konter bringen den Gegner kurzzeitig außer Position und machen ihn zum leichten Ziel für den Boxer, der die Initiative an sich gerissen hat.

In der Fähigkeit, einen Gegner »auszutricksen« und ihn auszumanövrieren liegt das Können und die Wissenschaft beim Boxsport. Um diese Fähigkeit auch in anderen Kampfsportarten zu erlangen, muß man sich beim Schlagen (und Treten) und bei den verschiedenen Arten von Schlägen (und Tritten) auskennen, und man muß wissen, wann und wo jede Technik am besten eingesetzt wird. Man muß Kombinationen von Schlägen (und/oder Tritten) entwickeln, die wirksam sind. Am Ende eines langen Übens muß dann das Ergebnis stehen, daß man in jeden Schlag (und Tritt) sein ganzes Gewicht und die ganze Kraft hineinlegen kann. Man muß ganz automatisch im richtigen Moment den richtigen Schlag bereit haben.

Wenn es einem gelungen ist, Schlagen (und Treten) zu etwas Automatischem werden zu lassen, kommt es ganz unmittelbar und läßt dadurch dem Geist Spielraum, den weiteren Kampfverlauf zu planen und sich auf neue Situationen einzustellen. Dieser Punkt läßt sich aber nur erreichen, wenn man das nötige Training auf sich nimmt. Diese »Trainingsmühle« ist die nützlichste Sache, die uns das Boxen anzubieten hat.

Die einzelnen Elemente werden alle eingesetzt, um den Angriff durch Strategie, Schnelligkeit, Täuschungsmanöver, Timing und Einschätzung zu tragen. Sie sind Werkzeuge in der Hand eines Meisters, der diese zu perfekten Angriffen vereint.

Ganz besonders zeichnet ein Angriff mit Täuschungsmanövern den guten Boxer aus. Der Meisterboxer verfügt über Techniken, die den Gegner unsicher machen und ihn verwirren, wodurch sich viele Angriffsmöglichkeiten ergeben. Er täuscht den Gegner so, daß dieser buchstäblich nur noch ein »Knoten« ist. Er kombiniert Schlagtechniken so mit Täuschungstechniken, daß beide im Ansatz nicht mehr zu unterscheiden sind. Er zieht den Gegner quasi zu sich und setzt seine Taktik durch. Durch Defensivschläge und genau abgewägte Bewegung bringt er den Gegner aus dem körperlichen und geistigen Gleichgewicht. Der Meisterboxer beherrscht auch die Nahdistanz und weiß den Infight zu gebrauchen. Er beherrscht nahtlos den Übergang von Verteidigung zum Angriff und umgekehrt. Ebenso ist er ein Meister im Kontern, denn er kennt genau den Zeitpunkt für den eigenen Angriff und den für den Angriff des Gegners. So ein wissenschaftlicher Angriff ist keine einfache Sache, sondern erfordert jahrelanges Lernen und Üben.

Bei einem Angriff gibt es vier grundlegende Methoden, die immer wieder eingesetzt werden: führen, täuschen, den Gegner auf sich ziehen und den Nahkampf.

Führen

Für einen guten Angriff muß der Könner den Wert einer geraden Führung kennen. Er muß genau wissen, wie eine Führungshand eingesetzt werden muß. Er muß erkennen, daß bei jeder Führung eine ungedeckte Stelle entsteht, bei jeder ungedeckten Stelle ein Konter und bei jedem Konter ein Gegenkonter. Diese Dinge weiß er; er weiß jedoch auch genau, wie und wann er seine Führungshand mit ziemlicher Sicherheit einsetzen kann.

Wenn man mit der vorderen Hand führt und dabei mit der hinteren Hand deckt, während man sich etwas seitwärts bewegt, dann braucht man nicht mehr so sehr auf die ungedeckten Stellen zu achten, die sich normalerweise bei einer gerade nach vorne gerichteten Führungshand ergeben.

Täuschen

Gutes Täuschen ist ganz typisch für einen guten Kämpfer. Dabei werden Augen, Hände, Körper und Beine mit dem Ziel eingesetzt, den Gegner zu täuschen. Diese Bewegungen sind wie Köder, und wenn der Gegner versucht, seine Verteidigung darauf einzustellen, kann man seine sich öffnenden ungedeckten Stellen ausnutzen. Durch Täuschen läßt sich auch feststellen, wie der Gegner auf bestimmte Bewegungen und Techniken reagiert.

Durch Täuschungsmanöver entstehen nur kurzzeitig ungedeckte Stellen. Um die sich dadurch ergebenden Möglichkeiten optimal ausnutzen zu können, sind sehr schnelle Reaktionen nötig oder eine Art »Vorauswissen«, welche ungedeckten Stellen sich durch bestimmte Täuschungen eröffnen lassen. Diese Vertrautheit mit möglichen Reaktionen läßt sich nur durch Training erreichen, denn nur durch die tatsächliche Anwendung von verschiedenen Täuschungsmanövern bei verschiedenen Gegnern läßt sich eine allgemeine Tendenz feststellen, wie diese reagieren. Wenn sich durch Täuschen eine ungedeckte Stelle ergibt, dann sollte diese nur dann ausgenutzt werden, wenn ein sauberer und sicherer Schlag angebracht werden kann. Ein guter Kämpfer weiß genau, welche Öffnungen entstehen, bevor er ein Täuschungsmanöver ausführt. Er macht sich dies zu Nutzen, indem er seine Nachfolgetechnik schon dann einleitet, wenn sich die ungedeckte Stelle gerade öffnet. Wenn sich zwei Kämpfer mit gleicher Kraft, Schnelligkeit und Fertigkeit gegenüberstehen, dann wird derjenige gewinnen, der über bessere Täuschungsmanöver verfügt.

Beim Täuschen kommt es im wesentlichen auf Schnelligkeit, Wechsel, Ablenkung und Genauigkeit an, worauf saubere und klare Schläge folgen. Wenn Täuschungsmanöver zu oft in der gleichen Art und Weise angewendet werden, gibt dies dem Gegner Gelegenheit, sie für einen Konter genau abzuschätzen, wodurch ihr eigentlicher Zweck verloren geht.

Gegen ungeübte Kämpfer sind Täuschungsmanöver nicht so wichtig wie gegen geübte Kämpfer. Man sollte viele Täuschungskombinationen üben, bis sie einem in Fleisch und Blut übergegangen sind.

Den Gegner auf sich ziehen

Den Gegner auf sich zu ziehen ist eng mit den Täuschungsmanövern verwandt. Während bei Täuschungsmanövern beim Gegner Öffnungen provoziert werden, bedeutet den Gegner auf sich zu ziehen, daß man eine bestimmte Stelle ungedeckt läßt und so den Gegner zu einem bestimmten Schlag »einlädt«, um dadurch die Gelegenheit für bestimmte Konter zu eröffnen.

Täuschungsmanöver sind nur ein Bestandteil, wenn man den Gegner auf sich zieht. Dieses Auf-sich-ziehen verwendet Strategie und die Methode, den Gegner zu etwas zu zwingen. Vorwärts zu gehen, wenn man offenbar für einen Angriff offen ist und diesen Angriff dann erfolgreich zu kontern, ist eine Stufe der Kampfkunst, die nur wenige beherrschen. Viele Kämpfer wollen nicht gerne führen. In diesem Moment ist es sehr wichtig, den Gegner auf sich zu ziehen oder seine Führung zu erzwingen.

Nahkampf

Unter Nahkampf versteht man die Kunst, auf kurze Distanz zu kämpfen. Es ist nicht nur schwer in den Nahkampf zu kommen, sondern auch in dieser Distanz zu bleiben. Um in den Nahkampf zu kommen muß man ausweichen, abducken und pendeln, den Gegner auf sich ziehen und täuschen.

Durch die vielen veränderlichen Umstände muß man beim Kampf immer sehr sorgfältig und umsichtig sein. Es sollte jedem klar sein, daß ein Schlag aufs Genaueste und mit viel Geduld vorbereitet werden muß. Und doch ist es im allgemeinen nicht ratsam, mit einem vorgefaßten Plan in den Kampf zu gehen. Man sollte eher immer flexibel, immer aktiv wachsam sein.

Beintechniken

A. Seitwärtsfußtritt (hauptsächlich mit dem Führungsbein)

1. Seitwärtsfußtritt nach unten (Schienbein, Knie und Hüfte)
2. Parallel-Seitwärtsfußtritt (Rippen, Magen, Nieren, usw.)
3. Seitwärtsfußtritt nach oben
4. Angewinkelter Seitwärtsfußtritt nach oben (rechtes Führungsbein zu linker Vorwärtsstellung und umgekehrt)
5. Angewinkelter Seitwärtsfußtritt nach unten
6. Schnapp-Seitwärtsfußtritt mit Hineingleiten (parallel oder nach oben)
7. Seitwärtsfußtritt gegen Schienbein oder Knie beim Rückwärtsgehen (Konter)
8. Gesprungener Seitwärtsfußtritt
9. Umgekehrter Stopp-Seitwärtsfußtritt gegen Schienbein oder Knie (mit der Sohle des hinteren Fußes)

B. Gerader Vorwärtsfußtritt

1. Zehentritt (Führungsfuß und Konter zum Unterleib)
2. Vorwärtsfußtritt nach oben
3. Vorwärtsfußtritt zur Mitte
4. Vorwärtsfußtritt nach unten
5. Angewinkelter Vorwärtsfußtritt
6. Hebender Vorwärtsfußtritt (zum Knie oder Handgelenk)
7. Vorwärtsfußtritt mit Schritt nach rückwärts
8. Gesprungener Vorwärtsfußtritt
9. Vorwärtsstampffußtritt nach unten

C. Umgekehrter gerader Fußtritt

1. Umgekehrter gerader Fußtritt nach oben
2. Umgekehrter gerader Fußtritt zur Mitte
3. Umgekehrter gerader Fußtritt nach unten
4. Angewinkelter umgekehrter Fußtritt (nach oben, zur Mitte, nach unten)
5. Umgekehrter gerader Fußtritt mit Schritt nach rückwärts
6. Umgekehrter Stampftritt

D. Kreisfußtritt

1. Kreisfußtritt mit dem Führungsbein (oben, zur Mitte, unten)
2. Umgekehrter Kreisfußtritt (oben, zur Mitte, unten)
3. 1-2-Kreisfußtritt mit dem Führungsbein
4. Umgekehrter 1-2-Kreisfußtritt
5. Gesprungener Doppelkreisfußtritt
6. Kreisfußtritt mit Schritt nach rückwärts
7. Vertikalkreisfußtritt
8. Verkehrter Kreisfußtritt

E. Drehfußtritt

1. Drehfußtritt nach oben
2. Drehfußtritt zur Mitte
3. Drehfußtritt nach unten
4. Drehfußtritt mit Schritt nach rückwärts (Konter)
5. Gesprungener Drehfußtritt
6. Vertikaldrehfußtritt
7. Raddrehfußtritt (360°)

F. Fersenhakenfußtritt (mit gestrecktem oder gebeugtem Bein)

1. Fersenhakenfußtritt nach oben
2. Fersenhakenfußtritt zur Mitte
3. Fersenhakenfußtritt nach unten
4. 1-2-Fersenhakenfußtritt mit dem Führungsbein
5. Umgekehrter 1-2-Fersenhakenfußtritt

G. Kniestoß

1. Kniestoß nach oben mit dem Führungsbein
2. Kniestoß nach innen mit dem Führungsbein
3. Umgekehrter Kniestoß nach oben (hinteres Knie)
4. Umgekehrter Kniestoß nach innen (hinteres Knie)

Handtechniken

A. Fingerstich mit der Führungshand

1. Fingerstich mit langer Reichweite (oben, Mitte, unten)
2. Fingerstich für kurze Reichweite – Fingerstoß
3. Korkenzieher-Fingerstich

B. Gerade Führung (Schlag und Stich)

1. Gerade Führung nach oben
2. Gerade Führung zur Mitte (Körper)
3. Gerade Führung nach unten
4. Seitliche Rechte
5. Seitliche Linke
6. Doppelte gerade Führung

C. Haken mit der Führungshand

1. Haken nach oben
2. Körperhaken
3. Haken nach unten
4. Gespannter Haken
5. Lockerer Haken
6. Aufwärtshaken (Schaufel)
7. Horizontalhaken
8. Nach vorne und unten (Korkenzieher)
9. Haken mit Handinnenfläche

D. Cross mit der hinteren Hand

1. Cross nach oben
2. Cross zum Körper
3. Cross nach unten
4. Nach unten gerichteter Überhand-Schlag (Korkenzieher, mit Handinnenfläche oder als Haken)
5. Schlag von unten zum Unterleib

E. Rückhandschlag

1. Rückhandschlag nach oben
2. Rückhandschlag zum Körper
3. Rückhandschlag nach unten
4. Vertikaler Rückhandschlag (aufwärts, abwärts)
5. Rückhandschlag mit gespanntem Arm (Großer Rückhandschlag)

F. Viertel-Schwinger (verkürzter Bogen)

1. Mit der Handinnenfläche
2. Als Faustrückhandschlag
3. Umgekehrter Schwinger (mit der hinteren Hand)
4. Mit gedrehtem Fingerstoß

G. Aufwärtshaken

1. Aufwärtshaken nach oben
2. Aufwärtshaken zum Körper
3. Aufwärtshaken nach unten (Körper bis zum Unterleib)
4. Handinnenkante zum Unterleib

H. Umgekehrter Drehschlag

1. Mit dem unteren Teil der Faust
2. Mit dem Unterarm
3. Mit dem Ellenbogen
4. Doppelter Drehschlag

I. Hammerschlag

1. Hammerschlag mit Links
2. Hammerschlag mit Rechts
3. Hammerschlag von oben nach unten

Ellenbogentechniken

1. Ellenbogen nach oben
2. Ellenbogen nach unten
3. Ellenbogen nach abwärts gedreht
4. Ellenbogen nach hinten
5. Ellenbogenstoß mit Rechts
6. Ellenbogenstoß mit Links

Kopfstoß

1. Kopfstoß nach vorne
2. Kopfstoß nach hinten
3. Kopfstoß nach rechts
4. Kopfstoß nach links

Grifftechniken

1. Ringen:
   Einklemmen
   Bein ergreifen
   Festhalten
2. Judo:
   Hebeln von Gelenken
   Würgen
   Timing von Hebeln

Geistige Erziehung

1. Krishnamurti
2. Zen
3. Taoismus

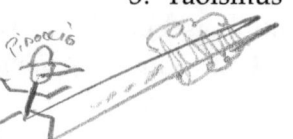

Training

1. Allgemein:
   Laufen
   Trainieren der Beweglichkeit
2. Speziell:
   Boxen
   Treten
   Ringen
3. Krafttraining:
   Gewichte
   Spezialapparate

Ernährung

1. Ausgewogenheit
2. Muskelbildende Ernährung

Welche Ziele soll man hinsichtlich Leichtigkeit, Sicherheit und Wirksamkeit auswählen?

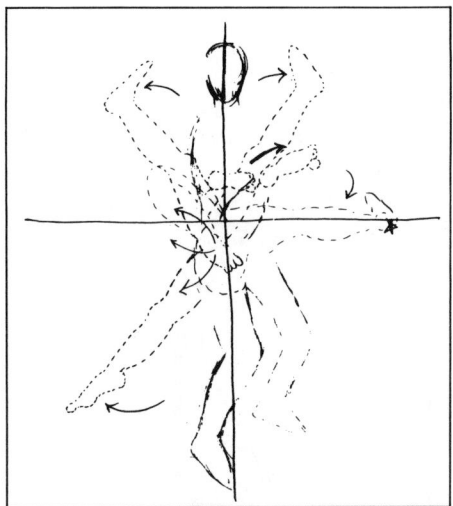

a) Haken:
1. Vorderes Knie des Gegners in Rechtsstellung
2. Unterleib, R-Stellung
3. Kopf, R-Stellung
4. Knie beim Gegner mit Linksstellung
5. Kopf, Linksstellung
Anmerkung: Das Körpergefühl beim Treffen von ungewohnten, aber direkten Zielen bei Gegnern in linker oder rechter Vorwärtsstellung schulen; den linken Rückwärtshaken nicht vergessen.

b) Seitwärtsfußtritt:
1. Linkes Knie/Schienbein
2. Rechtes Knie/Schienbein
Anmerkung: Stampffußtritt nach unten im Nahbereich (Spann, Schienbein, Knie) – auch gekreuzter Stampftritt.

c) Umgekehrter Hakenfußtritt:
1. Linkes Knie
2. Rechtes Knie

d) Vorwärtsfußstoß mit dem Führungsbein: Gegen Knie, Unterleib

e) Vorwärtsfußstoß mit dem hinteren Bein

f) Drehfußtritt mit Links

g) Vertikaler Hakenfußtritt

h) Fingerstich mit Rechts – 3 Arten

i) Stichschlag mit Rechts – 3 Arten und oben sowie unten

j) Haken mit Rechts – oben/unten

k) Faustrückhandschlag – oben/unten

l) Cross mit Links – oben/unten

m) Drehschlag mit Faustunterteil – (vordere Hand)

n) Drehschlag mit Faustunterteil (hintere Hand – umgekehrt)

o) Mögliche Kombinationen von Fußtritten
1. Natürliche Nachfolgetechnik
2. Antrainierte Nachfolgetechnik

p) Mögliche Kombinationen von Handtechniken

Ein guter Angriff besteht aus mit der Führungshand geschlagenen Schlägen, Scheinmanövern und Kontern, die durch Beweglichkeit, Druck und Gewandtheit unterstützt werden.

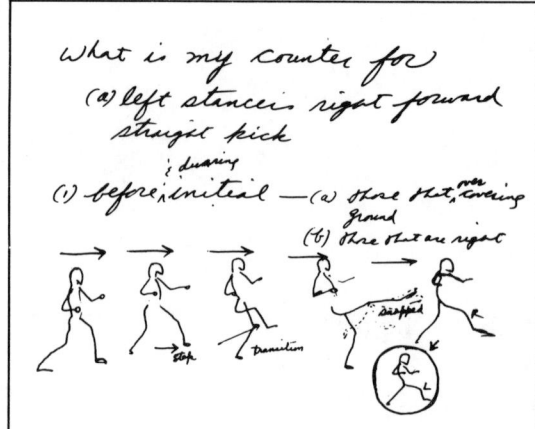

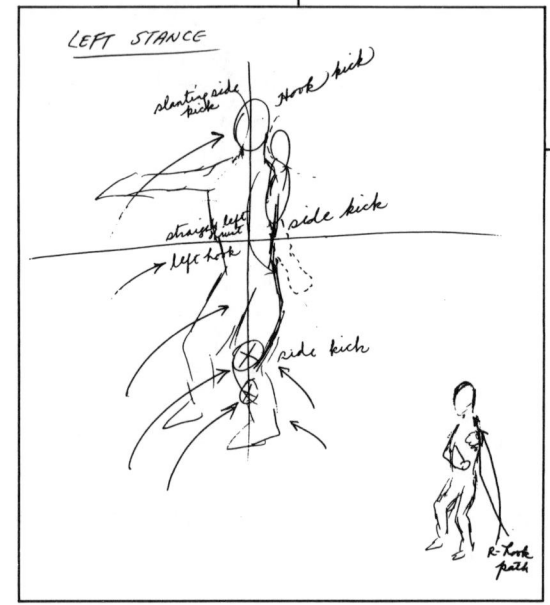

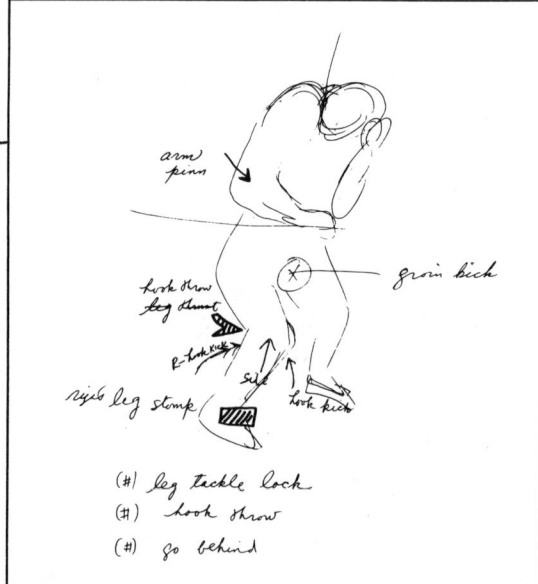

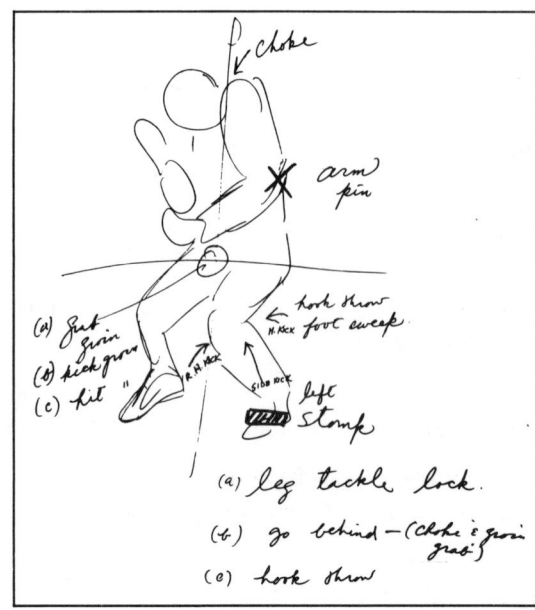

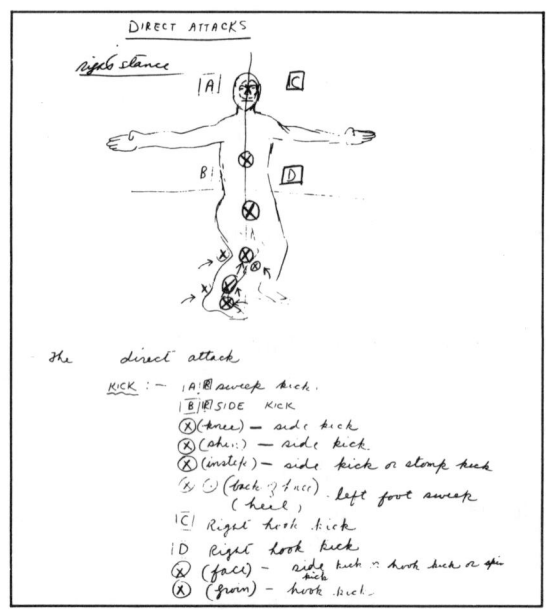

Tritte mit Kreis- oder Aufwärtsbewegung
im Savate (Thai-Boxen)

a) Das Knie ist nicht so beweglich wie der Oberkörper.
b) Nach vorne und hinten ausgeführt.
c) Schnellste (wirtschaftlich), stärkste (natürlich)
   und am schwersten auszuweichende Technik.
d) Normalerweise wird mit der Ferse getroffen.
   Versuche probeweise auch mit dem Fußballen zu
   treffen.
e) Manchmal muß man das vordere Bein des Gegners umgehen, um das gewichttragende hintere
   Bein anzugreifen. Je mehr Gewicht auf dem Bein
   liegt, desto größer sind die Auswirkungen auf
   das Knie.

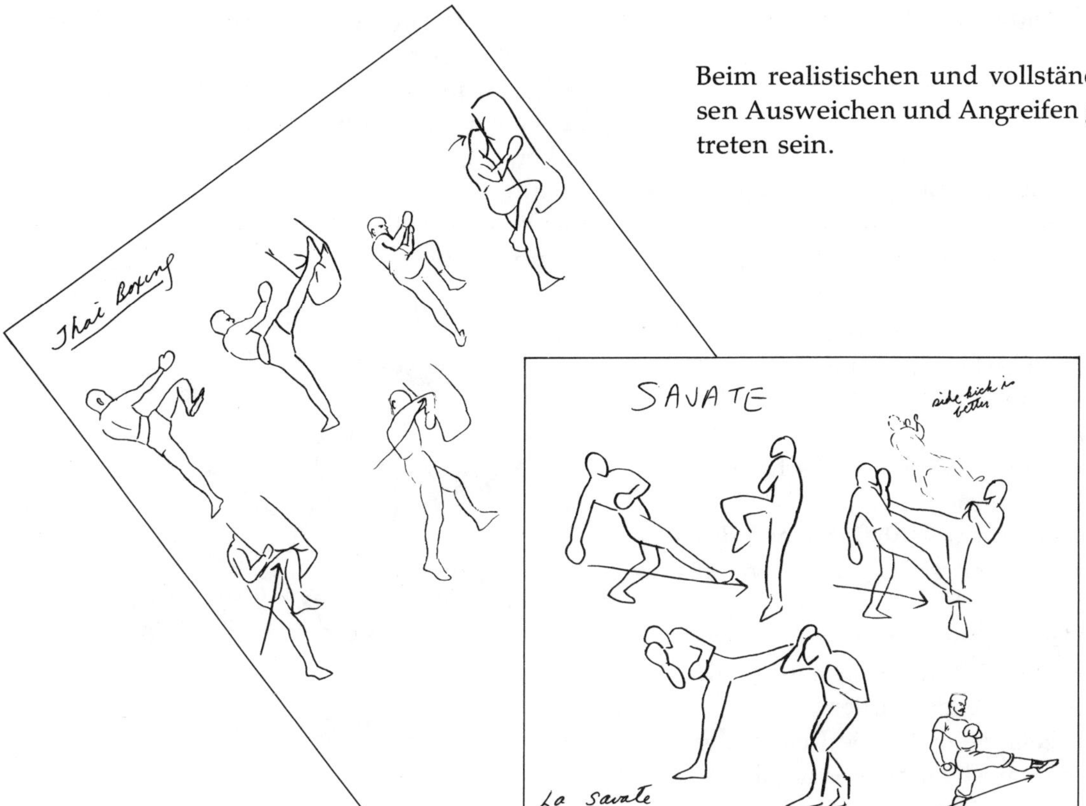

Beim realistischen und vollständigen Kampf müssen Ausweichen und Angreifen gleichermaßen vertreten sein.

79

Bei Fußtritten sind folgende Punkte wichtig:
1. ein Gespür für kraftvolle Leichtigkeit, das durch Training und zusätzliche Übungen erworben wird,
2. die Fähigkeit, sich schon beim Ansetzen auf die richtige Höhe einzustellen,
3. der Ansatz muß plötzlich und wirtschaftlich sein,
4. die Schnelligkeit muß ohne Widerstand entwickelt werden,
5. die Fußtechnik muß sich mit jeder anderen Bewegung vereinbaren lassen,
6. die Technik muß plötzlich und direkt ins Ziel kommen,
7. die Technik muß sauber und genau treffen.

Funktionen der langgezogenen Fußtritte:
1. Erreichen eines weiter entfernten Ziels
2. als wirksame Waffe
3. Überbrücken des Raums für einen weiteren Fußtritt oder eine Handtechnik.
Die verwendeten Fußtritte müssen je nach Gegner unterschiedlich sein.

Der Angriffsvorstoß (alle Angriffsschritte) muß:
1. es ermöglichen, sich bei einem fehlgeschlagenen Angriff schnell außerhalb der Reichweite eines Gegenangriffs zu bringen. Schon der kleinste Verlust des Gleichgewichts oder der Kontrolle führt dazu, daß für einen Bruchteil einer Sekunde sich Körperpartien ungeschützt für einen Gegenangriff darbieten;
2. die Distanz zum Gegner schnell, wirtschaftlich und mit Kontrolle überbrücken,
3. ein Überraschungsmoment enthalten, auf das der Gegner körperlich und geistig unvorbereitet ist.
4. mit großer Entschlossenheit und mit Kraft/-Schnelligkeit durchgeführt werden, sobald die Bewegung einmal eingeleitet wurde,
5. zum Treffen des Ziels die maximale Reichweite einsetzen (zu 3/4 oder noch mehr gebeugt, insbesondere beim Angriff). Diese vergrößerte Reichweite macht einen Angriff möglich, bei dem nur Fußtechniken eingesetzt werden;
6. mit Leichtigkeit und Wachsamkeit durchgeführt werden, wie sie auch bei Handtechniken vorkommen und dann mit vernichtender Kraft explodieren – hierin liegt die Kunst der Fußtechniken.

Entwickle Kraft aus dem Stand heraus –
a) bei Kombinationen mit demselben Bein.
   – Haken nach oben/unten und Seitwärtsfußstoß zum Schienbein/Knie
   – angewinkelter Hakenfußtritt nach oben/unten
b) bei Kombinationen mit abwechselnden Beinen.
c) bei langgezogenen Fußtechniken mit vergrößerter Reichweite, bei Haken.
d) bei Fußtechniken in der Nahdistanz.
   – Als wirkungsvolle Waffe und gegen drängende Gegner den Seitswärtsfußstoß nach unten auf der Nahdistanz einsetzen.
   – Auf der Nahdistanz Kniestöße und Stampftritte verwenden und dabei in einer Gleichgewichtsstellung bleiben.

Man sollte sein »Körpergefühl« (Distanz, Timing, Zeitpunkt) entwickeln, wenn man seine Körperwaffen gegen einen sich bewegenden Gegner einsetzt, während man sich selbst bewegt. Lerne, die Körperwaffen in Wirkung umzusetzen, wenn du selbst in Bewegung bist.
a) Ferse – gerade, seitwärts und als Cross
b) Fußballen – nach oben, gerade, seitwärts
c) Zehen
d) Spann
e) Innen- und Außenseite – seitwärts geführte Bewegungen bei Haken, Sicheln und Fegern.

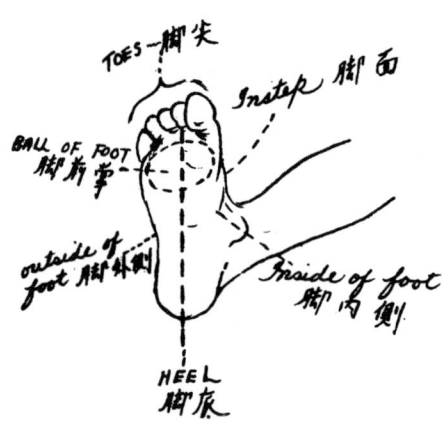

Die Fußtechniken mit allen Arten von Beinarbeit kombinieren.
a) Vorgehen, alle Arten
b) Zurückgehen, alle Arten
c) Linkskreiseln, alle Arten
d) Rechtskreiseln, alle Arten
e) Parallelgehen

Anmerkungen zum schnellen Fußtritt: Wie die Kobra, so sollte ein schneller Fußtritt nicht gesehen, sondern gespürt werden.

Fußtechniken sollten so schnell ausgeführt werden, daß sie das Bewußtsein des Gegners unvorbereitet überraschen. Finde eine Methode, die entsprechenden Gegenmuskeln vor der Ausführung zu lockern, eine »beständig wartende« anstatt einer »vorbereitenden« Stellung. Setze die schnellen Fußtechniken so ein, daß der Gegner nicht entweichen kann und festgenagelt wird.

»Beobachte« Ausführung, Treffen und Wiederrücknahme einer Technik und begleite dies mit »aufmerksamer« Deckung durch die Hände.

Einleitung einer Technik:
a) Gelöstheit in der Neutralität,
b) wirtschaftlicher Beginn aus der Neutralität,
c) spielerische Gelöstheit (geistig) und widerstandslose Schnelligkeit (körperlich).

Überbrückung der Distanz:
a) klare Sicht,
b) Neutralität,
c) kontrolliertes Gleichgewicht,
d) geschlossene Deckung.

Landen im Ziel:
a) Auftreffen mit dem richtigen Teil der Körperwaffe im genau richtigen Zeitpunkt,
b) natürliche Freisetzung von gesteuerter Zerstörungskraft.

Rücknahme der Technik:
a) in die Neutralität zurückkommen oder den Angriff fortsetzen,
b) Unterstützung durch »Wachsamkeit«.

Welches sind die sicheren und schnellen Fußtritte mit dem Führungsbein, die als »Wegbereiter«, »Respektverschaffer« und »Distanzüberwinder« eingesetzt werden? Um wieviel kann man diese schneller machen, ohne daß sie zu »flatterhaft« wer-

den. Anmerkung: Nimm den Boxjab (kurze gestochene Gerade) als Richtlinie. So wird man wohl kaum einen Haken mit dem hinteren Bein ausführen, wenn man sich nicht genau über die Sicherheitsdistanz und die Verfassung des Gegners im klaren ist. Lerne, den Gegner nicht Vorteile aus deiner Blöße bei der Ausführung einer Technik ziehen zu lassen. »Nerve« deinen Gegner körperlich und geistig, indem du ihm Schmerzen zufügst.

Merke dir Fußtritte, die aus dem Knie schnappen:
Hakentritt zum Unterleib (nach innen geschnappt),
Umgekehrter Hakentritt (nach außen geschnappt),
Schnapptritt aufwärts,
Gerader Schnapptritt nach vorne.

Merke dir Fußtritte, die von der Hüfte aus gestoßen werden:

Seitwärtsfußstoß,
Fußstoß nach hinten,
Fußstoß nach vorne.

Befasse dich mit aus dem Knie geschnappten Fußtritten, um mehr Kraft zu erzielen. Befasse dich ebenso mit den aus Hüfte und Knie geschnappten Tritten, um mehr Schnelligkeit zu erreichen. Teste beide auf lange Distanz, im mittleren Bereich (natürlicher Kampfbereich) und bei Nahdistanz.

Welche schnellen Fußtechniken lassen sich schnappen und mit einem schnellen Rückzug verbinden? Anmerkung: Sie sollten den Gegner beim Verfolgen abbremsen, indem sie in seine Bewegungslinie hinein geschlagen werden, während man sich aus der Linie der Kraftwirkung bringt.

Welche schnellen Tritte können dazu dienen, den Gegner zu drängen? Anmerkung: Arbeite vorsorglich Maßnahmen für den Fall aus, daß du vom Gegner gegriffen wirst.

Welche Tritte lassen sich in der Nahdistanz einsetzen, die schnappen und stoßen? Anmerkung: Arbeite natürliche Nachfolgetechniken mit Hand oder Fuß aus.

Mögliche Positionen des vorderen Beines:

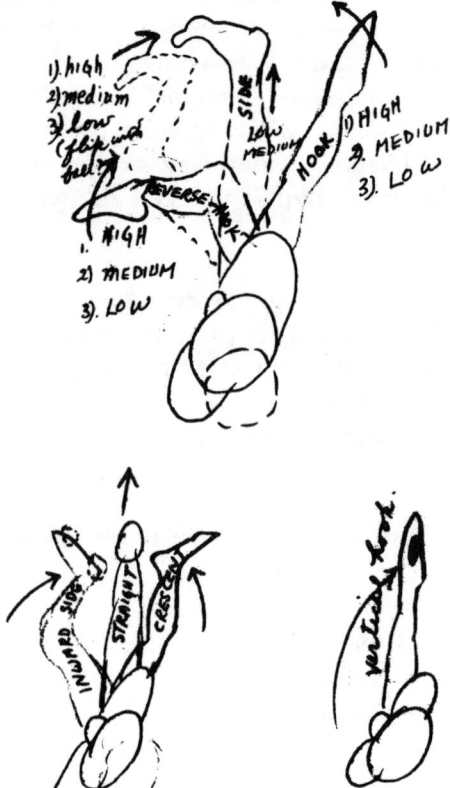

Anmerkung: Lerne die Zerstörungskraft dorthin zu übertragen, wo sich das Ziel befindet oder wo es sich hinbewegt. Benutze dabei das Körpergefühl als Anhaltspunkt.

Mögliche Positionen des hinteren Beines:

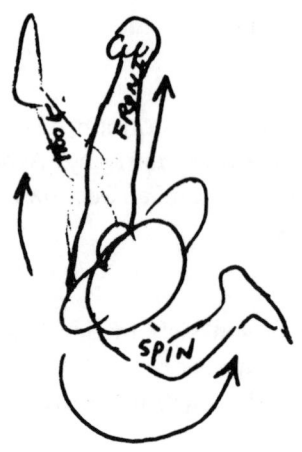

Welches sind in bezug auf Zerstörungskraft die stärksten Fußtritte? Welche lassen sich am leichtesten ins Ziel bringen?

Verschiedene Trittechniken:
– aufwärts,
– abwärts,
– von außen nach innen,
– von innen nach außen,
– gerade.

Beispiele mit Tritten mit dem Führungsbein: Aufwärtstritt mit Spann zum Unterleib – (Aufwärtskraft) (Nahdistanz/mittlere Distanz).

Anmerkung: Experimentiere mit dem Körpergefühl, um die größtmögliche Zerstörungskraft auf die folgenden Punkte des Gegners zu übertragen:
1. Schienbein
2. Knie
3. Unterleib
4. ?

Aufwärtshaken (Aufwärtskraft)
(mittlerer Bereich)

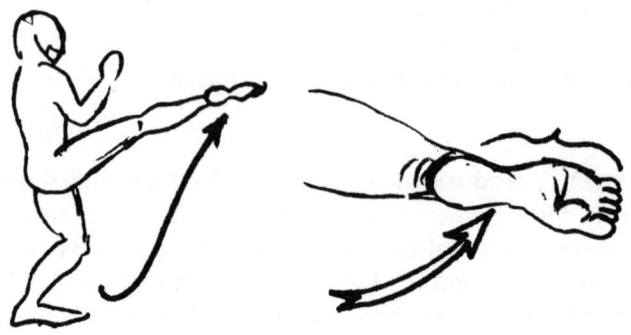

Hakentritt – (von außen nach innen)

Neigung unter Beachtung von Gleichgewicht und Rückführung.

hoch – mittel – tief
lang – mittel – nah

hook kick

Auftreffen – Zehen
            Spann
            Fußballen
            Schienbein
            Fußinnenseite

Verstehe, welche Muskeln bei diesen Tritt eingesetzt und wie diese geschmeidig gehalten werden.

Wichtig: Entspanne die Timing-Muskeln; halte jedoch immer eine allgemeine Wachsamkeit der Stellung und des Timings aufrecht.

Untersuche, wie sich die Fußballen bei Angriffen gegen Schienbein, Knie oder Spann einsetzen lassen.

Umgekehrter Hakentritt – (von innen nach außen)

Seitwärtsfußtritt – (gerade, aufwärts, abwärts, angewinkelt)

Bereich: lang
          mittel
          nah (Stampftritt nach unten)
Im Kampf: Der Seitwärtsfußtritt läßt sich am besten einsetzen, wenn er nach unten gerichtet wird.

Entwickle beim Seitwärtsfußtritt ein Gespür von »feiner Leichtigkeit«.

Methoden von Knie- oder Schienbeintritten
– gerade
– gerade nach unten
– von innen nach außen (wie beim umgekehrten Hakentritt)
– von außen nach innen (wie beim Hakentritt).
Untersuche, welche Knie- oder Schienbeintritte die beste Reichweite bieten
– seitwärts
– als Haken
– als umgekehrter Haken
– gerade (vorderes und hinteres Bein).

Diese Tritte sollten schnell, wirtschaftlich und kraftvoll ausgeführt werden. Trainiere die wirksamste Methode zur Überbrückung der Distanz und das exakte Timing in Übereinstimmung mit den Bewegungen des Gegners.

Als Angriff – gegen einen Gegner mit rechtem Bein vorn

Seitwärtsfußtritt gegen vorderes Knie/Schienbein

Dieser Tritt läßt sich als explosionsartiger Stoß oder aber als schiebender Stoß ausführen, der gegen das Knie des Gegners gerichtet ist, während man die Distanz für eine Nachfolgetechnik mit Hand oder Bein überbrückt. Dieser Tritt hat eine demoralisierende Wirkung auf den Gegner und läßt ihn bei seinen Angriffen vorsichtiger werden. Gleichzeitig verschafft er Distanz.

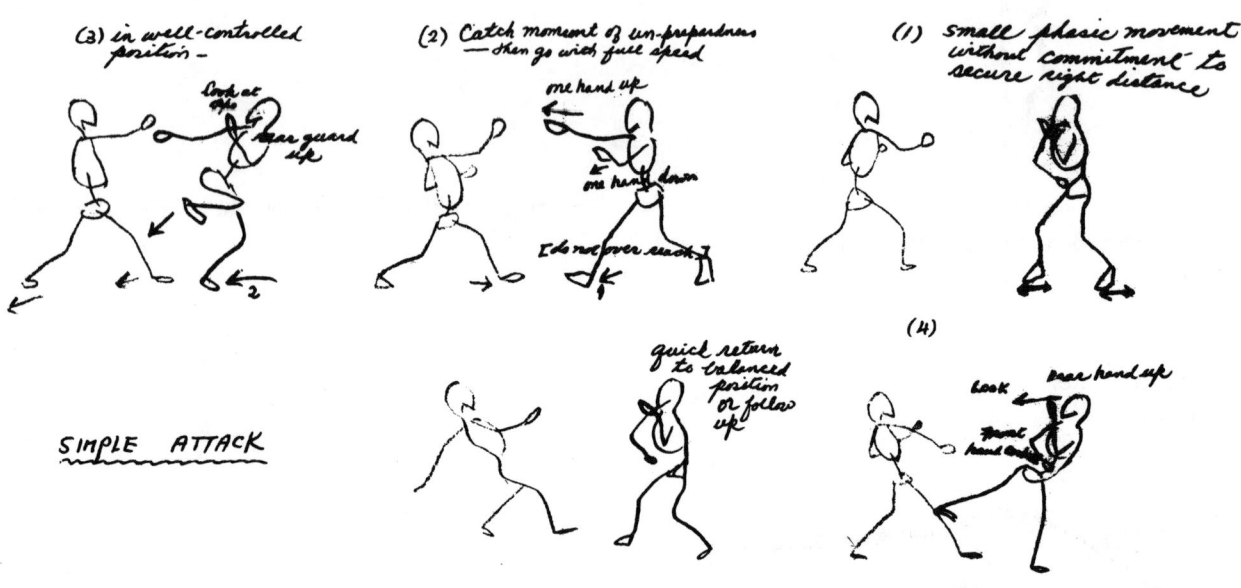

Stampftritt – (nach unten gerichtet)

Vorderes Bein

a)

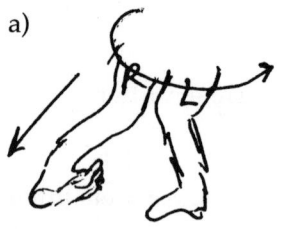

(Hüfte öffnet)

b)

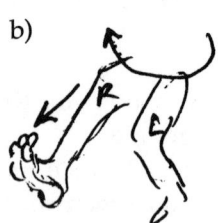

(Hüfte schließt)

Hinteres Bein

Merke dir Tritte, die sich ohne ein Wechseln der Wachsamkeitsstellung vor und/oder nach Ausführung einleiten lassen, wie z. B. Hakentritt, Seit-

wärtsfußtritt, Aufwärtshaken und umgekehrter Haken.

84

Weg des vorderen Beines ohne zu große Änderung der Wachsamkeitstellung.

Weg des hinteren Beines ohne zu große Änderung der Wachsamkeitsstellung.

(Anmerkung: Der gerade Weg hat viele geringfügig unterschiedliche Variationen).

Welche dieser wirtschaftlichen Tritte, außer dem Hakentritt, bringen absolute Schnelligkeit?

Vermeide überhastete Bewegungen – finde dabei einen guten Mittelweg, ohne jedoch die Schnelligkeit zu vergessen. Trainiere diese besondere Wirtschaftlichkeit bei der Einleitung und nicht nur bei sich nicht ändernden Wachsamkeitsstellungen. Lasse dafür diese plötzliche Wirtschaftlichkeit zur Richtlinie werden, wenn es darauf ankommt.

Kraftvolle Tritte, ohne sich zu exponieren

Anmerkung: Schnelligkeit bei der Durchführung.

Beispiel: Hakentritt

Kleine phasische Stellung mit gebeugten Knien (neutral)

Wirtschaftliche Einleitung

Finde heraus, wie man am schnellsten in die Neutralitätslage zurückkommt. (Dies gilt für alle Fußtritte).

Einleitung eines Fußtritts (ohne Beinarbeit)

Vorderes Bein

(nach vorne überwechseln)

Hinteres Bein

Lerne, die Einleitung zu decken und schnell wieder in die Neutralitätslage zurückzukommen. Die Deckung sollte ganz automatisch und dauernd erfolgen.

Merke dir Tritte, die einen völligen Wechsel der Wachsamkeitsstellung vor und/oder nach ihrer Ausführung nötig machen.

Untersuche die Hebelverhältnisse bei der Einleitung aus dem Stand.

Versuche, Tritte aus hohen, tiefen und Stellungen am Boden schnell und kraftvoll zu beherrschen. Entwickle Körpergefühl und wirksame Form bei der plötzlichen Ausführung von schnellen und kraftvollen Tritten, beim Vorwärts- und Rückwärtsgehen, beim Kreiseln nach rechts oder links. Lerne das »Fließen von Energie« einzusetzen, um aus ungewohnten tiefen Stellungen wieder nach oben zu kommen.

Im Stehen –
nach vorne, seitwärts, mit Kreisbewegung

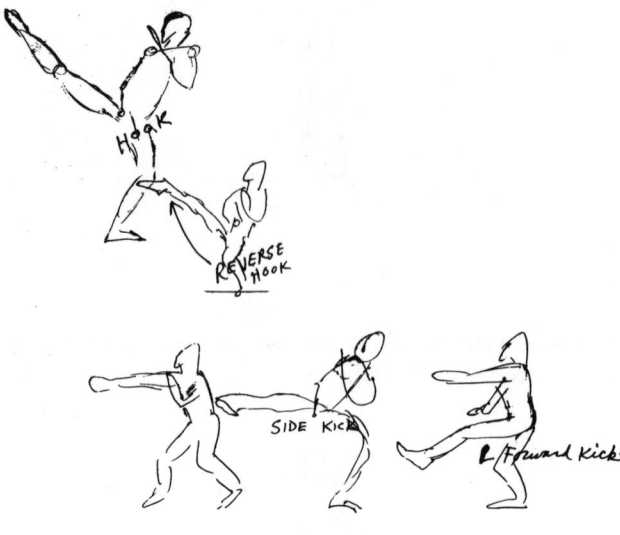

Am Boden –
nach vorne, seitwärts, mit ausweichender Kreisbewegung

In der Luft –
nach vorne, seitwärts, mit Kreisbewegung

Versuche die Fähigkeit zu entwickeln, einen Feger mit der Wirtschaftlichkeit eines Tritts ausführen zu können. Untersuche die Einleitung des Fußfegers als ein Konter oder einen Angriff auf lange, mittlere und kurze Distanz, mit oder ohne Arbeit der Hände.

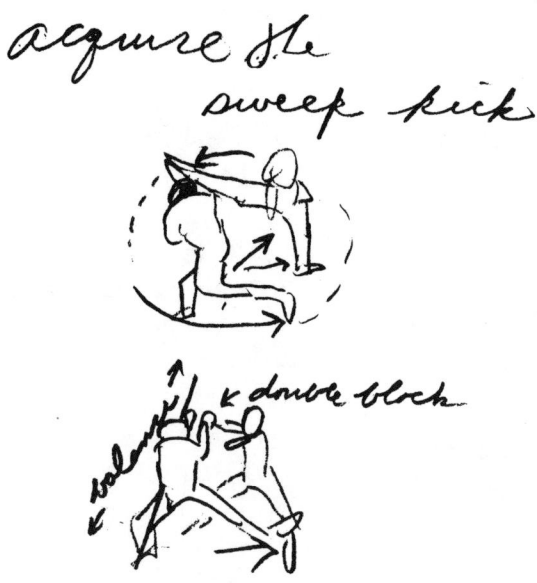

Übe, den Gegner durch einen Fußfeger zu Boden zu bringen:

a) aus einer schnellen Einleitung heraus,
b) als Teil einer Kombination und
c) als Gegenangriff.

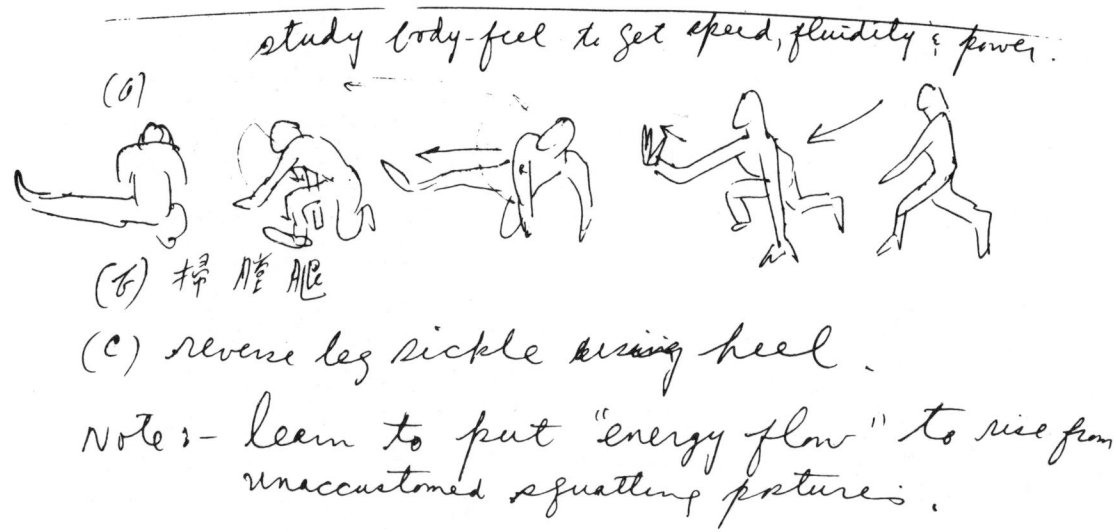

Untersuche die Möglichkeiten, einen am Boden
liegenden Gegner zu treten:

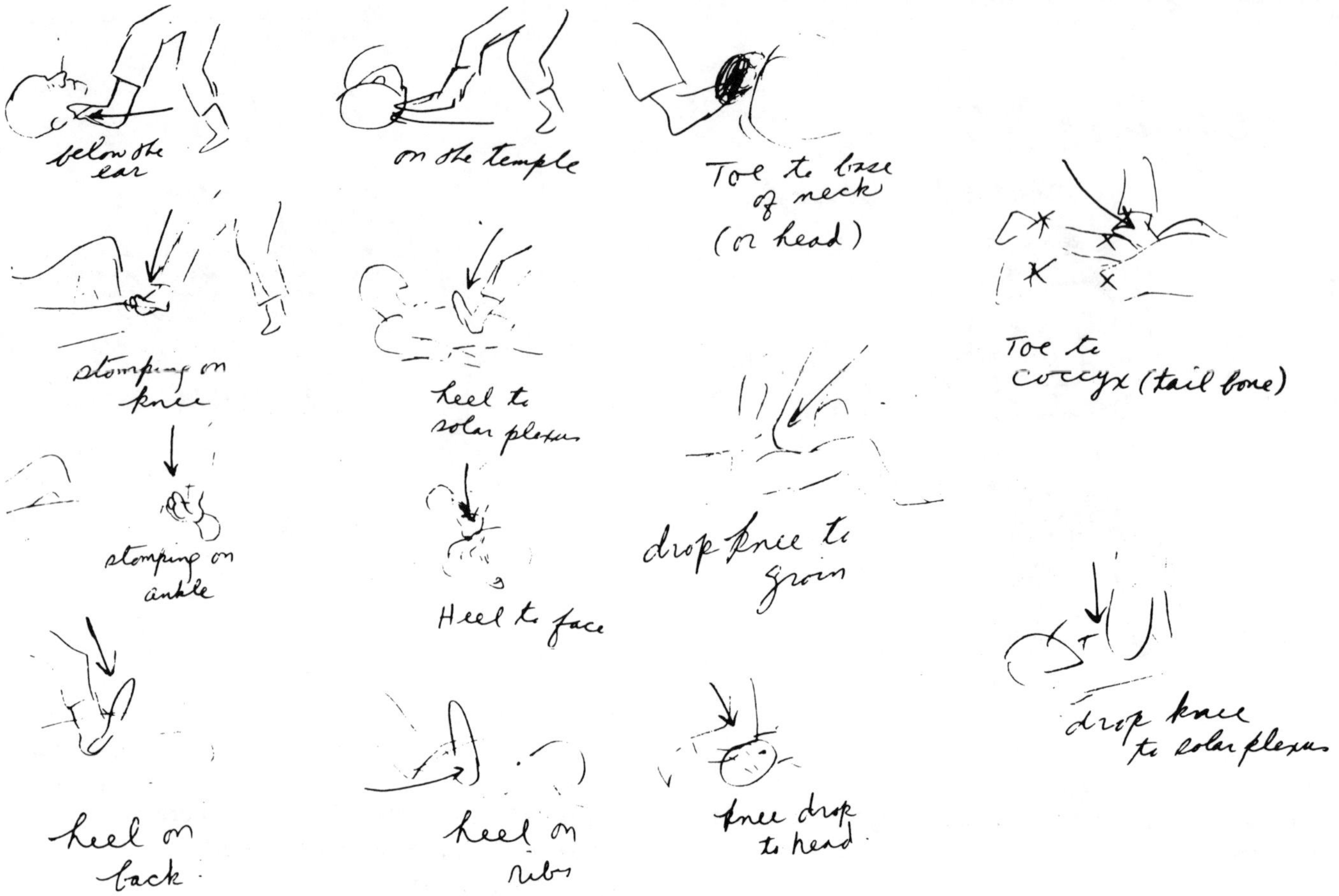

below the
ear

on the temple

Toe to base
of neck
(on head)

stomping on
knee

heel to
solar plexus

Toe to
coccyx (tail bone)

stomping on
ankle

Heel to face

drop knee to
groin

heel on
back

heel on
ribs

knee drop
to head

drop knee
to solar plexus

Gerade mit der Führungshand

Die Gerade mit der Führungshand ist die grundlegende Schlagtechnik des Jeet Kune Do. Sie wird sowohl als Angriffs-, als auch als Verteidigungswaffe eingesetzt, um den Angriff des Gegners sofort abzufangen und zu stoppen. Wenn man mit dem rechten Bein nach vorne steht, dann werden die rechte Hand und das rechte Bein wegen ihrer vorgeschobenen Stellung die Hauptangriffswaffen. Wenn das rechte Bein nach vorne steht, dann ist die rechte Hand wesentlich näher am Gegner als die linke. Dies gilt umgekehrt, wenn das linke Bein nach vorne steht. Beim Kampf sollte man immer seine stärkere Seite vorne halten.

Die Gerade mit der Führungshand ist von allen Schlägen der schnellste. Bei der Ausführung ist nur sehr wenig Bewegung erforderlich. Ebenso wird das Gleichgewicht nicht gestört.

Da dieser Schlag den kürzesten Weg zum Ziel nimmt, ist die Treffchance auch besser. Dem Gegner bleibt weniger Zeit für einen Abwehrblock. Außerdem ist die Gerade genauer als die anderen Schläge.

Kein einzelner Schlag, selbst nicht die wirkungsvolle Gerade, ist der Endzweck an sich, obwohl es Kampfstile gibt, die nur gerade Schläge kennen. Die Gerade wird als ein Mittel zum Zweck eingesetzt und sollte noch durch andere Winkelschläge (und Tritte) begleitet und unterstützt werden, wodurch man bei der Wahl seiner Waffen flexibler wird und sich nicht an eine einzige Linie bindet. So sollte ein guter Kämpfer aus allen möglichen Winkeln mit beiden Händen (Beinen) treffen können, um so sich bietende Gelegenheiten auszunutzen.

Die Gerade wird anders ausgeführt als im herkömmlichen traditionellen Kung Fu. Zuerst einmal liegt ihre Ausgangsposition nicht an der Hüfte und wird auch nicht von dort aus eingeleitet. Diese Ausführung ist unrealistisch und läßt eine zu große Fläche ungeschützt. Außerdem entsteht durch diese Haltung für die Schlaghand ein zu großer Weg zum Gegner.

Im Jeet Kune Do trifft man den Gegner nie nur mit der Faust allein; der Schlag wird mit dem gesamten Körper ausgeführt. Oder mit anderen Worten ausgedrückt: man sollte sich beim Schlag nicht nur auf die Kraft des Arms verlassen; die Arme sind hierbei nur ein Mittel, eine große Kraft zu übertragen, die durch richtiges Timing und schnelle Bewegung der Füße, Hüfte, Schultern und Handgelenke entsteht.

Anstatt von der Schulter auszugehen, kommt der Schlag aus dem Zentrum des Körpers in Form einer vertikalen Faust (Daumen nach oben), die mit der eigenen Nase in gerader Linie liegt. Die Nase dient hier als Richtlinie. Das Handgelenk ist geringfügig nach unten gerichtet (bei der Ausführung des Schlags) und wird beim Auftreffen sofort gerade gerichtet, wodurch der Schlag noch zusätzlich einen Korkenziehereffekt bekommt.

Es ist sehr wichtig, vor der Ausführung der Geraden keine herkömmliche »Fertig«-Stellung einzunehmen oder vorbereitende Bewegungen zu machen. Dies gilt übrigens für alle Arten von Schlägen. Die Gerade mit der Führungshand wird aus der Bereitschaftsstellung ohne irgendwelche zusätzlichen Bewegungen ausgeführt, wie z. B. Zurücknehmen der Hand an die Hüfte oder Schulter, Zurückziehen der Schulter, usw. Übe diesen Schlag aus der Bereitschaftsstellung heraus und komme dann wieder in die Bereitschaftsstellung zurück (Hand nicht an die Hüfte!). Später sollte man dann in der Lage sein, unabhängig von der jeweiligen Position der Hand Schläge auszuführen. Dadurch erzielt man zusätzliche Schnelligkeit (keine verschwendeten Bewegungen) und bessere Täuschung des Gegners (keine vorbereitenden Bewegungen vor dem Schlag).

Die meiste Deckungsarbeit wird mit der hinteren Hand geleistet – daher kommt auch die Bezeichnung »Deckungshand«. Beim Schlagen mit der Führungshand sollte man nicht den in den herkömmlichen Kampfkünsten häufigen Fehler machen, dabei die hintere Hand an die Hüfte zurückzunehmen. Die hintere Hand dient zur Unterstützung der Führungshand, um den Angriff zu einer defensiven Offensive zu machen. Wenn man z. B. mit der Führungshand einen Schlag zum Körper des Gegners macht, dann sollte die Deckungshand (hintere Hand) hoch gehalten werden, um jeglichen Konterversuch des Gegners zum Oberkörper zu stören. Kurz gesagt, wenn die eine Hand zur Ausführung eines Schlages »draußen« ist, dann sollte die andere Hand entweder einen Arm des Gegners unbeweglich machen oder zum Schutz gegen Konter zurückgenommen werden (nicht bis zur Hüfte!) und außerdem in eine günstige Ausgangsstellung für eine Nachfolgetechnik gebracht werden.

Für schnellere und kraftvollere Schläge ist es sehr wichtig, daß man entspannt ist. Die Führungshand sollte locker und leicht schlagen; die Faust erst im Moment des Auftreffens ballen. Alle Schläge sollten wenige Zentimeter hinter dem Ziel mit einer Schnappbewegung enden. So schlägt man durch den Gegner hindurch und nicht auf ihn.

Wenn man mit der Führungshand einen Schlag durchgeführt hat, dann sollte man sie beim Zurückziehen in die Bereitschaftsstellung nicht fallen lassen. Obwohl man dies bei einem guten Kämpfer beobachten kann (weil er schnell ist und über gutes Timing und Distanzgefühl verfügt), sollte man sich zur Angewohnheit machen, die Führungshand auf demselben Weg wieder zurückzunehmen und sie gegen mögliche Konter obenzulassen.

Beim Schlagen mit der Führungshand empfiehlt es sich, die Stellung des Kopfes dauernd zu wechseln, um so zusätzlich gegen Konter des Gegners geschützt zu sein. Bei den ersten paar Zentimetern des Vorgehens bleibt der Kopf noch unverändert; danach sollte er sich an die jeweilige Lage anpassen. Um die Gefahr von Kontern des Gegners gering zu halten, sollte man gelegentliche Täuschungsmanöver durchführen, bevor man mit der Führungshand schlägt. Täuschungsmanöver und Wechseln der Kopfhaltung sollten jedoch nicht übertrieben werden. Denke immer an Einfachheit: gerade ausreichend reicht aus.

Manchmal ist es sehr wirkungsvoll, wenn man doppelte Führungsgeraden schlägt, weil diese ganz unvermutet kommen und der zweite Schlag den Rhythmus des Gegners stört, um so den Weg für eine Nachfolgetechnik zu ebnen.

Beim Angriff sollte der Führungsfuß erst dann aufsetzen, wenn die Faust auftrifft. Andernfalls ist die Wirkung des Körpergewichts auf den Boden hin gerichtet und liegt nicht hinter dem Schlag. Denke immer daran, durch Nachdrücken mit dem hinteren Bein Kraft vom Boden aus auszuüben.

Die Führungshand sollte blitzschnell und niemals starr oder unbeweglich sein. Halte sie immer in einer bedrohlichen Art und Weise in Bewegung (ohne Übertreibung), wodurch nicht nur der Gegner auf Distanz gehalten wird, sondern sie sich auch schneller schlagen läßt als aus dem Stillstand. Wie bei einer Kobra sollte der Schlag nicht gesehen, sondern gespürt werden. Dies gilt insbesondere für den Fingerstich mit der Führungshand.

90

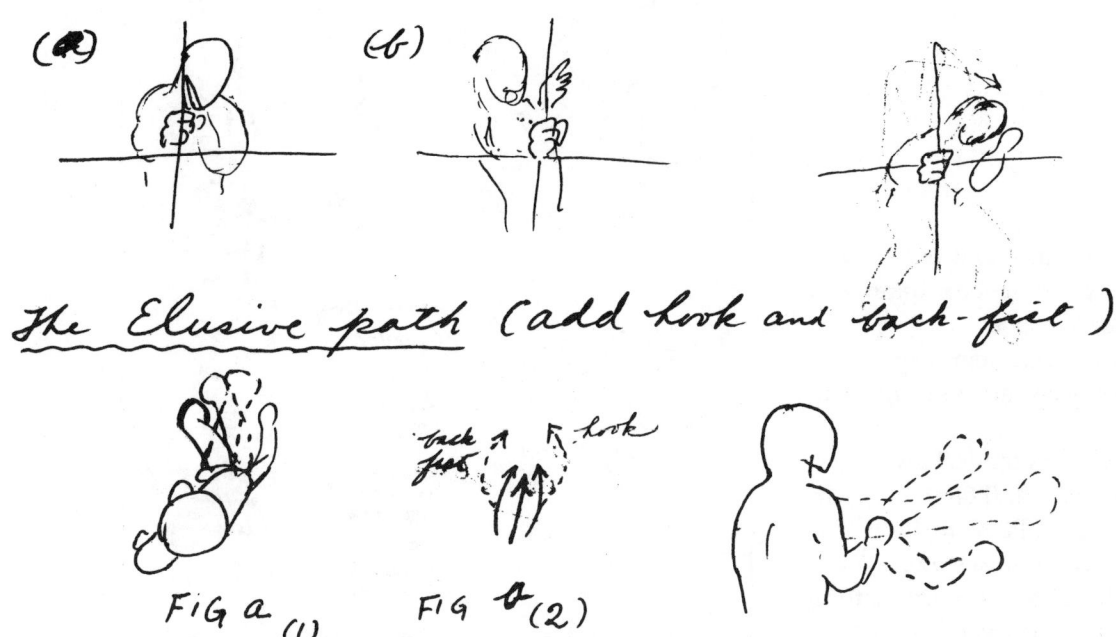

show various angles of lead

(#) START WITH ECONOMY !!!))

(1) The long lead (finger jab!!)   (2) The straight lead
(#) Keep "Watching" opponent!
(#) The lead position
(#) The various path of delivery
(#) The backward lead, The circling lead
(#) The palm shove.
(#)

Die ausweichende Führung

Bei der Geraden mit der Führungshand sollte sich die Stellung des Kopfes dauernd ändern, manchmal sollte er oben, manchmal unten und manchmal »weder oben noch unten« sein. Manchmal kann die hintere Hand vors Gesicht genommen werden, während die Führungshand geschlagen wird. (Dies könnte möglicherweise einen Verlust an Reichweite und Schnelligkeit zur Folge haben.) Laß deinen Gegner im Ungewissen – Abwechslung – Abwechslung!

(a)   (b)

The Elusive path (add hook and back-fist)

back fist   hook

FIG a (1)   FIG b (2)

Die ersten paar Zentimeter zur Führung gebrauchen, dann ein plötzlicher Wechsel
– Täuschung mit dem Kopf
Verwende dies als Verteidigung gegen:
1. Schwinger (Hände/Füße)
2. Haken (Hände/Füße)
3. umgekehrte Fersentritte
4. Kreistritte und Schläge
Verwende dies als Vorbereitung zum Greifen und Packen.

Nötige Eigenschaften einer geraden Führung:
1. gutes Gleichgewicht des Körpers,
2. Zielgenauigkeit,
3. genaues Timing und genaue Koordination,
4. maximale Schlagkraft.

Die gerade Führung ist der Schlag, der einen bei Angriff oder Verteidigung für eine kürzere Zeit als alle anderen Schläge gegnerischen Aktionen aussetzt.

Viele Meister machen die gerade Führung zu ihrem Hauptschlag.

Einige Kämpfer wechseln beständig in die Angriffsdistanz hinein und ziehen sich dann wieder zurück (wobei sie die Hand senken oder weggleiten lassen). Diese Angewohnheit läßt sich zum eigenen Vorteil nutzen. Wenn der Gegner wieder aus der Kampfdistanz zurückgeht, bietet sich die Gelegenheit, ihn mit einem geraden Fauststoß zu treffen.

Der gerade Fauststoß läßt sich wirksam gegen einen unentschlossenen Gegner einsetzen, der seine Führungshand erst kurz herausbringt, sie jedoch sofort wieder in die Wachsamkeitsstellung zurücknimmt.

Die oben erwähnten Fehler des Gegners geben einem eine gute Treffchance, vor allem, wenn er zusätzlich einen Schritt nach vorne macht.

Gerades Schlagen (Treten) ist die Grundlage einer wissenschaftlichen Kampfkunst. Es wurde erst spät in der Geschichte der Kampfkünste entwickelt und ist deshalb ein Ergebnis sorgfältigen Nachdenkens. Zum geraden Schlagen sind Schnelligkeit und Intelligenz erforderlich. Bei dieser Art zu schlagen wird ein kleinerer Weg zurückgelegt als bei kreisförmigen Bewegungen (oder Haken und Kreistritten). Gerade Schläge (und Tritte) sind genauer als Haken und Schwinger und nutzen am besten die maximale Reichweite des Armes (und Beins) aus.

Gerades Schlagen beruht auf dem Verständnis von Körperbau und der Bedeutung von Hebelkräften. Es stellt den Versuch dar, das Körpergewicht hinter jeden Schlag zu setzen, wobei eigentlich mit dem Körper getroffen wird und die Arme nur als Mittel zur Kraftübertragung dienen. Die Arme allein sind nicht stark genug, um hinter jeden Schlag die nötige Kraft zu setzen. Richtige, schnelle und genaue Kraft läßt sich nur erreichen, wenn das Gewicht so verlagert wird, daß Hüfte und Schulter dem Arm auf der Mittenlinie des Körpers vorausgehen.

Es gibt nur zwei Methoden, mit denen sich eine völlige Verlagerung des Gewichts erreichen läßt (vergleiche dies mit den Fußtechniken):
1. Eine schnelle Drehung der Hüfte, wodurch Hüfte und Schulter in ihrer Bewegung dem Arm vorgehen.
2. Eine volle Drehung des Körpers, wodurch das Gewicht von einem Bein aufs andere verlagert wird.

Die Drehung der Hüfte ist schneller und leichter zu lernen. Sie ist die Grundlage beim Erlernen der Schlagtechniken.

Schlagen bedeutet nicht Stoßen. Das richtige Schlagen läßt sich mit dem Schnappen einer Peitsche vergleichen – die gesamte Energie wird langsam angesammelt und dann plötzlich mit gewaltiger Kraft freigesetzt. Beim Stoßen ist es genau umgekehrt. Hier ist die Kraft zu Anfang des Schlags vorhanden und verringert sich dann allmählich, wenn der Arm vom Körper weggeführt wird. Beim richtigen Schlagen befinden sich die Beine immer direkt unter dem Körper. Beim Stoßen befindet sich der Körper oft außer Gleichgewicht, da die Kraft des Schlags nicht durch ein Eindrehen des Körpers erzeugt wird, sondern durch ein Schieben mit dem hinteren Bein.

Beim Schlagen kommt die Kraft von einer schnellen Drehung der Hüfte. Diese Bewegung erfolgt als ein einfaches Eindrehen über dem Führungsbein und nicht als eine Hin- und Herbewegung. Solange diese gerade Linie aufrechterhalten wird, solange die Hüften entspannt und in ihrer Bewegung frei sind, solange die Schultern nicht angespannt und über die Mittenlinie des Körpers gedreht sind, bevor die Arme herausgebracht werden, wird Kraft erzeugt und das Schlagen wird zu einer Kunst.

Wenn die gerade Linie der Führungsseite des Körpers einmal unterbrochen ist, kommt es zu einem Verlust an Kraft, da die gerade Führungsseite des Körpers der Dreh- und Angelpunkt, das Gelenk ist, wodurch die größtmögliche Kraft erzeugt wird. Die zu erreichende Kraft ist so groß, daß ein Könner mit ihrer Hilfe einen Niederschlag erzielen kann, ohne daß er einen einzigen Schritt nach vorne macht oder sich merklich anstrengt.

Achte insbesondere auf die Entwicklung von »entspannter Spannung«. Wenn man sich verkrampft, verliert man die Flexibilität und das Timing, die für gute Schläge so entscheidend sind. Deshalb sollte man jederzeit entspannt sein und immer daran denken, daß ein gutes Timing das Hauptwerkzeug für einen wirksamen Treffer ist.

Schläge sollten bei ihrer Ausführung nicht angespannt werden. Sie werden mit einem gut ausgerichteten Unterarm und lockeren Schultern gemacht. Erst kurz vor dem Auftreffen sollte der Arm gespannt werden, wodurch er sich auch leichter wieder in die richtige Lage zurückbringen läßt.

Die Oberseite der Schulter sollte auf der gleichen Ebene wie der Zielpunkt liegen. So muß man manchmal auf den Fußballen stehen, wenn man bei einem großen Gegner einen Kopftreffer anbringen will, um so die eigene Schulter auf die Höhe seines Kinns zu bringen. Bei einem Schlag zur Magengrube werden die Knie so gebeugt, daß die eigenen Schultern auf Höhe der Magengrube des Gegners liegen.

Achte immer darauf, über Beine, Hüfte und Rücken Kraft vom Boden aufzunehmen. Drehe alle deine Muskeln in den Schlag (vermeide gleichzeitig alle unnötigen Bewegungen) und schlage »durch den Gegner hindurch«. Drücke vom Boden her nach.

Wenn beim Schlagen die Eindrehachse durch den Körper verläuft, dann sollte man auf den Ballen beider Füße eindrehen. Die Faust kommt dann gerade aus der Mitte und hat die ganze Kraft des einen oder des anderen Beins hinter sich. Manchmal ist es hierzu nötig, einen schnellen, wenige Zentimeter weiten Satz zu machen.

Je nach Stellung und nach der Zeit, die einem zum Schlagen der rechten Führungshand bleibt, kann man eventuell mit dem linken Fuß (Vorsicht! Fußtritte!) einen kurzen Schritt (nur wenige Zentimeter) nach links machen. Dadurch kann man noch mehr Kraft hinter einen Schlag setzen, vor allem bei größerer Distanz.

Das Timing des Schlages ist am besten, wenn der Gegner nach vorne geht.

Achte darauf, daß beim Vorwärtsgehen nicht zuerst der Fuß aufgesetzt wird, da sonst das Körpergewicht nicht hinter den Schlag gesetzt wird, sondern am Boden bleibt. Hierzu sollte die Ferse geringfügig angehoben sein und nach außen zeigen.

Die Beine sollten immer leicht angewinkelt sein, um so die starken Oberschenkelmuskeln ins Spiel bringen zu können (wie eine Feder), insbesondere beim Angriff.

Der Schritt sollte lang genug sein, um das Ziel zu erreichen, und man sollte geringfügig »durch den Gegner« hindurchschlagen. Setze deine gesamte Reichweite ein!

Um erfolgreich zu sein, müssen der gerade Schlag und der Vorwärtsschritt (oder Sprung) eine einzige, aufeinander abgestimmte Bewegung sein.

Beim Vorwärtsgehen sollte der Kopf leicht nach rechts bewegt werden.

Bemühe dich, niemals zu blinzeln oder die Augen zu schließen, sondern den Gegner immer aufmerksam zu beobachten. Decke dein Kinn immer gut mit der Schulter.

Achte auf die »gedeckte Linie« (nach innen oder außen) und die zusätzliche Deckung, die immer zur Deckung der »ungedeckten Linie« vorhanden sein muß.

Halte die hintere Hand immer oben! Halte die hintere Hand immer für eine Nachfolgetechnik bereit.

Durchziehen

Es gibt verschiedene Methoden, Kraft anzuwenden, die man alle kennen und verwenden sollte.

Mit Durchziehen bezeichnet man im allgemeinen die Weiterführung einer Bewegung oder Beschleunigung vom Moment des Auftreffens an bis zur plötzlichen Rücknahme des Kontakts. Der Schlag sollte auf seinem Weg an Geschwindigkeit zunehmen und bei seinem Auftreffen genügend Triebkraft aufweisen, um glatt durch das Ziel hindurchzugehen. Deshalb sollte man nicht einfach nur versuchen, den Gegner zu treffen, sondern durch ihn »hindurchzuschlagen«. Dies sollte jedoch nicht zum »Anlehnen« führen.

Sei immer entschlossen, mit jedem Gramm deines Körpers und mit größtmöglicher geistiger Entschlossenheit so hart wie möglich zu schlagen. Sei immer entschlossen und stelle dir vor, daß dein Schlag immer härter und härter wird, wenn er durch den Gegner hindurchgeht.

Einem Boxsportler wird z. B. beigebracht, durch den Gegner »hindurchzuschlagen« – die Triebkraft einer Bewegung beim Kontakt beizubehalten oder zu steigern, so daß der »explosive Stoß« weitergeht und die Stellung des Gegners deutlicher verändert.

Das Schnappen mit dem Handgelenk im letzten Augenblick stellt ein Beschleunigen im letzten Moment dar, das buchstäblich in das Ziel hineingeht. Anstatt beim Durchziehen allmählich nachzulassen, muß ein Kämpfer auf dem Höhepunkt seine Hände genau so schnell wieder zurücknehmen wie er sie herausgebracht hat. Ein Drehen der Hüfte ist für die Beschleunigung im letzten Moment genau so nützlich wie für die Zurücknahme der Technik.

Gerade Führungshand zum Körper

Eine gerade Führungshand zum Körper ist eine wirksame Waffe, die dazu dient, den Gegner zu stören und seine Deckung nach unten zu bringen (wie die vorangehende angetäuschte hohe Führungshand).

Ein Schlag zum Körper ist normalerweise kein harter Schlag, er kann jedoch Schmerzen verursachen, wenn er auf den Solar Plexus gerichtet wird. Es ist wichtig, daß der Arm durch eine Bewegung des Körpers unterstützt wird. Ein Schlag zum Körper wird wirkungsvoller und sicherer, wenn man dabei mit seiner Schulter auf die Ebene des Ziels geht.

Laß den Körper aus der Hüfte nach vorne fallen. Das vordere Bein sollte nur geringfügig gebeugt sein, während das hintere Bein stärker gebeugt wird. Beim Fallen des Körpers dann den Führungsarm kraftvoll nach vorne zum Solar Plexus des Gegners schlagen. Der Schlag ist leicht nach oben, jedoch niemals nach unten gerichtet. Die hintere Hand wird hoch vor dem Körper geführt, um gegen Haken des Gegners gewappnet zu sein. Den Kopf nach unten halten, so daß nur die Stirn sichtbar ist und durch den schlagenden Arm geschützt wird.

Um den Gegner mit einer geraden rechten Führungshand zum Körper zu treffen, ist es vorteilhaft, wenn man zuerst mit der linken Hand einen Schlag zum Kopf antäuscht, indem man die Linke kurz und schnell herausbringt. Dies kann noch durch eine Bewegung des linken Fußes unterstützt werden (ihn aber immer noch hinten halten), wobei man sich gleichzeitig etwas nach links beugt. Man ist dadurch so gut wie vor allen Gefahren geschützt. Die folgende Rechte ist dann sehr wirksam und nur schwer abzuwehren. Außerdem ist man zusätzlich noch in der Lage, mit der Linken den Gegner am Kopf zu treffen.

Trainingshilfen

Wenn man aus einer festen Bewegungsfolge in eine Boxstellung übergeht, dann ist es sehr wichtig, daß man in den ersten paar Sekunden auf den Fußballen tänzelt, um damit die Beinarbeit zu üben und sich zu entspannen, bevor man wieder in die feste Bewegungsfolge geht. Durch diese Methode läßt sich gut der tatsächliche Kampf innerhalb einer festen Übung simulieren.

Das ganze Geheimnis hinter einem wirksamen Schlag liegt im Timing, das natürlich mit Zielgenauigkeit koordiniert sein muß. Übe deine Zielgenauigkeit an einem aufgehängten kleinen Ball.

Versuche die Führungshand in einer schnellen Folge von Schlägen herauszubringen, wobei der Arm nach jedem Schlag nur so weit zurückgenommen werden sollte, daß der folgende Schlag mit voller Kraft durchgeführt werden kann.

Lerne die Schläge aus einer Vielzahl von Winkeln wirtschaftlich schlagen zu können und vergrößere hierbei allmählich die Distanz.

Ein wichtiger Punkt: Bei allen Handtechniken bewegt sich zuerst die Hand, und dann erst der Fuß. Achte immer darauf – Hand vor Fuß.

Abwehr gegen eine gerade Führungshand

Im Folgenden werden Beispiele für eine Abwehr gegen eine gerade Führungshand gegeben, wenn man selbst mit dem rechten Fuß nach vorne steht:

● Die linke Hand in »Vorausahnung« der Führungshand bereithalten. Sie ist bereits geöffnet, wird etwas höher gehalten als normalerweise und kreist in kontrollierten Bewegungen vor dem Körper. Dann kommt plötzlich die Führungshand des Gegners zum Kopf. Etwas nach links lehnen und fest und schnell mit der linken Hand gegen Handgelenk oder Arm des Gegners schlagen – auf diese Weise läßt sich selbst der härteste Schlag ohne Kraftaufwand abwehren. Nicht vergessen, die sich beim Gegner bietende Öffnung auszunutzen und eine harte Gerade zum Körper oder Gesicht schlagen. Der Gegner ist nach der

Abwehr nämlich ungeschützt und aus dem Gleichgewicht.
● Neige dich nach links, gehe mit dem rechten Fuß etwas nach vorne und schlage mit Rechts hart zum Körper (oder zum Gesicht) des Gegners.
● Neige dich nach rechts, gehe mit dem rechten Fuß etwas nach vorne und schlage mit Links hart zum Körper (oder bei einem Kreuzkonter zum Kopf) des Gegners.
● Dann mit einem Nachfolgeschlag vor- und zurückschnappen.

Ein Schlag mit der Führungshand sollte immer so beendet werden, daß man sofort wieder in die richtige Kampfstellung zurückkommen kann.

Variiere die Geraden mit der Führungshand zum Kopf und Körper.

Stich mit der Führungshand

Der Stich mit der Führungshand ist wie ein blitzartig ausgestreckter Fühler. Er ist die Grundlage aller anderen Schläge, ein lockerer, leichter »Stachel«. Er entspricht eher einer Peitsche als einem Schlagstock. Muhammad Ali verglich ihn einmal mit dem Schlagen einer Fliegenpatsche nach einer Fliege.

Der große Vorteil des Stichs mit der Führungshand ist, daß das Körpergleichgewicht nicht gestört wird und er gleichzeitig bei Angriff und Verteidigung gebraucht werden kann. Beim Angriff dient er dazu, den Gegner nie sein Gleichgewicht finden zu lassen und somit den Weg für schwerere Schläge zu bereiten. Wenn er zur Verteidigung eingesetzt wird, läßt sich ein Angriff damit stoppen oder wirksam begegnen. Man kann oft genau in dem Moment einen plötzlichen und störenden Stich zum Gesicht des Gegners führen, wenn dieser gerade einen schweren Schlag einleiten will. Beim richtigen Einsatz ist er das Kennzeichen eines jeden guten Kämpfers, der eher mit Strategie als mit Kraft kämpft. Der Stich mit der Führungshand erfordert Fertigkeit und Feinheit, ebenso wie Schnelligkeit und Täuschungsvermögen (unterbrochener Rhythmus). Denke immer daran, daß nichts schlechter ist als ein langsamer Stich, derjenige ausgenommen, bei dem die Bewegung »telegraphiert« ist.

Es ist sehr wichtig, nach der Ausführung eines Stichs mit der Führungshand die Faust sofort wieder in ihre Wachsamkeitsstellung zurückzunehmen, wo sie sich für einen weiteren Schlag oder den Konter des Gegners bereithält.

Der Stich wird geschnappt anstatt gestoßen und sollte hoch wieder zurückgeführt werden und dann hoch bleiben, um einen Konter der hinteren Hand des Gegners zu stören. Anstatt die Arme zurückzuziehen, entspannen sich diese einfach und »sinken« zum Körper zurück. Die Rücknahme ist genauso wichtig wie die Ausführung.

Beim Auftreffen des Stichs wird das Kinn nach unten genommen und hinter der Schulter als Deckung verborgen.

Bei allen Arten von Schlägen, einschließlich des Stichs mit der Führungshand, liegt die Kraft außerhalb des Körpers. Die Bewegung beim Stich mit der Führungshand sollte eine beständige Drehbewegung aus der Schulter sein.

Oft empfiehlt es sich, mehr als nur einen Stich mit der Führungshand auszuführen. Der zweite Schlag hat eine sehr gute Treffchance (unter der Voraussetzung, daß der erste mit äußerster Wirtschaftlichkeit abgegeben wurde) und kann auch dazu dienen, den ersten Schlag abzudecken, falls dieser sein Ziel verfehlt hat. Natürlich kann man so viele Schläge ausführen wie man will.

Übe den Stich mit der Führungshand so lange, bis er eine leichte, einfache und natürliche Bewegung wird. Schulter und Arm sollten hierbei immer entspannt und bereit sein. Es ist ein langes und sorgfältiges Training nötig, um diese Bewegung zu einem Automatismus zu machen und um Schnelligkeit und Kraft ohne sichtliche Kraftanstrengung zu erreichen. Hierbei sollte das Hauptgewicht auf Genauigkeit liegen. Je gerader die Ausführung des Stichs, desto besser.

Wenn man nicht Kopf oder Körper des Gegners treffen kann, sollte man auf seinen Bizeps schlagen.

Der Stich mit der Führungshand läßt sich auch bei geschlossener Faust wirkungsvoll einsetzen, um den Gegner in Abwehr von sich wegzudrücken.

Halte den Gegner in der Defensive und steigere beständig das Tempo. Laß ihm keine Ruhepause.

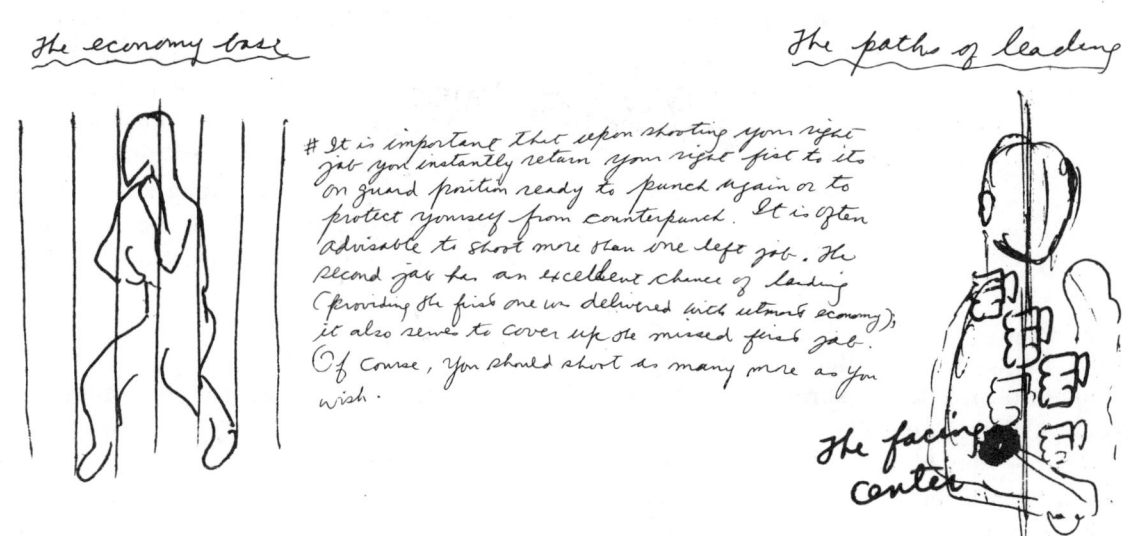

97

Fingerstich mit der Führungshand

Wie der Säbel eines Fechters, der immer in Position ist, so stellt der Fingerstich mit der Führungshand eine konstante Bedrohung des Gegners dar. Man könnte ihn als Fechten ohne Säbel bezeichnen, wobei die Augen des Gegners der Hauptzielpunkt sind.

Der Fingerstich mit der Führungshand ist die Handtechnik mit der größten Reichweite und Schnelligkeit, da für sie nur wenig Kraftaufwand erforderlich ist. Für einen Fingerstich zu den Augen braucht man keine Kraft. Beim wirkungsvollen Einsatz des Fingerstichs kommt es mehr darauf an, eine sich bietende Gelegenheit mit Genauigkeit und Schnelligkeit auszunutzen. So sollte der Fingerstich wie alle Handtechniken ohne irgendwelche zusätzlichen Bewegungen aus der Bereitschaftsstellung heraus eingeleitet werden. Wie ein geölter Blitz beginnt er aus der Bereitschaftsstellung und wird wieder zurückgeführt. Wie bei einer Kobra sollte der Fingerstich nicht gesehen, sondern gespürt werden.

Man sollte in der Lage sein, den Fingerstich einzeln oder in Kombinationen herauszuschnappen (nicht stoßen). Wenn man nicht schon von Natur aus sehr schnell ist, dann gelingt es dem Gegner oft, den Fingerstich wirkungslos zu machen. Wenn man auf den ersten Fingerstich jedoch sofort einen zweiten folgen läßt, dann ergibt sich eine wesentlich größere Treffchance. Der Fingerstich mit der Führungshand ist, insbesondere bei der Selbstverteidigung, eine der wirksamsten Waffen und sollte daher zu höchster Perfektion entwickelt werden.

Wegen der Tatsache, daß beim Fingerstich eher eine blitzartige Schockkraft als eine Stoßkraft eingesetzt wird, ist der Fingerstich ebenfalls einer Fliegenpatsche sehr ähnlich. Hierbei kommt es sehr auf Genauigkeit an. Wähle dein Ziel in der Bewegung aus und »feuere« den Fingerstich ab. Nimm ihn dann gleich wieder zurück, um für Nachfolgetechniken bereit zu sein.

Trainingshilfen

Der Fingerstich sollte nur dann geübt werden, wenn man ganz frisch ist. Andernfalls ersetzt man feine Bewegungen durch grobe und zielgerichtete Anstrengungen durch allgemeine. Deshalb sollte ein Ausdauertraining erst nach dem »Feinheitentraining« ausgeführt werden.

1. »A« und »B« stehen sich in der Bereitschaftsstellung gegenüber.
2. »A« kommt mit einem tiefen Schienbeintritt nach vorne. Dies dient hauptsächlich als Täuschungsmanöver, um den Gegner durcheinanderzubringen und um seine Reaktionszeit zu verlängern. Damit kann man auch einen möglichen Tritt schon im Ansatz unterbinden.
3. Sobald die Distanz überbrückt ist und kurz bevor der vordere Fuß von »A« neben den Fuß von »B« aufgesetzt wird, schnellt »A« mit einem Fingerstich gerade wie ein Pfeil durch die nun offene Deckung von »B«.

Lies die Beschreibung der Geraden mit der Führungshand noch einmal durch.

Gerader Fauststoß mit der hinteren Hand zum Körper.

Der gerade Fauststoß mit der hinteren Hand ist ein sehr kraftvoller Schlag und wird entweder als Konter oder nach einer vorausgehenden Täuschung mit der Führungshand eingesetzt. Wie beim Stich mit der Führungshand zum Körper folgt der Körper dem Schlag (achte auf eine gute Verteidigungsstellung – Vorsicht vor einem Konter mit Hammerschlag), obwohl sich zusätzliche Kraft noch durch ein Eindrehen über dem Führungsbein erzielen läßt. (Untersuche den Unterschied zwischen den beiden Möglichkeiten.) Dieser Schlag kann sehr gut dazu verwendet werden, die Deckung des Gegners nach unten zu ziehen und eignet sich auch sehr gut gegen große Gegner.

Dieser Schlag sollte häufiger eingesetzt werden. Bei richtigem Timing und richtiger Ausführung ist dieser Schlag äußerst wirksam und ziemlich sicher, da man sich bei der Ausführung etwas nach unten bewegt und so Konter mit dem ganzen Arm vermeiden kann. Es bieten sich sehr häufig Einsatzmöglichkeiten für diesen Schlag, da er einer der besten Konter auf die entsprechende Führungshand des Gegners ist, durch die eine Körperseite ungedeckt bleibt.

Die vordere Hand befindet sich oben und ist offen, mit nach unten gerichtetem Ellenbogen, wodurch ein Schutz gegen die hintere Hand des Gegners erreicht wird. Der Kopf liegt auf der Linie des schlagenden Arms und ist somit gut geschützt.

Dieser Schlag sollte oft gegen einen Gegner eingesetzt werden, der sein Gesicht mit der hinteren Hand schützt, wenn er mit der Führungshand einen Schlag zum Kopf ausführt.

Während man beim Kinn nur eine sehr kleine Trefffläche hat, ist diese beim Körper sehr groß. Außerdem ist der Körper weniger beweglich.

Ausführung einer Geraden mit der hinteren Hand zum Körper: Täusche mit der Führungshand zum Kopf an und provoziere damit die Führungshand des Gegners, einen Konter auf das Täuschungsmanöver zu schlagen, oder warte eine andere Gelegenheit ab, wenn der Gegner seine Führungshand herausbringt.

Abstoppen eines geraden Fauststoßes mit der hinteren Hand zum Körper: Einfach den Unterarm vor den Körper pressen. Gleichzeitig die vordere Schulter heben, um den Schlag zum Körper nicht zu einem Doppelschlag – »Schleifenschlag« – werden zu lassen.

Cross mit der hinteren Hand

Bei der Wachsamkeitsstellung steht die hintere Faust etwas vor dem Kinn und wenige Zentimeter vor der Brust. Wenn man mit der Führungshand schlägt, dann wird die hintere Faust durch die Hüftdrehung wenige Zentimeter aus der Wachsamkeitsstellung in eine Stellung nach hinten verlagert, aus

der heraus sich ohne »Telegraphieren« oder Zurückziehen der Faust einer der härtesten Schläge schlagen läßt, nämlich der Cross mit der hinteren Hand.

In der Ausführung ist der Cross mit der hinteren Hand dem Stich mit der Führungshand sehr ähnlich, indem er in genau gerader Linie geschlagen wird. Der Cross mit der hinteren Hand ist jedoch viel härter und die Hüftdrehung ist wesentlich stärker.

Bei jedem kraftvollen Schlag muß die Anordnung der Knochen so sein, daß sie eine gerade Körperseite oder Linie bilden, wodurch das Körpergewicht getragen wird, um damit die Muskeln freizumachen, die andere Körperseite nach vorne zu beschleunigen und ein Höchstmaß an Kraft zu erzeugen. Eine Seite des Körpers muß immer eine gerade Linie bilden.

Es ist sehr wichtig, daß sich hintere Schulter und hintere Ferse als Einheit drehen. Dies wird durch die einfache Verlagerung des Körpergewichts über dem geraden Führungsbein erreicht, wobei die Führungsseite des Körpers als Drehpunkt wirkt und dadurch die andere Seite frei wird, eine kraftvolle Drehung oder explosionsartige Wendung ausführen zu können. Man könnte sich etwa das Zuschlagen einer Tür vorstellen.

Das Gewicht sollte anfangs auf dem Ballen des hinteren Fußes liegen. Wenn dann die hintere Faust nach vorne gebracht wird, wird eingedreht und die hintere Schulter kommt mit in den Schlag hinein. Das Eindrehen erfolgt in der Hüfte, das Körpergewicht wird nach vorne in den Schlag gebracht und kurz vor Auftreffen des Schlags schließlich auf den Führungsfuß verlagert. Der hintere Fuß wird ebenfalls ein paar Zentimeter nach vorne in Schlagrichtung bewegt, während die Führungshand beim Eindrehen des Körpers zurückgenommen wird.

Denke immer daran, daß das Geheimnis der Kraft beim geraden Cross (oder Stoß) mit der hinteren Hand darin liegt, daß die Führungsseite des Körpers als Gelenk dient und damit der hinteren Seite freie Bewegungsmöglichkeit gibt.

Der Schlag sollte locker und leicht geführt werden. Zu Beginn des Schlages den Arm nicht verkrampfen – die Muskeln erst genau in dem Moment anspannen, in dem der Schlag auftrifft. Dabei ebenso im letzten Moment die Faust anspannen und ballen, um mit einem letzten Ausbruch von Energie durch den Gegner hindurchzuschlagen. Die Kraft des Schlags hängt von Schnelligkeit und Timing ab, die genau auf den Gegner abgestimmt sind. Hierbei sollte man nicht vergessen, mit dem hinteren Bein nachzudrücken.

Man sollte immer auf gute Deckung achten und die Hände oben lassen; insbesondere sollte man beim Schlagen mit der Führungshand nicht die hintere Hand nach unten sinken lassen. Schläge gehen von der Stellung aus, in der sich die Hände gerade befinden. Der Beginn erfolgt normalerweise ohne zusätzliche vorbereitende Bewegungen, ohne Anheben oder Zurückziehen aus der Wachsamkeitsstellung heraus. Die Schulter wird zum Schutz vor das Kinn genommen und das Kinn unten gehalten. Die hintere Hand wird aus ihrer Ruhestellung an der Brust oder am Körper »abgefeuert«; sie beginnt normalerweise auf Höhe der hinteren Schulter.

Wenn der hintere Arm nach vorne geführt wird, dann wird der Führungsarm zur Deckung nahe der Führungsseite gehalten. Dies dient nicht nur zur Abwehr eines zu erwartenden Konters, sondern aus dieser Stellung heraus läßt sich auch leicht eine zweite Nachfolgetechnik schlagen. Achte immer darauf: Eine Hand »draußen« – eine Hand »drinnen«. Diese Bewegung muß so lange geübt werden, bis sie leicht, schnell und genau ausgeführt werden kann. Der Arm sollte mit einer derartigen schnappenden Kraft nach vorne geschnellt werden, daß man den Eindruck hat, daß er aus dem Gelenk gerissen wird. Auch hier gilt wieder, daß der Schlag nicht auf das Ziel auftrifft, sondern durch es »hindurchschlägt«. Der Arm wird dann danach wieder entspannt in die Wachsamkeitsstellung geführt.

Man darf nicht zögern, wenn man einen Cross mit der hinteren Hand schlagen will. Sobald sich eine Lücke in der Deckung des Gegners bietet, sollte man entschlossen und ohne groß zu zögern einen Cross schlagen.

Da der Cross mit der hinteren Hand ein Schlag mit langer Reichweite ist, muß er, um wirksam zu sein, schnurgerade, blitzschnell und ohne Warnung geschlagen werden. Der wichtigste Punkt bei der Ausführung ist, daß man den Cross so schnell schlagen kann, daß er schon im Ziel ist, bevor es der Gegner überhaupt merkt. Außerdem muß man bei einem Cross mit der hinteren Hand sehr genau sein – bei weitem genauer als bei einem Schlag mit der Führungshand – und je gerader der Cross geschlagen wird, desto genauer und explosiver wird er.

Man kann nach Schlagen eines Cross keinen Schlag mit der Führungshand mehr ausführen, falls man nicht im richtigen Gleichgewicht ist. Dies ist sehr wichtig, denn wenn sich der Gegner zur Vermeidung des Cross abduckt, dann kommt man am schnellsten wieder in eine ungefährdete Stellung zurück, wenn man mit der Führungshand einen Schlag ausführt, was jedoch nur möglich ist, wenn man sich im genau richtigen Gleichgewicht befindet. Wenn man in diesen so wichtigen Sekundenbruchteilen versucht, falsche Beinarbeit zu korrigieren, dann kann es vorkommen, daß man sich auf dem Boden wiederfindet.

Der Cross mit der hinteren Hand ist ein schwieriger Schlag, da die hintere Hand einen größeren Weg zurücklegen muß und sich bei einem Verfehlen des Ziels für den Gegner eine Lücke ergibt. Versuche die beiden oben erwähnten Unsicherheitsmomente zu beseitigen und somit den Cross mit der hinteren Hand perfekt zu machen – Einleitung ohne Vorankündigung, schnelle Rücknahme.

In der Rechts-Vorwärtsstellung

Nachdem man mit Rechts zuerst einen Schlag ausgeführt hat, wird man normalerweise mit Links folgen (1-2).

Immer die rechte Hand bewegen und sie niemals unbeweglich halten. Laß sie wie die Zunge einer zum Zustoßen bereiten Schlange heraus- und hereinzügeln. Vor allem aber ist es wichtig, den Gegner immer zu bedrohen und nicht zur Ruhe kommen zu lassen.

Schlage die Rechte heraus und führe gleichzeitig mit dem rechten Fuß einen Ausfallschritt durch. Bevor sie ihr Ziel erreicht (die Sicht des Gegners zu stören), die linke Faust herausschlagen (ohne sie auch nur geringfügig zurückzunehmen) und mit dem linken Bein als Drehpunkt den Körper nach rechts eindrehen. Beim Eindrehen so viel wie möglich Stoß- und Schnappkraft auf der linken Seite des Körpers erzeugen, die vom Fuß beginnend, sich über Beine und Hüfte fortsetzt und schließlich an der linken Schulter die maximale Schnappkraft erhält. Diese Kraft wird noch durch die Koordination des gesamten Körpers beim »Durchschlagen« verstärkt. Immer auf das Gleichgewicht achten.

Man muß wissen, daß der Fauststoß mit Links (oder mit der hinteren Hand) oft als Konter eingesetzt wird. Manchmal empfiehlt es sich, den Gegner durch ein Täuschungsmanöver dazu zu veranlassen, seine Führungshand herauszuschlagen, um dann die Linke als Konter schlagen zu können. Hierbei wird der Konter schnurgerade ausgeführt, während der Gegner mit der Führungshand zum Gesicht schlägt. Man taucht in die rechte Führungshand des Gegners hinein, läßt sie über die linke Schulter abgleiten und schlägt dann die linke Hand als Konter, während man gleichzeitig auf die Linke des Gegners achtet oder diese mit der rechten abstoppt. Der Kopf muß hierbei nach vorne abgeduckt und nach links geneigt sein, um die rechte Führungshand des Gegners zu vermeiden (ihn immer genau beobachten!). Das Abducken sollte jedoch nur sehr geringfügig sein, gerade ausreichend, um Treffer zu vermeiden. Die meist hinten oben gehaltene linke Hand sollte gerade den Ellenbogen des Gegners berühren, bevor er mit seiner Führungshand herauskommt. Das Eindrehen des Körpers über die Hüften von links nach rechts sollte noch durch ein Zurückreißen des rechten Ellenbogens und der rechten Schulter unterstützt werden.

Dieser Schlag trifft den Gegner meist beim Vorwärtsgehen und landet am Kinnwinkel. Man sollte jedoch nicht immer zum Kopf schlagen. Ebenso

kann man auf die Mittenlinie des Gegners schlagen und durch ihn hindurch.

Versuche eine Linke zum Magen, dann einen linken Cross. Versuche zum richtigen Timing der linken Geraden zwei Schläge mit der rechten Führungshand.

Bewege dich manchmal etwas mehr nach rechts und schlage die linke Gerade innerhalb des Armes des Gegners mit einer leichten Aufwärtsbewegung durch.

Beim Zurückgehen die linke Schulter zum Schutz gegen den linken Cross eines Gegners in Rechts-Vorwärtsstellung oben lassen, ebenso gegen einen Haken mit der Führungshand eines Gegners in Links-Vorwärtsstellung.

Nahkampf – Klein gegen Groß

Die Hände oben halten und die Ellenbogen nahe am Körper lassen. Hin- und herpendeln, von Seite zu Seite bewegen und abducken. Schätze die Schläge der Führungshand des Gegners ab – weiche ihnen aus und gehe durch Abducken, Ausweichen, Täuschen oder Unbeweglichmachen der Hände des Gegners in seine Schläge hinein. Hierbei ist eine kurze gerade Linke besser als eine harte »telegraphierte«. Die Gelegenheit hierfür bietet sich jedoch immer nur sehr kurzzeitig – aus diesem Grund die kurze schnelle Linke anstatt der harten kreisförmigen Linken.

Versuche immer, ein Ziel in mittlerer Reichweite (Kopf oder Körper) mit geraden Schlägen festzunageln. Wenn der Gegner jedoch diese geraden Schläge abwehrt, kontert oder ausweicht, kann man auf dieser mittleren Distanz Haken versuchen.

Fig. A Fig. B Fig C

Fig D Fig E

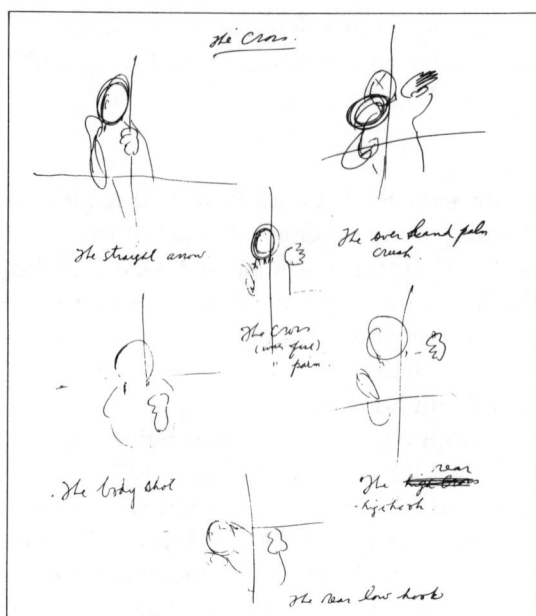

Ziehe bei einem Gegner Vorteile, der seinen Haken bei der Ausführung fallen läßt oder ihn in zu weitem Bogen führt. Man sollte sofort mit einer harten linken Gerade beginnen, sobald sich die Schulter des Gegners senkt oder er den zu weiten Bogen einleitet.

Die über die Führungshand geschlagene Linke wird oft von kleineren Kämpfern gegen größere Gegner eingesetzt. Sie wird in einer Kreisbewegung zum Kopf des Gegners gebracht. Die Bewegung muß aus der Schulter heraus erfolgen. Variiere sie mit einem inneren Handflächenschlag.

Ein Haken ist als Konter geschlagen wirksamer. Seine Bewegung ist niemals weit oder in Schleifen. Er ist eher ein lockerer, leichter und geschnappter Schlag. Denke immer daran, daß der Drehpunkt sehr wichtig ist; außerdem kommt es auf die Beinarbeit an.

Vermeide es, einen Schlag anzukündigen (»telegraphieren«)! Beginne und beende den Schlag in der Bereitschaftsstellung. Um den Gegner wirksam täuschen zu können, muß der Schlag aus der Wachsamkeitsstellung heraus geführt werden. Die Hand wird niemals zurückgezogen oder abgesenkt. Um das richtige Gefühl für die Distanz und die Hebelverhältnisse zu bekommen, sollte man zuerst einen Stich oder Täuschungsschlag machen.

Bei einem Haken mit der Führungshand sollte man immer die hintere Hand als Schutz hoch vors Gesicht halten. Die Rippen dieser Körperseite werden durch den hinteren Ellenbogen geschützt.

Der Haken läßt sich am besten am kleinen Schlagsack üben. Versuche, den Haken explosionsartig herauszubringen, ohne den Körper außer Position zu bringen und dabei noch für weitere Folgeschläge bereit zu sein.

Haken mit der Führungshand

Je vielseitiger ein Kämpfer ist – je wachsamer geistig und je beweglicher körperlich – desto leichter fällt es ihm, aus den unmöglichsten Winkeln die ungewöhnlichsten Schläge führen zu können.

Der Haken mit der Führungshand sollte wohl überlegt eingesetzt werden. Er ist am wirksamsten, wenn man in den Gegner hineingeht oder beim Zurückgehen. Ebenso nützlich ist er bei zu weit gezogenen Geraden oder gegen Schwinger.

Wenn sich der Gegner in der gleichen Stellung befindet, dann wird der Haken mit der Führungshand oft dann geschlagen, wenn dieser seine hintere Handdeckung absenkt oder einen Stich mit der Führungshand ausgeführt hat.

Gegen einen guten Abwehrkämpfer ist der Haken mit der Führungshand oft die einzige Möglichkeit, seine Deckung zu durchdringen oder ihn dazu zu zwingen, seine Deckung zu ändern, so daß man Öffnungen für andere Arten von Schlägen findet.

Der Haken mit der Führungshand kann als Führung verwendet werden, wenn der Gegner aus irgendeinem Grund die Fähigkeit zum Ausweichen verloren hat. Dieser Schlag ist jedoch bei einer Ausführung als Konter oder Nachfolgetechnik wirksamer, da er im Grunde eine Waffe für den Nahbereich ist – wenn der Gegner auf einen zukommt. Versuche deshalb zuerst eine gerade Führungshand oder irgendeine andere Vorbereitung. Eine gute Art und Weise, den Haken mit der Führungshand kraftvoll einzusetzen ist, einen Cross mit der hinteren Hand anzutäuschen. Wechsle die Schläge immer ab: hoch/tief oder tief/hoch, einzeln oder in Kombinationen. Stichschläge und Täuschungsschläge (mit Vorgehen) sind ein gutes Mittel, um sich auf die Distanz einzuspielen.

Der Körper ist im Vergleich zum Kinn das bei weitem leichtere Ziel, da er eine viel größere Trefffläche bietet und weniger beweglich ist. Ebenso stellt der Unterleib ein gutes Ziel dar, weil er sicherlich schwerer zu decken ist als das Kinn.

Ein aus der Nähe geschlagener Haken ist wirksamer. Täusche zum Kopf an, und komme dann mit dem Führungsfuß in einem blitzartigen Schritt nach vorne und schlage dabei den Haken mit der Führungshand zu Magen, Rippen, Unterleib oder welches Ziel gerade am nächsten ist. Gleichzeitig sollte man sich in die entgegengesetzte Richtung abducken, aus der der Haken kam. Dabei muß man mit dem vorderen Knie einknicken, um die Schulter so nah wie möglich (möglichst auf gleiche Ebene) an das Ziel zu bringen. Um das Gleichgewicht zu wahren, sollten die Zehen des hinteren Fußes nach außen gedreht werden. Immer die hintere Deckungshand hochhalten.

Ein Haken läßt sich gut mit einem Seitwärtsschritt kombinieren, da man sich bereits seitwärts bewegt und sich diese Bewegung in diesem Moment als natürliche Fortsetzung anbietet. Ebenso läßt sich natürlich ein Gegner leicht mit einem Haken treffen, wenn er sich gerade seitwärts bewegen will. Denke immer daran, daß der Schlag doppelt hart wird, wenn er den Gegner trifft, wenn dieser nach vorne kommt. Achte jedoch immer darauf, daß die hintere Deckungshand beim Schlagen oben bleibt!

Nach Mills gibt es mindestens zwei Methoden, mit der Führungshand einen Haken zu schlagen:

● Der lange Haken mit der Führungshand: Zuerst mit einer Geraden zum Gesicht des Gegners stechen und sofort mit dem Haken nachfolgen. (Untersuche die Gewichtsverlagerung beim Angreifen und Kontern – wenn man nach vorne kommt und dann das Gewicht wieder auf das hintere Bein verlagert.)
● Der kurze Haken mit der Führungshand: Die Ausführung erfolgt aus der Wachsamkeitsstellung heraus, wobei der Ellenbogen näher an der Seite des Körpers liegt. (Beim Kontern das Gewicht von vorne nach hinten verlagern.)

Um den Gegner besser täuschen zu können, muß der Haken mit der Führungshand aus der Wachsamkeitsstellung heraus eingeleitet werden.

Führe immer Stich- oder Täuschungsschläge aus, um den Gegner auf Distanz zu halten. So kann man z. B. zur Vorbereitung eines Hakens einen Cross antäuschen, der aber nicht zu weit geführt werden sollte. Die meisten Kämpfer ziehen ihre Hand zu weit zurück, bevor sie den Haken schlagen. Versuche deine Hand nicht zurückzuziehen oder abzusenken. Bei diesem Schlag läßt sich genügend Kraft erzeugen ohne daß man die Hand weit zurücknimmt. Ein Großteil der »Explosionskraft« kommt bei einem Haken von der Beinarbeit.

Die vordere Ferse muß nach außen angehoben werden, damit der Körper eindrehen kann. Hüfte und Schultern werden beim Auftreffen entsprechend auf der anderen Seite nach hinten geführt.

Wenn man einen Haken zur Seite des Kinns schlägt, sollte die vordere Schulter hochgehalten werden, um so die besten Hebelverhältnisse einsetzen zu können.

Denke daran, daß Schläge nicht mit einer anspannenden Bewegung durchgeführt werden sollten. Sie werden mit gut ausgerichteten Unterarmmuskeln und lockeren Schultermuskeln ausgeführt. Die

Triebkraft hilft dabei, den Arm wieder zurück in die richtige Lage zu bringen.

Häufig versucht ein Kämpfer zu sehr das Körpergewicht hinter den Schlag zu setzen, wodurch dieser mehr zu einem Schiebeschlag wird. Der Haken ist ein lockerer, vom Arm ausgehender Schlag. Seine Explosionskraft kommt von der Gelockertheit bei der Ausführung und dem richtigen Eindrehen von Beinen und Körper. Bei der Ausführung wird das Körpergewicht auf die entgegengesetzte Seite verlagert, von der der Schlag kam. Wenn man mit der Führungshand einen Haken schlägt, dann sollte man mit den Beinen nachfolgen, um eine große Reichweite zu erzielen. Gebrauche immer einen lockeren, leichten und schnappenden Schlag und niemals eine weite und mit Schleifen geführte Bewegung.

Bei einem locker geführten Haken kommt die Peitschenwirkung des Arms dadurch, daß der Körper vom Arm weggedreht wird, bis der Bewegungsbereich des Schultergelenks völlig ausgenutzt ist. Dann muß sich der Arm mit dem Körper mitdrehen. Wenn diese Bewegung schnell ausgeführt wird, führt dies dazu, daß der Arm peitschenartig nach vorne schnellt, als ob er mit einem Bogen abgeschossen worden wäre. Laß den Schlag schnappen; denke immer an Geschwindigkeit und nochmals Geschwindigkeit. Versuche, durch den Gegner hindurch zu schlagen.

Die Ferse des vorderen Fußes ist nach außen angehoben und man dreht so auf dem Fußballen des Führungsfußes, daß der Schlag eine größere Reichweite bekommt und auch besser und schneller »durchgeht«. Dabei sollte man sich etwas auf die gegenüberliegende Seite lehnen, um mehr Gewicht hinter den Schlag zu bekommen und um sich besser zu schützen.

Vor allem aber kommt es darauf an, alle Bewegungen auf das nötige Maß zu beschränken, so daß man sich gerade genug bewegt, um dabei den maximalen Effekt zu erzielen, ohne jedoch wild Haken auszuteilen.

Je mehr man einen Außenhaken »öffnet«, desto mehr artet er in einen Schwinger aus. Deshalb ist es wichtig, einen Haken eng zu halten. Außerdem öffnet man auch seine Deckung, wenn man einen Haken »öffnet«.

Die große Schwierigkeit liegt darin, den Haken scharf zu führen, ohne den Körper zu sehr außer Position zu drehen.

Je mehr der Ellenbogen angewinkelt ist, desto enger und explosiver wird der Haken. Experimentiere mit einem kurz vor dem Auftreffen etwas angespannten Arm.

Beim Boxen gibt es kein Handgelenk. (Untersuche diese Aussage.) Unterarm und Faust werden als ein festes Stück eingesetzt, wie ein Schläger mit einer Verdickung am Ende. Die Faust sollte mit dem Unterarm in gerader Linie geführt werden und das Handgelenk darf nicht in irgendeine Richtung gebeugt werden. Dabei sollte man auf keinen Fall mit dem Daumen auftreffen.

Am Ende des Hakens zeigt der Daumen nach oben. Zum Schutz der Hand gibt es kein Eindrehen der Faust. Der Unterarm ist vom Ellenbogen bis zu den Knöcheln starr und wird im Handgelenk nicht bewegt. Denke immer daran, daß die Knöchel in genau die gleiche Richtung zeigen wie die gerichtete Kraft des Körpergewichts.

Man sollte zum Schutz der anderen Gesichtsseite immer die hintere Hand oben halten. Der hintere Ellenbogen schützt die Rippen. Mache dir diese beiden Punkte zur Gewohnheit!

Sei immer bereit, mit beiden Händen eine starke Nachfolgetechnik schlagen zu können.

Die meisten Kämpfer gehen beim Abblocken eines Hakens zurück oder vom Haken weg. Dies ist jedoch völlig falsch. Anstatt sich zurück zu bewegen, muß man in den Haken hineingehen, so daß er harmlos um das Genick herum endet.

Der Haken läßt sich vor allem am kleinen Speedbag (Sandsack zu Trainieren der Schnelligkeit) üben; versuche, scharf zu »explodieren«, ohne dabei den Körper zu sehr aus der Position zu bringen. Sei in den Fäusten immer locker und entspannt.

Haken mit der hinteren Hand

Der Haken ist beim Infight (Nahkampf) sehr nützlich, insbesondere wenn man beim Trennen nach hinten geht oder wenn der Gegner zurückgeht. Manchmal kann man die Aufmerksamkeit des Gegners vom Haken mit der Führungshand ablenken, wenn man gelegentlich Haken mit der hinteren Hand schlägt.

Untersuche die Möglichkeit, einen Haken mit der linken hinteren Hand gegen die Nieren eines Gegners zu schlagen, der sich aus einer Rechts-Vorwärtsstellung immer nach links abdreht und dadurch seine rechte Niere zum Ziel anbietet. Die Faust wird in einer halbkreisförmigen Schleife zum Ziel geführt.

Schaufelhaken

Schaufelhaken werden nach innen geführt, wobei die Ellenbogen bei Körperschlägen eng nach innen an die Hüften, bei Schlägen zum Kopf eng gegen die unteren Rippen gepreßt werden. Schaufelhaken werden aus der Wachsamkeitsstellung heraus geschlagen und eignen sich ausgezeichnet zum Kampf auf kürzestem Bereich. Man muß hierbei immer darauf achten, daß in Ellenbogen, Schultern oder Beinen keinerlei Spannung vorhanden sein soll, bevor die Bewegung beginnt. Die Hüfte kommt bei diesem kraftvollen Schaufelstoß mit nach oben, wobei sich die Hand in einem Winkel von 45° zum Körper befindet. Der Schlag ist nach innen gewinkelt, um in die Deckung eines Gegners hineinschlagen zu können.

Ausführung (Rechts-Vorwärtsstellung): Ziehe den rechten Ellenbogen nach hinten und presse ihn fest gegen den vorderen Hüftknochen. Drehe die halb geöffnete rechte Hand etwas nach oben, so daß die Handinnenfläche zur Decke zeigt. Die Handinnenfläche sollte sich zum Körper in einem Winkel von 45° befinden. Gleichzeitig bleibt die linke Deckungshand in ihrer Stellung. Drehe dann in einer plötzlichen Bewegung, ohne die Füße zu bewegen, den Körper so nach links, daß der rechte Hüftknochen mit einem kreiselnden, schaufelnden Stoß nach oben kommt, wodurch die rechte Faust explosionsartig fest zum Ziel in etwa der Höhe des Solar-Plexus geschlagen wird. Die Anwinkelung der Faust macht es möglich, daß mit den Handknöcheln getroffen wird. Achte darauf, daß in Ellenbogen, Schultern und Beinen keinerlei Spannung vorhanden ist, bevor die Bewegung aus der Normalstellung heraus beginnt. Noch wichtiger ist es, daß sich die Hand in einem Winkel von 45° zum Körper befindet und daß die Hüfte kraftvoll nach oben gestoßen wird.

Der Winkel der Faust und das Stoßen der Hüfte sind bei allen Schaufelhaken wichtige Punkte, ob sie nun zum Körper oder zum Kopf geführt werden. Der beim Stoßen der Hüfte verwendete federartige Schub der Beine beschleunigt die Bewegung des Körpers und lenkt gleichzeitig die Bewegungsrichtung geringfügig nach oben ab. Währenddessen zeigen die Knöchel der schlagenden Hand durch das Zusammenwirken von angewinkelter Faust und gebeugtem Ellenbogen in die gleiche Richtung wie die der stoßenden Körperbewegung. Es handelt sich um einen reinen und sehr wirksamen Schlag. Die Faust landet kraftvoll und mit einem sehr großen Durchschlagsvermögen. Dieser Haken wird deshalb angewinkelt, um von innen in die Deckung eines Gegners zu schlagen.

Schaufelhaken zum Kopf werden aus der Wachsamkeitsstellung heraus geführt. (Es empfiehlt sich, ihn am Speedbag zu üben). Bringe den rechten Arm zum Körper, wobei der Unterarm gerade gehalten wird, bis sich der Daumenknöchel kurz vor der Schulter befindet. Achte darauf, daß der rechte Ellenbogen richtig angelegt ist und gegen die rechten unteren Rippen drückt. Laß dann, ohne die Füße zu bewegen, die Schulterdrehung und den Hüftstoß zusammen auf den Körper wirken und führe die angewinkelte rechte Faust explosionsartig zu dem etwa in Kinnhöhe liegenden Ziel. Achte immer darauf, daß der Ellenbogen zu Beginn der Bewegung gegen die unteren Rippen gedrückt ist und daß die Faust beim Auftreffen nur wenig von der rechten Schulter entfernt ist.

Schaufelhaken sind richtige Innenhaken mit der Führungshand. Sie zählen zu den kürzesten, und doch explosivsten Schlägen. Wenn man sie einmal beherrscht, gehen die Hände instinktiv in ihre Schaufelstellung, wenn der Körper seine stoßende Kreisbewegung beginnt. Sie werden quasi vom Körper »mitgenommen«.

Man kann die Distanz mit jeder beliebigen Art von Angriffskombinationen überbrücken, wobei Schaufelhaken als Nachfolgetechniken eingesetzt werden können. Die einfachste Kombination wäre ein langer Stoß mit Rechts zum Kopf des Gegners (aus einer Rechts-Vorwärtsstellung), der jedoch den Gegner nicht ganz nach hinten umschlagen konnte und dem deshalb sofort ein Schaufelhaken mit Links zum Kopf oder Körper folgt. Ebenso könnte man einer ähnlichen rechten Geraden zum Kopf einen Schaufelhaken mit Rechts zum Kopf oder Körper folgen lassen. Ähnlich ist es bei einer langen linken Geraden, die ihr Ziel verfehlt hat, was einen in die Lage versetzt, zu jedem beliebigen Ziel rechte Schaufelhaken schlagen zu können. Wenn z. B. ein schneller Gegner auf einen zukommt, dann ist seine Schnelligkeit vielleicht so groß, daß man ihn nicht mit einem Konterschlag stoppen kann. Genau diese Schnelligkeit macht ihn jedoch zu einer Art von »Tontaube« für die Nahbereichswaffen. Zusätzlich kommt man oft in die für Schaufelhakenkonter richtige kurze Distanz, wenn man Angriffe durch Abblocken, Ausweichen, Abducken und ähnliches abwehrt.

Die Schaufelhaken kommen in der Bedeutung direkt nach den langen Geraden (nach Meinung von Jack Dempsey). Sie versetzen einen in die Lage, einen Gegner niederzuschlagen oder zumindest weich zu machen, der versucht, in den Clinch zu gehen. (Dabei Ellenbogen, Stampftritte und Knie nicht vergessen.) Sie helfen einem dabei, sich innerhalb des Angriffs von pendelnden und abduckenden Angreifern zu halten, die meistens den Haken von außen hereinziehen, und mit ihnen fertig zu werden. Da alle Schaufelhaken kurze und kompakte Schläge sind, ist man bei ihnen weniger durch Treffer gefährdet als bei den offenen Außenhaken.

Korkenzieherhaken

Genaugenommen wird ein Korkenzieherhaken fast wie ein gerader Schlag ausgeführt, mit dem Unterschied, daß das Handgelenk kurz vor dem Auftreffen scharf eingedreht wird. Der Korkenzieherhaken ist ein kurvenförmiger, zerreißender Stich mit den Knöcheln für den mittleren Bereich.

Der wesentliche Punkt beim Korkenzieherhaken ist, daß der Ellenbogen erst im letzten möglichen Augenblick bei der Ausführung der Bewegung angehoben wird. Dadurch werden die Knöchel eingedreht, so daß sie auftreffen, wenn der Schlag landet.

Ausführung (Rechts-Vorwärtsstellung): Beginne aus der Wachsamkeitsstellung heraus die Schulterdrehung, als ob man mit Rechts einen Stich auf mittlere Entfernung schlagen wollte – keine vorbereitende Bewegung. Anstatt jedoch den Stichschlag auszuführen, den rechten Unterarm und Faust nach unten schnappen und den rechten Ellenbogen nach oben. Die rechte Faust schnappt mit einer Korkenzieherbewegung nach unten, wodurch die Knöchel in die genau richtige Position zum Auftreffen gebracht werden. Wenn die Faust auf dem Ziel explodiert, ist der Unterarm fast parallel zum Boden.

Oft wird ein Korkenzieherhaken mit Rechts geschlagen, wenn man auf die linke Seite des Gegners kreiselt.

Übe am kleinen Speedbag, um richtige Ausführung und Schnelligkeit zu trainieren.

Wenn man sich mit Rechts mit einem Korkenzieherhaken in den Gegner hineinbewegt, dann führt man einen »Drehschritt« aus – man tritt etwas nach vorne und leicht nach rechts, wobei die Zehen scharf nach innen zeigen. Der Körper dreht über dem Ballen des rechten Fußes ein, wenn der rechte Arm und die rechte Faust nach unten aufs Ziel geschnappt werden. Im Moment des Auftreffens ist der linke hintere Fuß meist angehoben, wird jedoch sofort wieder abgesetzt.

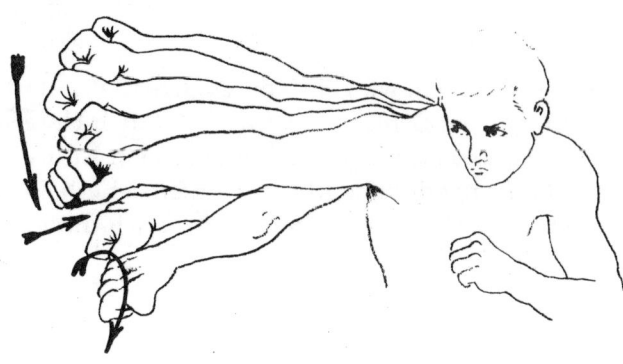

Wenn man über einen starken rechten Korkenzieherhaken verfügt, der ohne Warnung sein Ziel findet, dann wird der Gegner sehr vorsichtig sein, einen mit seiner linken hinteren Faust zu bedrohen. Man kann den Korkenzieherhaken dazu verwenden, den Cross mit der hinteren Hand des Gegners auszuschalten. Wenn der Gegner außerdem beim Abwehren eines rechten Stichschlags mit der Führungshand seine linke Deckhand zu weit nach vorne bringt, dann läßt sich ein Korkenzieherhaken hinter seiner linken Deckhand herunterschnappen und zu seinem Kiefer schlagen.

Haken mit der Handinnenfläche

Der Haken mit der Handinnenfläche ist einfach nur ein schneller Haken mit der offenen Hand, wobei mit der Handinnenfläche getroffen wird.

Bei einer normalen Schlagstellung ist der mit Rechts geführte Außenhaken mit der Handinnenfläche als eine Führungshand sehr nützlich, die die hinter der hinteren Deckhand des Gegners hereinschießt. Ebenso ist dieser Haken als Konter sehr nützlich, der beim Decken oder Ausweichen einer geraden Führungshand zuvorkommt.

Aufwärtshaken

Aufwärtshaken mit der vorderen und hinteren Hand werden häufig beim Kampf auf der Nahdistanz eingesetzt. Für diesen Haken bieten sich viele Gelegenheiten, sobald man einmal in den Gegner hinein kommt.

Aufwärtshaken lassen sich zu Angriffen mit eingezogenem Kopf und wilden Schwingern einsetzen. Dies setzt aber voraus, daß man erst dann mit eingezogenem Kopf oder nach vorne gebeugtem Oberkörper in den Gegner hineingeht, wenn man den Gegner völlig beherrscht. Andernfalls läuft man Gefahr, selbst mit einem Aufwärtshaken gekontert zu werden.

Der kurze Aufwärtshaken ist ein sehr wirksamer Schlag. Dabei sollten die Beine gebeugt bleiben und erst kurz vor Auftreffen plötzlich gestreckt werden. Im Moment des Auftreffens sollte man auf die Zehenspitzen gehen und sich etwas nach hinten lehnen, wodurch bei einem Schlag mit Rechts mehr Gewicht auf das linke Bein, bei einem Schlag mit Links mehr Gewicht auf das rechte Bein kommt.

Wenn man bei einem Gegner in Rechts-Vorwärtsstellung mit der rechten Führungshand einen Aufwärtshaken ausführt, sollte man die linke Hand für einen Moment auf die rechte Schulter des Gegners legen, um so einen schweren Konter auszuschalten.

Aufwärtshaken mit der hinteren Hand (Rechts-Vorwärtsstellung): Zuerst den Gegner zu einem Schlag mit der rechten Führungshand verleiten, dann mit einer schnellen Kopfdrehung nach rechts in den Gegner hineingehen. Wenn sich dieser immer noch nach vorne hinter seiner Führungshand bewegt, einen kurzen, scharfen linken Aufwärtshaken zu seinem Kinn schlagen und dabei die Rechte des Gegners mit dem schlagenden Arm anheben und wirkungslos machen.

Der Aufwärtshaken mit der linken hinteren Hand wird ausgeführt, indem die Linke auf ihrem Weg zuerst abgesenkt und dann zum Kinn oder Unterleib nach oben geschaufelt wird.

Der Aufwärtshaken ist bei einem schnellen Kämpfer fast wirkungslos, der immer aufrecht steht und einfach eine lange Gerade mit der Führungshand zum Gesicht schlägt. Man muß dann versuchen, in die Nahdistanz zu kommen und den Aufwärtshaken gegen Unterleib, Kinn usw. einzusetzen. Dadurch kann man den Gegner eventuell so ermüden, daß er schließlich seine aufrechte Haltung aufgibt.

Der Aufwärtshaken kann an einem hängenden, mit Mais gefülltem Sack geübt werden.

a) Aufwärtshaken: Man schraubt den Schlag so nach oben, daß er zum Kinn eines Gegners trifft, der sein Gesicht dadurch deckt, daß er seinen Arm davor hält. Dabei stark die Hüfte eindrehen. (Siehe die Beschreibung des Korkenzieherhakens.)
b) Horizontalhaken – Vorwärtshaken: Beide gehen über oder um die Deckung des Gegners herum. Diese Haken sind fast wie Stichschläge mit angewinkelten Arm. Folge mit dem Körper nach. (Siehe die Beschreibung des Schaufelhakens)

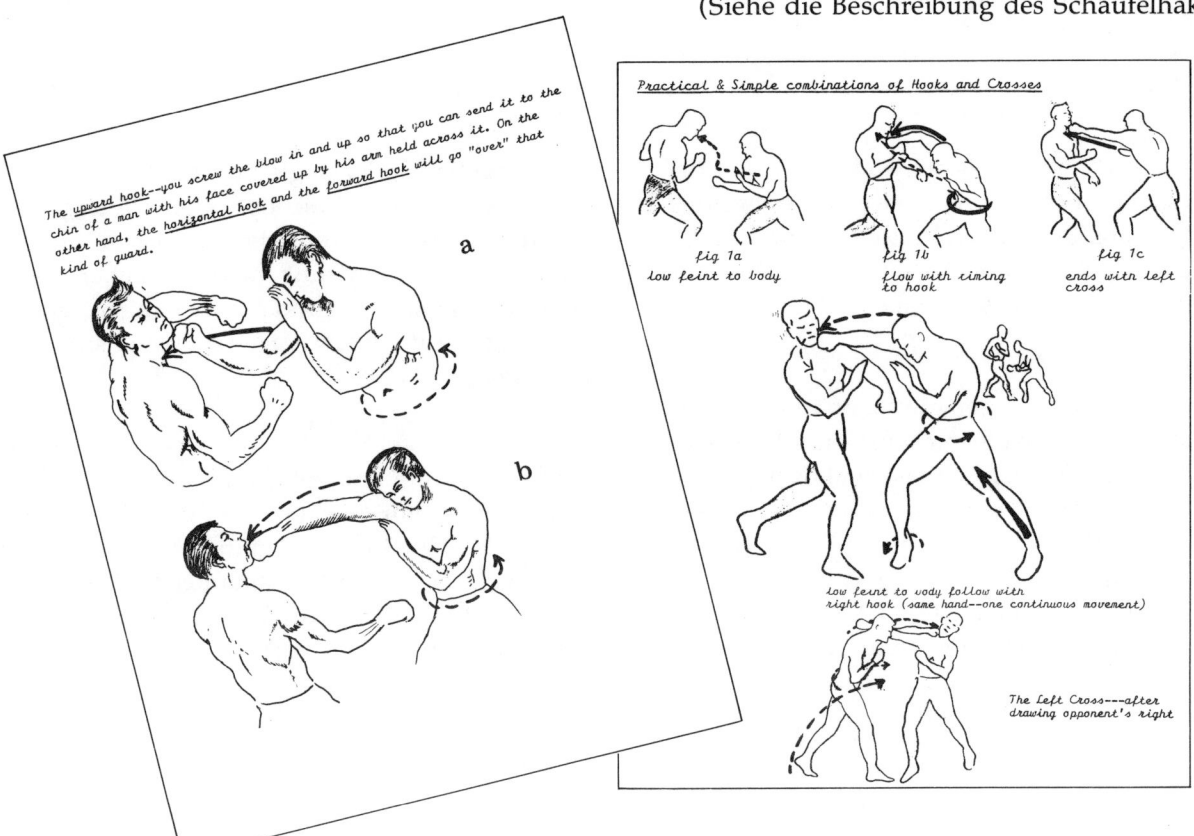

Kombinationsschläge

Ein guter Boxer schlägt aus allen möglichen Winkeln. Jeder Schlag versetzt ihn in die Lage, einen weiteren Schlag folgen zu lassen. Er ist immer genau richtig im Mittelpunkt und nie aus dem Gleichgewicht. Je mehr verschiedene wirksame Kombinationen einem Kämpfer zur Verfügung stehen, desto mehr unterschiedliche Typen von Gegnern wird er besiegen können.

Einige Beobachtungen treffen auf alle Arten von Schlägen zu. Schlage immer so gerade wie möglich. Unterstütze den Schlag mit Beinarbeit und schlage die genau richtige Distanz. Kündige den Schlag nicht schon vorher an. Wenn die Faust für einen bestimmten Schlag in eine bestimmte Stellung gebracht werden muß, sollte dies so geschehen, daß der Gegner nicht gewarnt wird. Kämpfe von einem

»Mittelpunkt« aus und sei immer in Position und Gleichgewicht, um irgendeinen beliebigen Schlag ausführen zu können. Ziehe deinen Schlag nicht zu lang. Gehe nach einem Schlag sofort wieder in Deckung zurück. Beende eine Serie von Schlägen mit der Führungshand.

Beim Kampf auf weite Distanz sollte man mit der Führungshand Stichschläge, mit der hinteren Hand Crosschläge ausführen. Auf kurze Distanz werden dann Haken, Schläge mit der hinteren Hand zum Körper und Aufwärtshaken eingesetzt.

Bewege dich beim Schlagen etwas hin und her. Ein harter Schlag muß von einer festen Grundbasis ausgehen; bei leichteren Schlägen ist ein Boxer manchmal auf den Zehenspitzen.

Lerne die Schläge so lange zurückzuhalten, bis der Gegner auch sicher getroffen werden kann. Treibe ihn in die Seile oder nagle ihn sonst irgendwie vor einem Angriff fest. Erschöpfe deine Energie nicht durch Fehlschläge. Wenn der Gegner im Kampf die Initiative hat, dann muß man versuchen, dessen Schläge zu vermeiden und mit wirkungsvollen Konterschlägen zurückzuschlagen, bevor er sich wieder zurückziehen kann.

Sei immer locker und entspannt, mit Ausnahme des Moments, wenn die Technik tatsächlich landet. Entwickle Schnelligkeit, Timing und Distanzgefühl durch viele harte Trainingssitzungen mit allen Arten von Partnern. Übe dadurch auch das Selbstgefühl; schlage bestimmt und hart.

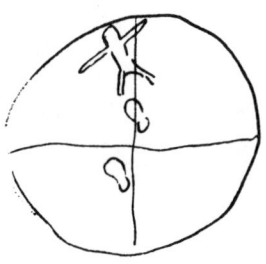

Werfen

1. Hakenwurf
2. Umgekehrter Hakenwurf
3. Einfacher Beinhalter und Fußstellen
4. Doppelter Beinhalter
5. Rechter Fußfeger – mit oder ohne Armzug zur rechten oder linken Stellung
6. Linker Fußfeger – mit oder ohne Armzug zur rechten oder linken Stellung
7. Beinschlagen nach hinten

»Unerlaubte« Taktiken

1. Haareziehen beim Nahkampf . . . . zur Kontrolle
2. Fußstampfer beim Nahkampf . . . . zum Lähmen
3. Hautkneifen, Beißen und Ohrenziehen . . . . zum Freikommen oder zur Kontrolle
4. Zum Unterleib greifen . . . . zum Lähmen oder zur Kontrolle

Gelenkhebel

Gelenkhebel lassen sich als eine Technik zur Unbeweglichmachung im Stehen oder am Boden ausführen.

1. Äußerer Achselhebel – zur linken oder rechten Stellung
2. Handgelenkhebel
3. Umgekehrter Handgelenkhebel
4. Umgekehrter Handgelenkhebel mit Verdrehen – zum doppelten Armhebel
5. Liegender Doppelarmhebel
6. Stehender einfacher Beinhebel
7. Liegender einfacher Beinhebel
8. Einfacher Bein- und Rückgrathebel
9. Doppelter Bein- und Rückgrathebel
10. Zehenhebel mit Fußverdrehen

Methoden, einen Gegner zu Boden zu bringen

1. Kreisförmiger einfacher Beinfeger
2. Beingreifer mit Fallschritt
3. Beingreifer mit Rückziehschritt

(1)

(2)

Würgen

1. Fallwürgen nach hinten
2. Fallwürgen mit Überlehnen
3. Fallwürgen zur Seite

(3)

Gebote

1. Sei immer in Bewegung.
2. Sei auf Konter vorbereitet.
3. Bewege dich wie eine Katze.
4. Zwinge dem Gegner deinen Stil auf.
5. Sei aggressiv; dränge den Gegner in die Defensive.

Verbote

1. Bringe deine Beine nicht überkreuz.
2. Exponiere deine Arme nicht zu sehr.
3. Jage nicht hinter dem Gegner her.
4. Verlasse dich nicht auf ein Zubodenbringen; sei für weitere Öffnungen bereit.
5. Laß dich nicht vom Gegner einkreisen.

LEG ATTACKS :— a). The double leg attack
b). The single "   "

a). The Double leg attack :— a). The back heel (groin pung)
b). The follow through lift
(back stomp)

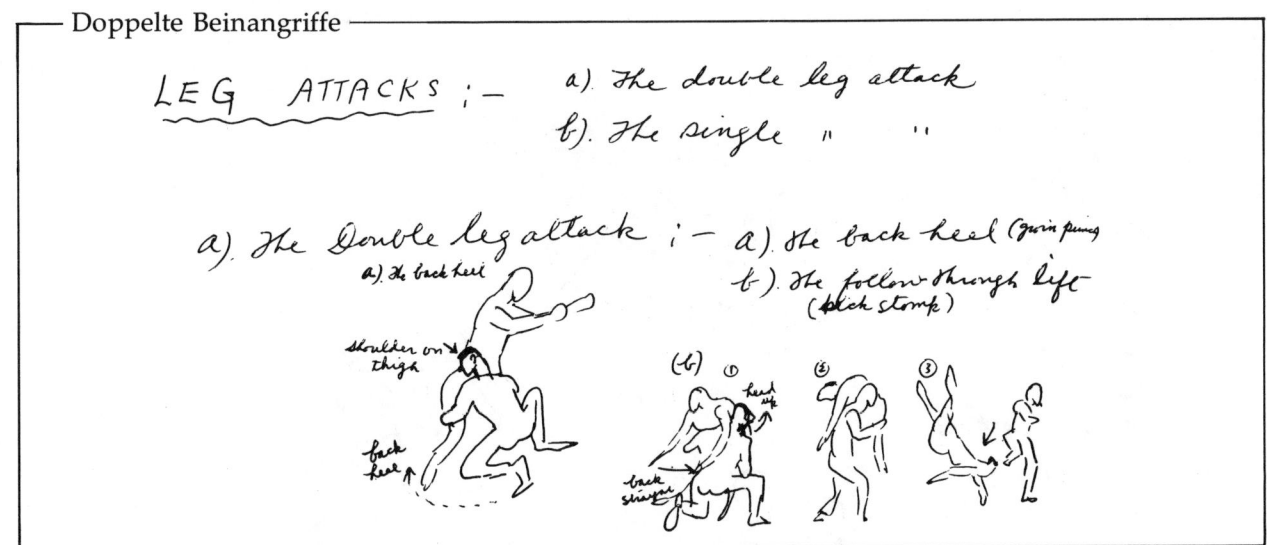

— Doppelte Beinhebel —

Double leg lock

— Einfache Beinangriffe —

b) Single leg attack

1) The back trip to groin strike

2) The forward trip to side strangulation

3) The smash and groin strike

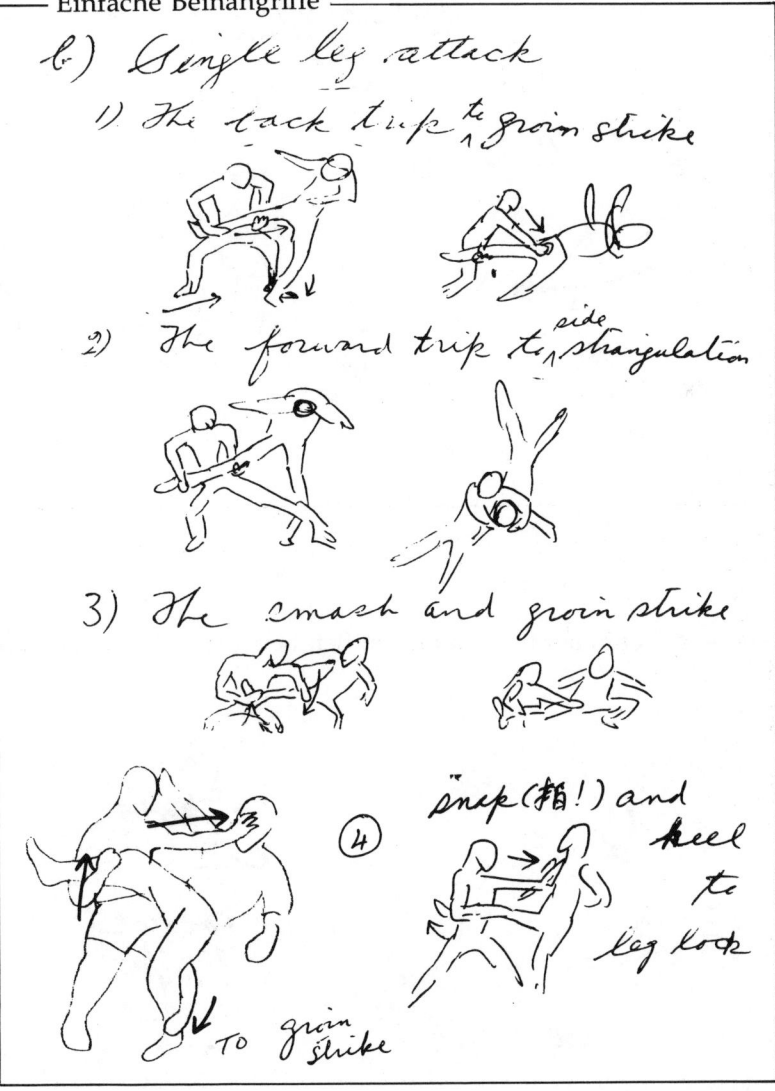

④ snap (稲!) and heel to leg lock

TO groin strike

single leg lock
(A)

free leg to spread leg
knee to back to groin
(B)

(C)

TO TOE HOLD

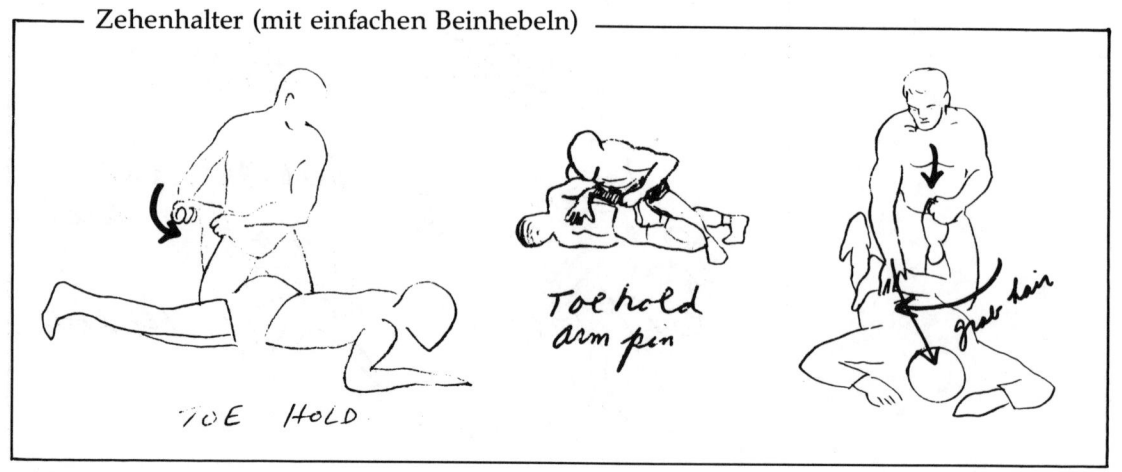

TOE HOLD

Toe hold
arm pin

grab hair

114

Zubodenbringen durch einfachen Beinhalter und Hebel

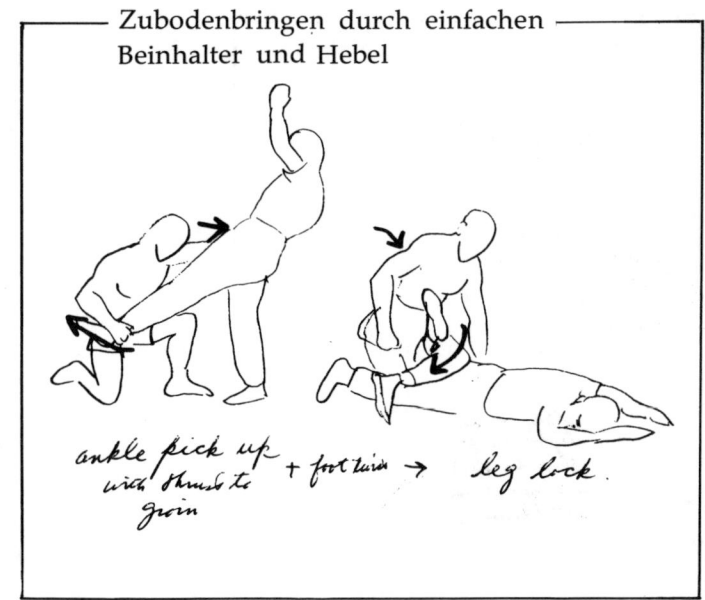

ankle pick up with thrust to groin + foot twist → leg lock.

Arm fallenlassen

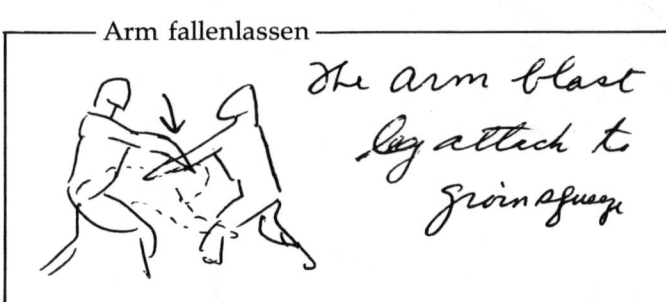

The arm blast leg attack to groin squeeze

Ellenbogen fallenlassen

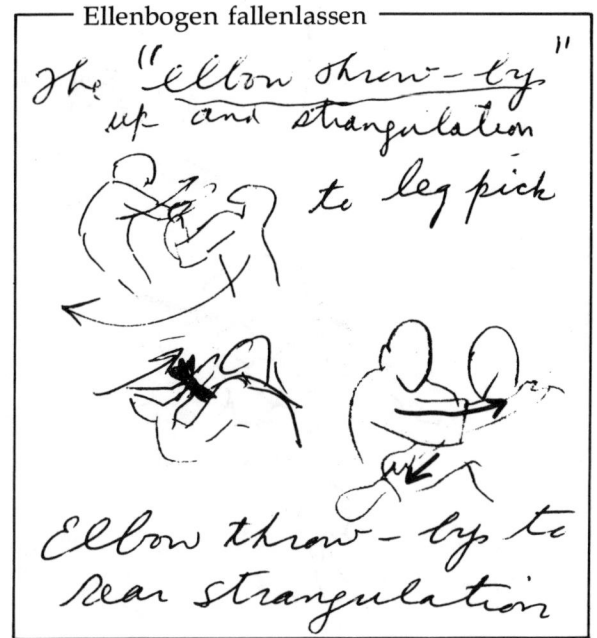

The "Elbow throw-by" up and strangulation to leg pick

Elbow throw-by to Rear strangulation

Handgelenk umlenken

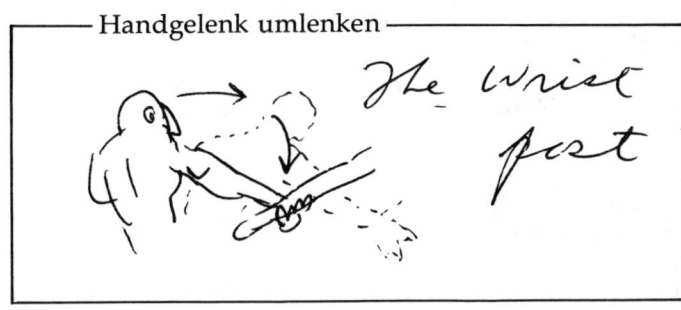

The wrist post

Armziehen

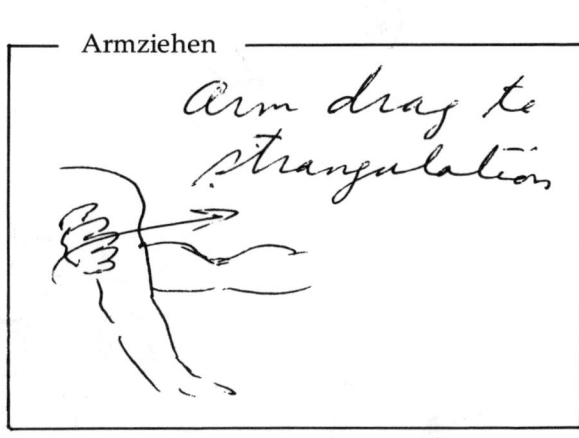

Arm drag to strangulation

Berühren (Stichschlag) und Vorwärtsgehen

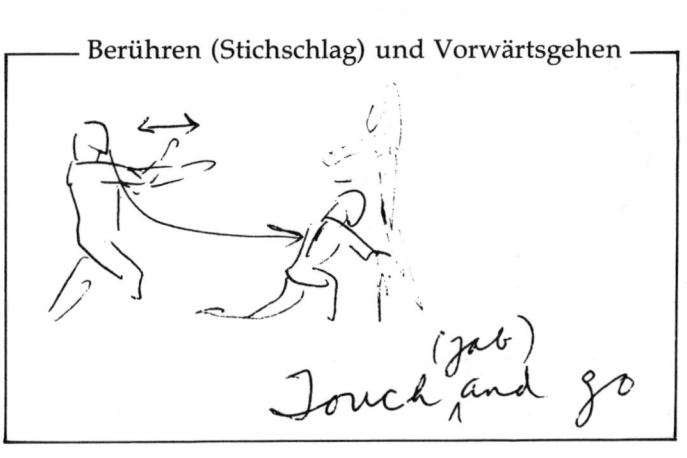

Touch (jab) and go

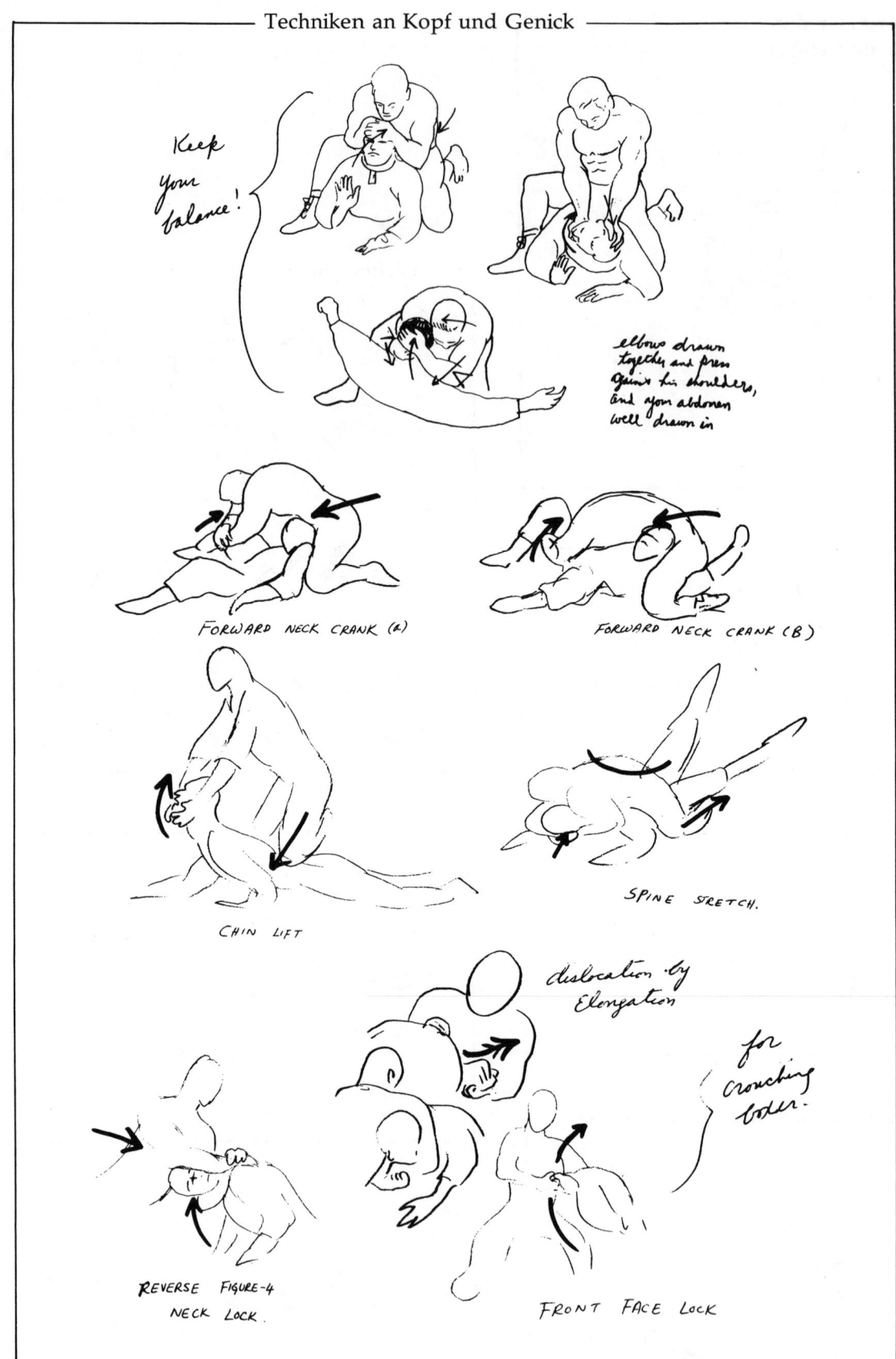

Keep your balance!

elbows drawn
together and press
against his shoulders,
and your abdomen
well drawn in

FORWARD NECK CRANK (A)

FORWARD NECK CRANK (B)

CHIN LIFT

SPINE STRETCH.

dislocation by
Elongation

for
crouching
boxer.

REVERSE FIGURE-4
NECK LOCK.

FRONT FACE LOCK

Techniken an Kopf und Genick

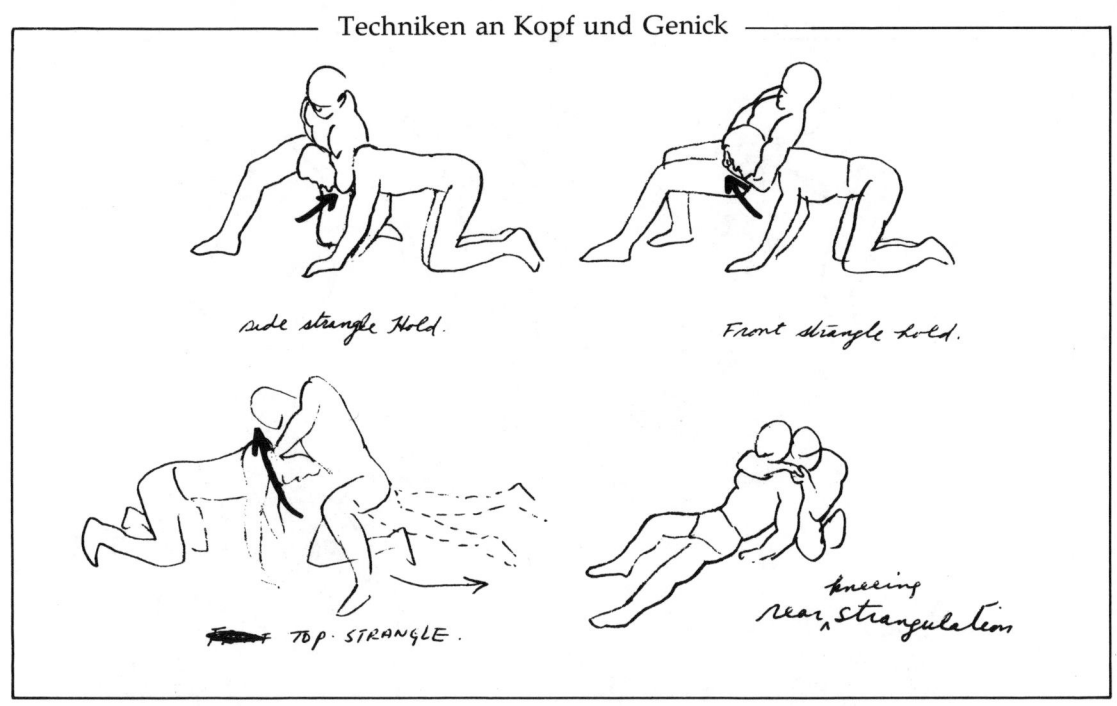

side strangle Hold.
Front strangle hold.
TOP · STRANGLE.
rear kneeing strangulation

Techniken an Kopf und Arm

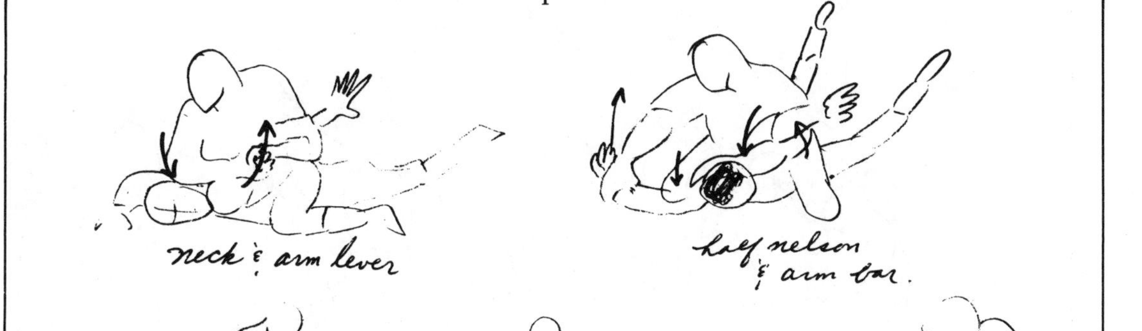

neck & arm lever
half nelson & arm bar.
Dragging arm lock
half nelson & hammerlock
half nelson & top · scissors
Guillotine

drop to stomp
or punch to
groin

strangulation to
right stance

strangulation to left stance

watch out for groin
from scarf hold.

straight armlock

stomach throw

118

Double Armlock (surfboard)

① ② ③

Arm lock.

Okuri eri-Jime — strangulation

Ausweichen

Intelligenz wird manchmal als die Fähigkeit des Einzelnen definiert, sich erfolgreich an seine Umwelt anzupassen – oder die Umwelt seinen Bedürfnissen anzugleichen.

Um die Gefahr eines schweren Konters möglichst klein zu halten, sollte vor einem Schlagen mit der Führungshand immer ein Täuschungsmanöver irgendeiner Art vorangehen.

Ein leichtes Kreisen der Hand, ein Stampfen des Fußes, ein plötzlicher Schrei, usw., können so auf die Sinne des Gegners ausstrahlen, daß seine Koordination vermindert wird. Dieser Mechanismus läuft auf der Reflex-Ebene des menschlichen Verhaltens ab und selbst eine mehrjährige Erfahrung als Kämpfer kann diese ablenkenden Effekte von äußeren Sinnesreizungen nicht unterdrücken.

Man kann jedoch kein Täuschungsmanöver als erfolgreich bezeichnen, wenn der Gegner nicht dadurch zu irgendeiner Bewegung veranlaßt wird. Um erfolgreich zu sein, muß ein Täuschungsmanöver das Erscheinungsbild eines Angriffs annehmen.

Gute Täuschungsmanöver sind bestimmt, klar und drohend. Man kann sagen, daß JKD auf Täuschungsmanövern und den mit ihnen verbundenen Aktionen aufbaut.

Ein Täuschungsmanöver ist ein täuschender Schlag, der den Gegner einlädt und verlockt, die entsprechende Gegenaktion auszuführen. Wenn der Gegner pariert (Abwehr, Gegenaktion), trennt man seine Hand von der parierenden Hand des Gegners und der Stoß erfolgt mit einer der beiden Hände in die sich öffnende Linie. Das Täuschungsmanöver besteht hier aus einem falschen Schlag und einem richtigen, ausweichenden Schlag.

Der falsche Schlag ist ein halbausgestreckter Arm, der von einer leichten Vorwärtsbewegung des Körpers begleitet wird. Der richtige, ausweichende Schlag wird mit einem richtigen Vorstoß ausgeführt. Der falsche Schlag sollte so echt wirken, daß er den Gegner zu einer Reaktion zwingt. Der falsche Schlag muß das Erscheinungsbild eines richtigen Schlages haben, um den Gegner zu überzeugen, daß er parieren muß.

Täuschungsmanöver sollten mit länger geführtem Arm ausgeführt werden (schnell! entschlossen!), wenn sie Fußtechniken und einem Vorgehen auf lange Distanz vorausgehen. Wenn sie nach einer Abwehr des Gegners ausgeführt werden und wenn sich dieser ohne einen Ausfallschritt erreichen läßt, dann sollte der Arm leicht angewinkelt bleiben; außerdem sollte man durch Positionsverlagerung und die hintere Deckungshand auf die eigene Deckung achten.

Der Vorteil von Täuschungsmanövern liegt darin, daß der Angreifer schon mit seinen Täuschungsmanövern Vorstöße machen kann und damit schon von Anfang an Distanz gutmacht. Er verkürzt durch sein Täuschungsmanöver die zurückzulegende Distanz um gut die Hälfte und so bleibt für seine zweite Bewegung nur noch die übrige Hälfte. Er gewinnt Distanz, indem er seinen Vorstoß mit einem Täuschungsmanöver einleitet; gleichzeitig gewinnt er Zeit, indem er auf dem Weg zum Ziel die Abwehr (Reaktion des Gegners) täuscht.

Täuschungsmanöver sind ein wesentlicher Bestandteil eines jeden Angriffs. Je mehr der Gegner ohne Deckung – oder noch wichtiger, außer Gleichgewicht – angetroffen wird, desto besser.

Selbst bei der Ausführung von Kombinationsangriffen mit zwei Täuschungsmanövern muß der Gegner durch die Tiefe der ersten Täuschung in die Defensive gezwungen werden. Da sich die Distanz in diesem Stadium schon ziemlich verkürzt hat, kann das zweite Täuschungsmanöver nicht ebenso lang sein, denn dafür ist kein Platz und keine Zeit mehr zur Verfügung. Deshalb ist der Rhythmus oder die Kadenz eines Kombinationsangriffs mit zwei Täuschungsmanövern lang-kurz.

Eine höher entwickelte Art von Täuschungsmanövern mit einem Wechsel in der Kadenz hat den Rhythmus kurz-lang-kurz. Das Ziel dieses Wechsels ist es, den Gegner irrezuführen und ihn glauben zu machen, daß die zweite Täuschung (lang) schon die Abschlußtechnik des Kombinationsangriffs war, wodurch er zur Abwehr verleitet wird.

»Lang« bedeutet nicht langsam. Das Täuschungsmanöver muß schnell sein, während man tief zum Gegner vordringt. Das Zusammenwirken von Schnelligkeit und Eindringen sind die Faktoren, die den Gegner zu der erwünschten Abwehrreaktion verleiten.

Die Schnelligkeit des Täuschungsmanövers hängt von der Reaktion des Gegners ab. Deshalb müssen Täuschungsmanöver genau wie Schnelligkeit und Distanz auf die Reaktion des Gegners abgestimmt werden.

Wenn ein Gegner auf Täuschungsmanöver nicht reagiert, sollte man ihn mit geraden oder einfachen Bewegungen angreifen.

Die 1-2-Täuschungsmanöver lassen sich auf der Seitenebene (innen/außen; außen/innen) oder auf der Höhenebene (hoch/tief; tief/hoch) mit entweder einer Hand oder mit beiden Händen zusammen einsetzen.

Täuschungsmanöver werden wirksamer, wenn man vor ihnen einige richtige Angriffe ausführt. Der Gegner weiß dann nicht, ob er es mit einem richtigen Angriff oder einem Täuschungsmanöver zu tun hat. Dies ist insbesondere bei weniger beweglichen Gegnern wirksam, um eine Reaktion zu provozieren. Durch die gleiche Taktik kann ein schneller Gegner eventuell auf den Rückzug gedrängt werden.

Die erste Bewegung, das Täuschungsmanöver, muß lang und tief, oder »eindringend« sein, um den Gegner zu einer Reaktion zu verleiten. Die zweite Bewegung, der eigentliche Schlag, muß schnell und in der Täuschung der Abwehr bestimmt ausgeführt werden, so daß der Gegner keine Ausweichmöglichkeit hat. Deshalb ist der Rhythmus der Täuschung lang-kurz.

Täuschungsmanöver lassen sich auch anstatt von falschen Angriffen machen, um die Gegenangriffe des Gegners abzuwehren oder um eine schnelle Gegentechnik oder Kontertechnik auszuführen.

Zweck der Täuschung:

1. Um sich die Linie zu öffnen, in der man angreifen will.
2. Um den Gegner zögern zu lassen, während man schnell die Distanz überbrückt.
3. Um die durch die Täuschung hervorgerufene Abwehr zu täuschen – den Gegner in die Falle zu locken und zu schlagen oder den Angriff hinauszuzögern und zu schlagen, wenn der Gegner nach hinten ausweichen will.

Einleitung der Täuschung:

1. Als direkter Schlag
2. Als ausweichender Schlag
3. Als Kontakt
4. Als Trennen
5. Als Druck
6. Als starker Druck
7. Als Schlag
8. Als Überschneidung (zur Unbeweglichmachung)

Abwehren zum Ausweichen:

1. Einfach
2. Kreisförmig
3. Konter oder Wechsel

Die Anzahl der Abwehren zum Ausweichen kann einfach, zweifach oder mehrfach sein.

Ausführung

Nimm die Wachsamkeitsstellung ein. Gehe langsam vor. Beim Vorgehen plötzlich schnell im vorderen Knie einknicken. Dies erzeugt den Eindruck, daß sich außer den Beinen auch die Arme bewegen. In Wirklichkeit jedoch werden die Arme entspannt und bereit gehalten, mit einer Führungshand zum Gegner zu schlagen.

Mache mit dem Oberkörper eine leichte Vorwärtsbewegung, knicke leicht im vorderen Knie ein und bringe die Führungshand etwas nach vorne. Führe dann während des Vorwärtsgehens mit dem vorderen Fuß einen längeren Schritt nach vorne aus (wie

beim schnellen Vorwärtsgehen) und steche mit dem Führungsarm nach vorne, ohne jedoch den Gegner zu treffen. (Achte beim Vorwärtsgehen besonders auf Konter – sei in der Bewegung sparsam.) Bringe aus dieser nahen Stellung dann den Arm zum Körper zurück und schlage einen Stichschlag zum Kinn.

Ein weiteres wirksames Täuschungsmanöver ist ein kurzes Einknicken des Körpers über der hinteren Hüfte, während man nach vorne geht.

Das Herein/Heraus-Täuschungsmanöver bedeutet, daß man nach vorne geht, als ob man mit der Führungshand einen Stichschlag ausführen wollte, aber anstatt dessen aus der Distanz geht, indem man mit dem Führungsbein nach außen abdreht. Dann in den Gegner wieder hineingehen, wie wenn man ein Täuschungsmanöver ausführen wollte, nur diesmal einen richtigen Stichschlag zum Kinn schlagen. Dann sofort wieder zurückgehen. Wiederhole dies, wobei einmal getäuscht wird, das andere Mal tatsächlich mit der Führungshand zugeschlagen wird. Falls möglich, kann man dem Stichschlag mit der Führungshand einen geraden Fauststoß mit der hinteren Hand zum Kinn folgen lassen (1-2).

Andere Täuschungsmanöver:

1. Täusche mit der Führungshand einen Stichschlag zum Gesicht an und schlage zum Magen.
2. Täusche mit der Führungshand einen Schlag zum Magen an und schlage zum Gesicht.
3. Täusche einen Stichschlag zum Gesicht an, täusche einen Faustschlag mit der hinteren Hand zum Gesicht an und schlage dann die Führungshand zum Kinn.
4. Täusche einen geraden Fauststoß mit der hinteren Hand zum Kiefer an und schlage dann mit der Führungshand einen Haken zum Körper.
5. Täusche mit der Führungshand einen Stichschlag zum Kinn an und schlage dann mit der hinteren Hand einen Aufwärtshaken zum Körper.

Anmerkung: Vergleiche die oben erwähnten Punkte mit Täuschungsmanövern beim Treten. Studiere die an anderer Stelle beschriebenen Täuschungen mit dem Kopf. Entwickle ein genaues Gefühl für die Distanz und eine gute Gleichgewichtsstellung, während du ein Täuschungsmanöver ausführst.

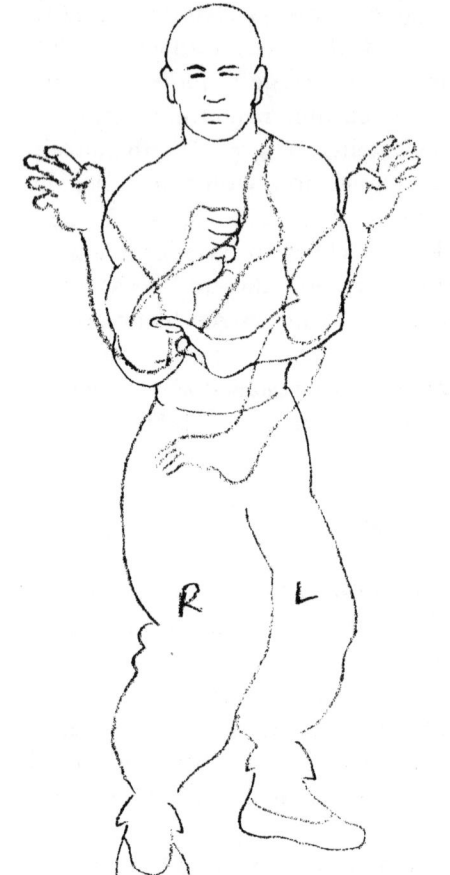

右擺樁左右手消勢全圖～

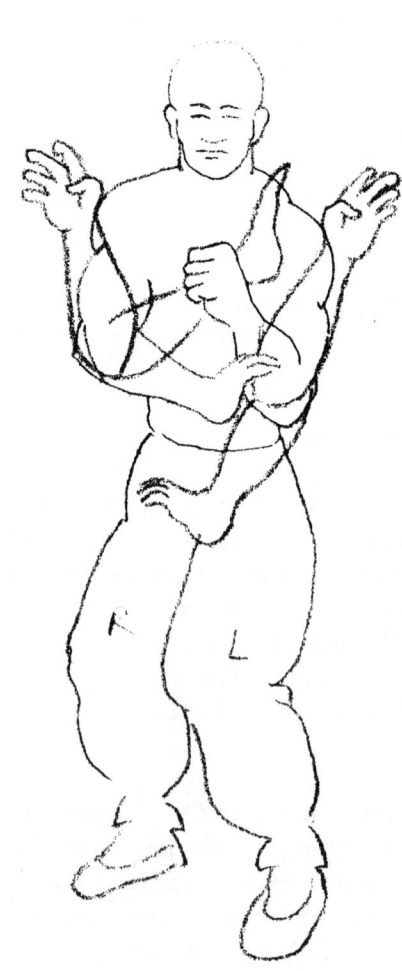

左擺樁左右手消勢全圖～

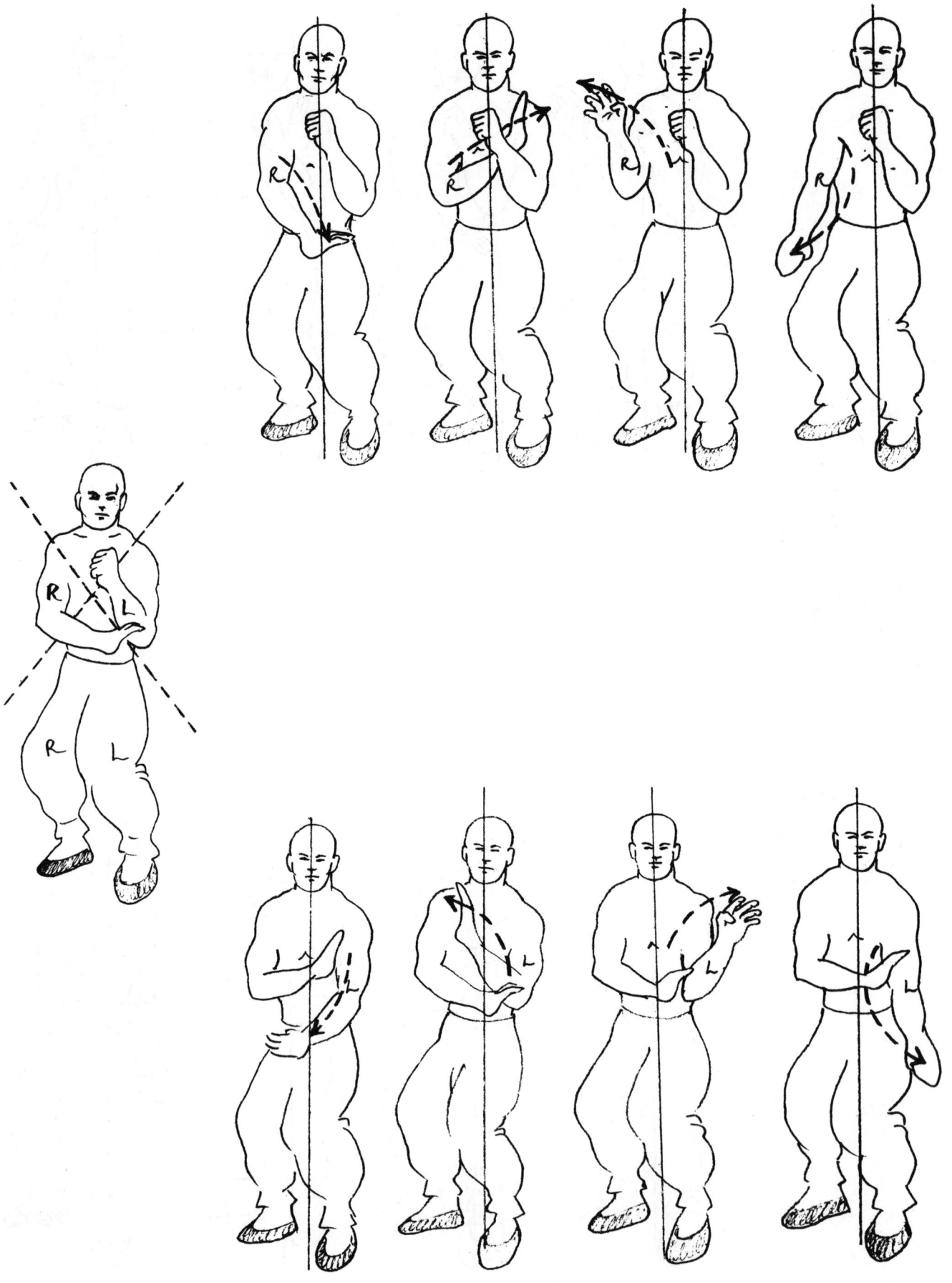

Eine Abwehr ist eine plötzliche Bewegung der Hand von außen oder innen in einen ankommenden Schlag hinein, um den Schlag von seinem ursprünglichen Weg abzulenken. Es ist eine leichte und lockere Bewegung, die mehr vom Timing als von der Kraft abhängt. Ein Schlag wird immer erst im letzten Moment und wenn er sich kurz vor dem Ziel befindet abgewehrt.

THE ECONOMY BASE

Es gibt drei Arten von Abwehren – einfach, halbkreisförmig und kreisförmig – für jeden einzelnen Angriff.

Wenn die Bewegungen des Angreifers grob und schlecht gezielt sind, dann genügt eine einfache Abwehr. (Den Stoppschlag nicht vergessen.) Da einfache Abwehren instinktive Bewegungen sind, werden sie im allgemeinen ohne Unterscheidung gemacht. Deshalb muß man genau darauf achten, daß sie gut kontrolliert sind und nicht mehr als nötig decken. Vermeide daher bei der Deckungsarbeit jede übertriebene Bewegung. (Achte auf Einfachheit. Studiere die acht grundlegenden Verteidigungsstellungen.)

Es ist Ziel der Abwehr, gerade genug Ablenkungskraft aufzubringen, um die bedrohte Fläche zu schützen. Wenn man die Deckung überzieht (die Hand zu weit nach einer Seite bewegt), dann bietet sich die andere Seite sofort ungeschützt Angriffen dar.

Wenn man die Bewegung bei Abwehr eines Schlages zu weit führt, dann entstehen dadurch nicht nur Öffnungen für Konter, sondern es ergibt sich für den Gegner auch die Gelegenheit, die Richtung seines Schlages zu ändern. Denke immer daran, daß es besser ist, spät als früh abzuwehren.

Abwehren sind eine äußerst wirkungsvolle Form der Verteidigung. Sie können leicht erlernt werden, sie lassen sich leicht ausführen und sollten bei jeder möglichen Gelegenheit eingesetzt werden. Es entstehen Öffnungen, die sich zu Kontern ausnutzen lassen.

Abwehren ist verfeinerter als Abblocken, wo Kraft eingesetzt wird und es zu Quetschungen von Gewebe, Nerven und Knochen kommt. Abblocken sollte nur dann eingesetzt werden, wenn es absolut nötig ist, da es die Körperkraft eher schwächt als erhält. Ein gut ausgeführter Schlag führt, selbst wenn er abgeblockt wird, dazu, daß das Gleichgewicht gestört, ein Kontern verhindert wird und Öffnungen für weitere Angriffe geschaffen werden.

Erfolgreiche Abwehren entstehen dadurch, daß die Deckungshand über den Weg des Angriffs gelegt wird, so daß die eventuell in einem Schlag liegende Kraft abgleitet.

Manchmal muß ein Kämpfer fühlen, daß er beim Ablenken eines Schlags oder Tritts in Wirklichkeit davon Besitz ergreift, daß er durch den sich herstellenden Kontakt die Reaktionen des Gegners spürt, wenn dieser feststellt, daß der Angriff ein Fehlschlag war.

Verwende Abwehren nur bei wirklichen Angriffen, denn die falschen Angriffe des Gegners lassen sich auch mit Halbstellungen meistern.

127

Übungen: Der Lehrer richtet Schläge oder Stöße auf verschiedene Teile des Ziels. Der Schüler folgt diesen Bewegungen, hört jedoch auf, wenn der Lehrer aufhört, wobei nur die richtigen Angriffe abgewehrt werden. Dann macht der Lehrer die gleichen drohenden Bewegungen, aber der Schüler folgt ihnen nicht mit den Händen. Auch hier wird wieder nur abgewehrt, wenn der richtige Schlag oder Stoß kommt. Durch diese Methode lernt der Schüler, erst im letzten Moment abzuwehren.

Gegen eine einfache Abwehr (d. h. ein seitliches Kreuzen der Hände) sollte man mit einer Trennung angreifen (d. h. auf einer anderen Linie).

Wenn man den Gegner zu einer Abwehr verleiten will, um selbst die Abwehr zu schlagen (»Schlag-Abwehr«), dann sollte sich die Hand nicht zu weit nach links oder rechts bewegen. Man schließt einfach die Linie oder lenkt die Hand des Gegners ab, wodurch gerade ausreichend Platz geschaffen wird, um das Ziel zu erreichen.

Die Schlag-Abwehr wird meist von einem schnellen Gegenschlag gegen einen starken und genauen Gegner gefolgt.

Halbkreisförmige Abwehren gehen von einer hohen Linie aus, um einen auf die untere Ebene gerichteten Angriff abzuwehren; oder von einer tiefen Linie, um einen auf die obere Ebene gerichteten Angriff abzuwehren. Sie beschreiben einen Halbkreis.

Die Abwehren des Achtelbereichs (tief außen) und das Siebentelbereichs (tief innen) werden bei Angriffen auf der tiefen Linie verwendet. Diese können jedoch aus taktischen Gründen Alternativen für die Abwehren des Sechstelbereichs (hoch außen) und Viertelbereichs (hoch innen) sein. Studiere die Abwehren beim Fechten!

Bei einem sehr schnellen Kämpfer oder einem Kämpfer mit einem deutlichen Vorteil in Größe oder Reichweite ist es oft nötig, daß man bei der Ausführung einer Abwehr einen Schritt nach hinten macht. Wenn man mit einem Schritt nach hinten abwehrt, sollte abgewehrt werden, wenn sich der Fuß nach hinten bewegt. Die Abwehr sollte mit anderen Worten mit dem Schritt nach hinten zusammen »entstehen« und nicht erst, wenn dieser ausgeführt wurde.

Der Rückwärtsschritt als eine Verteidigungsbewegung sollte immer auf die Länge der Angriffsbewegungen des Gegners eingestellt werden, um sicherzugehen, daß der für eine erfolgreiche Abwehr benötigte Abstand vorhanden ist.

Eine kreisförmige Abwehr »umwickelt« das Handgelenk des Gegners und bringt es auf die ursprüngliche Linie der Täuschung zurück, während es vom Ziel abgelenkt wird.

Fege einen Stoß auf dem kürzesten Weg vom Ziel weg (dabei die Schulter entspannt lassen) – eine Abwehr im Sechstelbereich wird durch ein Drehen der Hand im Uhrzeigersinn ausgeführt, während eine Abwehr im Viertelbereich eine Bewegung entgegen dem Uhrzeigersinn erfordert.

Eine kreisförmige Abwehr beginnt unter der Hand des Gegners, wenn sie auf der oberen Linie eingesetzt wird; auf der unteren Linie beginnt sie über der Hand des Gegners. Der Vorteil von kreisförmigen Abwehren gegenüber Abwehren mit Gegenhalten- oder -schlagen liegt darin, daß sie einen größeren Bereich des Ziels decken und auch schwerer zu täuschen sind. Sie sind jedoch nicht ganz so schnell wie die einfachen Abwehren. Die Zeit, die man aufbringt, um diese schnell zu machen, zahlt sich immer aus.

Bei Anwendung von kreisförmigen Abwehren sollte man immer darauf achten, daß die Hand einen richtigen vollständigen Kreis beschreibt, so daß sie wieder in die Ausgangsposition zurückkommt. Die Abwehr sollte nicht zu früh begonnen oder beendet werden, denn die Hand muß der des Gegners folgen und ihr dann begegnen, kurz bevor diese das Ziel erreicht.

Verwende die kreisförmige Abwehr auch dazu, einen täuschenden Gegner zu verwirren.

Kombinationsabwehren bestehen aus zwei oder mehr ähnlichen Abwehren oder einer Kombination von unterschiedlichen Abwehren.

Jede einzelne Abwehr muß abgeschlossen werden (d. h. die Hand in die richtige Stellung bringen), bevor man die darauf folgende Abwehr ausführen kann.

Wechsle und variiere die Abwehren so, daß der Gegner keinen festen Angriffsplan fassen kann. Wenn man nämlich auf Angriffe immer mit der selben Art von Abwehren reagiert, dann kann ein sorgfältig beobachtender Gegner daraus Vorteile ziehen. Deshalb empfiehlt es sich, die Art der Abwehren während eines Kampfes so viel wie möglich zu ändern, um dem Gegner immer Rätsel aufzugeben. Dies führt bei einem Angreifer zu einem gewissen Maß an Zögern, wodurch er in der Offensive an Vertrauen und Wirkung einbüßt.

Wodurch lassen sich Abwehren oder Abwehrblöcke wirksamer machen? – Körperstellung, Beinarbeit (hineingehen, kreiseln usw.) zur Erleichterung von sofortigen Kontern.

Achte auf Konter des Gegners.

Experimentiere damit, die Abwehr in den Weg des Gegners zu »fegen« (natürliche und leichte Bewegungen).

Untersuche Abwehren im Zusammenwirken mit allen Arten von Ausweichen (seitlich ausweichen, wegschieben, wegschlüpfen, kreisen, abducken, zurückschnappen usw.) auf eine mögliche Einleitung von Tritten oder Kombinationen von Tritten und/oder Schlägen. Baue Stoppen und Decken mit Tritten und Schlägen ein. Bedrohe den Gegner immer mit Einlagen (Tritte, Schläge), während man offensichtlich in verschiedene Richtungen wechselt

(sich exponiert), als ob man sich immer in der Stellung »wachsam« befinden würde.

Schlag zur Hand

Der Schlag zur Hand kann eingesetzt werden, wenn der Gegner außergewöhnlich schnell ist und auf Täuschungsmanöver nicht reagiert.

Der Schlag zur Hand ist eine scharfe Bewegung der Hand zur Hand des Gegners mit dem Ziel, diese zur Seite zu schlagen oder eine Reaktion zu provozieren. Normalerweise gibt einem die Reaktion eines Gegners, dann zurückzuschlagen, den Vorteil, daß man dessen Bewegungen immer etwas voraus ist.

Wegen der dazwischenliegenden Distanz kann der Schlag zur Hand nicht willkürlich ausgeführt werden. Man muß die genau richtige Gelegenheit abwarten und ausnutzen. Das dauernde Wechseln der Handhaltung des Gegners, oft in Form von halben Täuschungsmanövern oder falschen Angriffen, bringt dessen Hand oft in die richtige Reichweite für einen Schlag zur Hand.

Obwohl ein von einem direkten Angriff erfolgter Schlag zur Hand erfolgreich sein kann, führen diese Schläge im allgemeinen dazu, eine Deckungsbewegung auf der Seite auszuführen, auf der zur Hand geschlagen wurde. Deshalb läßt sich ein direkter Angriff nur schwer anbringen. Aus diesem Grund ist es ratsam, sich diese Reaktionen zu Nutzen zu machen, indem man dem Schlag zur Hand einen indirekten oder Kombinationsangriff folgen läßt. Der Schlag sollte aus der normalen Wachsamkeitsstellung heraus in die Linie geführt werden, auf der sich die Hände treffen. Wenn bei diesem Treffen ein Wechsel stattfindet, um auf einer anderen Linie zu schlagen, dann bezeichnet man dies mit »Wechsel-Schlag«.

Schlage diesen Schlag genau und so nah zur Hand wie möglich. Der Schlag zur Hand wird zu drei Zwecken ausgeführt:

1. Um die Linie zu der »Spannfeder« des Gegners gewaltsam oder durch Präzision zu öffnen, um ein »gewindegleiches« Durchdringen zu gewährleisten.
2. Als ein Täuschungsmanöver vor einem Angriff.
3. Um einen Gegner zu einem Angriff zu verleiten, insbesondere, wenn man sich auf dessen Rhythmus eingestellt hat.

Im ersten Fall sollte der Schlag zur Hand scharf und schnell ausgeführt werden; übe nach diesen beiden Gesichtspunkten das Fangen oder Unbeweglichmachen der Hand zusammen mit der kleinen phasischen Stellung mit gebeugten Knien.

Im zweiten Fall muß der Schlag zur Hand leicht und schnell geführt werden, als ob man die Hand übergehen und schnell zum Angriff kommen wollte.

Im dritten Fall sollte der Schlag leicht und nicht zu schnell gemacht werden, wobei man gleichzeitig bereit sein soll, entweder den Angriff abzuwehren, ihn zu kontern oder ihm mit einem zweiten leichten und schnellen Schlag zur Hand für einen Gegenangriff zu folgen.

Binden

Wenn man nach dem Zusammentreffen der Hände die Hände des Gegners diagonal von einer hohen Linie auf eine tiefe Linie oder umgekehrt zwingt, dann wird dies mit »binden« bezeichnet.

Kreuzen

Beim Kreuzen wird die Hand des Gegners auf der gleichen Seite des Aufeinandertreffens von der hohen Linie zur tiefen Linie geführt und nicht wie beim Binden diagonal. Außerdem erfolgt beim Kreuzen die Bewegung nie von unten nach oben.

Einwickeln

Mit Einwickeln wird bezeichnet, wenn man die Hand des Gegners in einer kreisförmigen Bewegung vom Ziel nimmt und sie wieder auf die Linie des Aufeinandertreffens zurückbringt.

Drücken

Mit Drücken wird der Druck auf die Hand des Gegners bezeichnet, um diese abzulenken oder eine Reaktion zu erhalten, um sich von ihr zu trennen.

Der Schlag zum Handgelenk wird vor einem Angriff eingesetzt oder um eine Reaktion für einen indirekten Angriff zu erhalten. Binden, Kreuzen, Einwickeln oder Drücken sind hauptsächlich Mittel, um die Hand vor einem indirekten Angriff »einzufangen« oder um ganz einfach eine Reaktion zu erhalten.

Beweglichkeit

Erlange Ruhe in der Bewegung, wie der Schein des Mondes unter den Wellen, die immer weiter wogen und branden.

Die Distanz ist eine sich ständig ändernde Beziehung, die von Schnelligkeit, Beweglichkeit und Kontrolle beider Kämpfer abhängt. Sie besteht aus dauernder und schneller Verlagerung des Standpunkts, wobei man schon die kleinste Gelegenheit zum Näherkommen sucht, wodurch sich die Treffchancen beträchtlich erhöhen.

Die Aufrechterhaltung einer richtigen Kampfdistanz hat eine große Auswirkung auf den Ausgang des Kampfes – sei deshalb immer in der richtigen Kampfdistanz!

Zwischen dem Hinein- und Herausgehen aus der Distanz und den verschiedenen Aktionen der Hände und Füße muß eine enge Abstimmung bestehen. Man kann sich über einen gesamten Kampf nur dann innerhalb der Kampfdistanz befinden, wenn man dem Gegner in Schnelligkeit und Beweglichkeit weit überlegen ist.

Geht man in die Deckung, ist es besser, wenn man etwas aus der Distanz zurückgeht, anstatt dem Gegner zu nahe zu kommen. Es spielt keine Rolle, wie schnell man bei der Abwehr ist, denn wenn der Gegner nur nahe genug ist, kommt er auch mit seinem Angriff durch, denn es gehört zum Wesen des Angriffs, daß er dem Angreifer den Vorteil der Einleitung gibt (falls das richtige »Maß« vorhanden ist). Ebenso kann der eigene Angriff, egal wie genau, schnell, wirtschaftlich und rechtzeitig er sein mag; trotzdem scheitern, wenn man die Distanz nicht genau richtig berechnet hat.

Das »Kampfmaß« ist die Distanz, die ein Kämpfer im Verhältnis zu seinem Gegner hält. Es ist derart, daß

er erst dann getroffen werden kann, wenn der Gegner zu ihm vorstößt.

Es ist sehr wichtig, daß jeder sein eigenes »Kampfmaß« kennt. Im Kampf bedeutet dies, daß man die eigene Schnelligkeit und Beweglichkeit und die des Gegners berücksichtigt. Das besagt, daß man sich beständig außerhalb der Distanz bewegen sollte, damit einen der Gegner mit einem einfachen Schlag nicht erreichen kann; jedoch nicht so weit außerhalb der Distanz, daß man nicht mit einem kurzen Vorgehen wieder in die Distanz zurückkommen kann, um somit seinerseits den Gegner mit einem kraftvollen Angriff erreichen zu können.

Wenn die Kämpfer beim Kampf immer in Bewegung sind, so kommt das daher, daß sie versuchen, den Gegner zu einer Fehleinschätzung der Distanz zu verleiten, während sie sich über die eigene Distanz ganz im klaren sind.

So wechselt ein Kämpfer dauernd seinen Abstand, um die für ihn am besten geeignete Distanz zu finden. Entwickle ein Gespür dafür, immer das richtige Maß aufrechtzuerhalten. Das instinktive Erfassen der Distanz ist außerordentlich wichtig.

Ein sich gut schützender Kämpfer hält sich immer außerhalb der Angriffsdistanz des Gegners und wartet auf die Gelegenheit, seinerseits die Distanz zu schließen oder dem Vorgehen des Gegners zuvorzukommen. Greife in den Angriff des Gegners hinein an oder ändere die Distanz. Treibe ihn gegen eine Wand, um seinen Rückzug abzuschneiden oder ziehe dich selbst zurück, um den Gegner zu einem Vorgehen zu verleiten.

Die meisten Fechter gehen abwechselnd vor oder zurück, wenn sie einen Angriff vorbereiten oder vermeiden wollen. In der Kampfkunst empfiehlt sich diese Methode nicht, denn das Vor- oder Zurückgehen beim Angriff muß schnell, sprunghaft und in unregelmäßigen Abständen erfolgen, so daß der Gegner es erst zu spät merkt. Der Gegner sollte »eingelullt« werden und dann sollte der Angriff so unvermutet wie möglich gestartet werden, wobei er sich an die automatischen Bewegungen (einschließlich des möglichen Rückzugs) des Gegners anpaßt.

Die Kunst des Schlagens und Tretens ist die Kunst der richtigen Einschätzung der Distanz. Ein Angriff sollte zu derjenigen Distanz geführt werden, in der sich der Gegner befinden wird, wenn er merkt, daß er angegriffen wird und nicht zu der Distanz vor dem Angriff. Der kleinste Fehler kann den Angriff wirkungslos machen.

Ein Angriff ist nur selten erfolgreich, wenn man sich im Moment seiner Einleitung nicht in der richtigen Distanz befindet. Eine Abwehr ist sehr wahrscheinlich dann erfolgreich, wenn sie in der Endphase des gegnerischen Angriffs angebracht werden kann. Oft jedoch verpaßt man die Chance zum Konterangriff, wenn man bei einer Abwehr ganz aus der Distanz heraus nach hinten geht. Bei einem Gegenangriff mit einem Stoppschlag oder Zeitschlag kommt zu diesen Beispielen noch der auf der Hand liegende Vorteil der Wahl des richtigen Maßes, des Timings und der Kadenz.

Der große Fechtmeister Marcelli sagte einmal: »Die Frage, ob es nötig ist, schon im voraus Tempo oder Distanz zu kennen, muß eher von Philosophen als von Fechtern entschieden werden. Ebenso ist es sicher, daß ein Kämpfer gleichzeitig Tempo und Distanz beachten muß. Und er muß in der Aktion beide zugleich vereinbaren, wenn er sein Ziel erreichen will.«

Das Kampfmaß wird auch durch die Größe der zu schützenden Fläche (d. h. der Ziele, die der Gegner aussucht) sowie der Körperteile bestimmt, die am leichtesten innerhalb der Reichweite des Gegners zu treffen sind. Das Schienbein ist äußerst verletzbar und konstant gefährdet. Falls sich der Gegner auf Tritte zum Schienbein/Knie spezialisiert, sollte man sich auf dessen Maß von Schienbein zu Schienbein einstellen.

Sobald die Distanz genau richtig ist, sollte der Angriff mit einem sofortigen Ausbruch von Energie und Schnelligkeit ausgeführt werden. Ein Kämpfer, der sich in einem konstanten Zustand körperlicher Fitness befindet, ist eher in der Lage, eine Aktion im Bruchteil einer Sekunde einzuleiten und somit eine Gelegenheit ohne Vorankündigung wahrzunehmen.

Distanz beim Angriff

Das erste Prinzip für den schnellstmöglichen Kontakt beim Angriff aus der Distanz lautet, die längsten Körperwaffen einzusetzen, um die nächstgelegenen Partien des Gegners zu erreichen.

Beispiele
Beim Treten: Der Seitwärtstritt zu Schienbein/Knie mit dem vorderen Bein (mit Vorbeugen).
Beim Schlagen: Der Fingerstich zu den Augen.
Studiere die Tabellen der progressiven Körperwaffen.

Das zweite Prinzip ist die wirtschaftliche Einleitung (nicht vorangekündigt). Wende für die richtige Erkenntnis innewohnendes Bewegungstraining an.

Das dritte Prinzip ist die richtige Wachsamkeitsstellung, um die Bewegungsfreiheit zu erleichtern (Leichtigkeit). Gebrauche den kleinen phasischen Stand mit gebeugtem Knie.

Das vierte Prinzip liegt in der beständigen Verlagerung der Beinarbeit, um das richtige Maß zu gewährleisten. Verwende den unterbrochenen Rhythmus, um die Distanz des Gegners durcheinanderzubringen, während man die eigene Distanz unter Kontrolle hat.

133

Das fünfte Prinzip heißt, den Moment der physischen und psychologischen Schwäche des Gegners zu erfassen und auszunutzen.

Das sechste Prinzip ist das richtige Maß zum explosionsartigen Durchdringen.

Das siebente Prinzip ist schnelles Zurückkommen nach dem Angriff oder angemessene Nachfolgetechniken.

Das »x« Prinzip heißt Mut und Entschlossenheit.

Distanz bei der Verteidigung

Das erste Prinzip für den Einsatz von Distanz bei der Verteidigung ist, die gefühlsmäßige Aura mit koordinierter Beinarbeit zu verbinden.

Das zweite Prinzip ist die richtige Einschätzung der Tiefe des gegnerischen Eindringens, ein Gefühl für dessen sich ausstreckende Körperwaffen, um darauf mit halbtaktigen Bewegungen zu reagieren.

Das dritte Prinzip ist die richtige Wachsamkeitsstellung, um die Bewegungsfreiheit zu erleichtern (Leichtigkeit). Gebrauche den kleinen phasischen Stand mit gebeugtem Knie.

Das vierte Prinzip ist die Verwendung von kontrolliertem Gleichgewicht (in der Bewegung), ohne sich außer Position zu bringen. Studiere das Ausweichen.

Man kann nur dann ein instinktives Gefühl für die Distanz entwickeln, wenn man sich weich und schnell bewegen kann.

Die Qualität der Techniken eines Kämpfers hängt von seiner Beinarbeit ab, denn man kann wohl kaum richtig schlagen oder treten, wenn man nicht zuvor durch die Beine in die gewünschte Stellung gebracht wird. Wenn man sich nur langsam auf den Beinen bewegt, dann werden auch die Tritte und Schläge langsam sein. Beweglichkeit und Schnelligkeit sind wichtige Voraussetzungen für die Schnelligkeit von Schlägen und Tritten.

Im Jeet Kune Do wird sehr viel Wert auf Beweglichkeit gelegt, da ein Kampf eine Angelegenheit der Bewegung ist, ein Unternehmen, selbst ein Ziel zu finden, oder zu vermeiden, selber zu einem Ziel zu werden. Beim Jeet Kune Do gibt es nicht den Unsinn, daß man drei lange Jahre in der klassischen Pferdestellung verharrt, bevor man sich bewegen darf. Diese Art von unnötigem und anstrengendem Stehen ist nicht funktionell, denn hier wird im Prinzip nur Festigkeit in der Ruhe gesucht. Beim Jeet Kune Do findet man jedoch Festigkeit in der Bewegung, was wirklich, leicht und lebendig ist. Deshalb ist federnde Wachsamkeit der Beinarbeit ein wesentlicher Punkt.

Beim Üben mit einem Partner befindet sich einer der Kämpfer immer in Bewegung, um den Gegner zu Fehlschlüssen über die Distanz zu verleiten, während er sich über die eigene Distanz im klaren ist. So wird die Länge der Schritte nach vorwärts und nach rückwärts der des Gegners angepaßt. Ein guter Kämpfer wird immer versuchen, eine solche Position beizubehalten, die ihn (wobei er sich nur geringfügig außerhalb der Reichweite des Gegners hält) in die Lage versetzt, nahe genug zu sein, um eine Gelegenheit sofort auszunutzen (siehe »Kampfmaß«). Er kann deshalb auf Normaldistanz durch sein feines Gefühl für Distanz und Timing einen Gegner am Angriff hindern. Der Gegner ist dann gezwungen, die Distanz zu verkürzen und näher und näher zu kommen, bis er zu nahe ist!

Beweglichkeit ist auch bei der Verteidigung äußerst wichtig, denn ein sich bewegendes Ziel ist bestimmt schwerer zu treffen. Durch Beinarbeit kann man jedem Schlag oder Tritt zuvorkommen. Je besser die Beinarbeit eines Kämpfers ist, desto weniger muß er zur Vermeidung von Schlägen und Tritten seine Arme zu Hilfe nehmen. Durch geschicktes und rechtzeitiges seitliches Ausweichen und Abducken kann ein guter Kämpfer beinahe jeden Schlag oder Tritt vermeiden und hält so seine Hände für Konter frei und bewahrt gleichzeitig sein Gleichgewicht und seine Energie.

Ebenso kann ein Kämpfer, indem er sich konstant in geringfügiger Bewegung hält, eine Bewegung viel »schnappender« einleiten, als aus einer festen Position heraus. Deshalb sollte man nicht zu lange an derselben Stelle bleiben. Verwende kurze Schritte, um die Distanz zwischen dir und dem Gegner zu ändern. Wechsle die Länge und die Schnelligkeit der Schritte, um den Gegner zusätzlich zu verwirren.

Die Beinarbeit im Jeet Kune Do versucht mit einem Minimum an Bewegung Einfachheit zu erreichen. Man sollte nicht übermäßig viele Bewegungen machen, noch auf Zehenspitzen stehen und überall herumtänzeln. Der Leser sollte nun eigentlich die

135

unrealistische Haltung der traditionellen und klassischen Stellungen und Beinarbeit erkennen. Sie sind langsam und unbeweglich. Oder noch deutlicher ausgedrückt: So bewegt sich niemand in einem Kampf! Ein richtiger Kampfkünstler muß seine Position innerhalb von Sekundenbruchteilen verändern können.

Bewegung ist ein Mittel zur Verteidigung, ein Mittel zur Täuschung, ein Mittel zur Sicherstellung der richtigen Distanz für den Angriff und ein Mittel zum Einsparen von Energie. Die Essenz des Kampfes ist die Kunst der Bewegung.

Durch Beinarbeit kann man Distanz gutmachen und sich so schweren Treffern entziehen. Man kann durch sie aus einer Ecke herauskommen; ebenso kann man durch sie einen schweren Schläger bei seinem vergeblichen Versuch, einen schweren Treffer zu landen, ermüden. Außerdem setzt gute Beinarbeit »Pfeffer« hinter einen Schlag.

Der wichtigste Punkt bei der Beinarbeit ist die Koordinierung von Tritten und Schlägen in der Bewegung. Ohne Beinarbeit gleicht ein Kämpfer einem Geschütz, das nicht bewegt werden kann oder einem Polizisten, der sich zur falschen Zeit am falschen Ort befindet.

Der Wert von guten Schlägen und schnellen, kraftvollen Tritten hängt hauptsächlich davon ab, ob sie auf der Grundlage einer schnellen, beweglichen und gut ausbalancierten Beinarbeit gemacht werden. Es ist deshalb sehr wichtig, die Balance und das Gleichgewicht des »Unterbaues« zu wahren, auf dem die »Körperwaffen« ruhen. Unabhängig von der gewählten Schnelligkeit oder der Bewegungsrichtung liegt das Ziel darin, diese grundlegende Stellung beizubehalten, die für den Kampf am wirksamsten ist. Mache den beweglichen »Untersatz« so gelenkig und flink wie möglich.

Der richtige Kampfstil ist der, der in seiner absoluten Natürlichkeit Schnelligkeit und Kraft mit der bestmöglichen Verteidigung vereint.

136

Gute Beinarbeit bedeutet gute Balance in der Bewegung. Hieraus entsteht Schlagkraft und die Fähigkeit, schweren Treffern auszuweichen. Jede Bewegung beinhaltet die Koordination von Händen, Beinen und Gehirn.

Ein Kämpfer sollte sich nicht wie auf Plattfüßen bewegen, sondern den Boden mit den Fußballen fühlen, so als ob diese starke Federn wären, immer bereit, je nach Erfordernis die Bewegung zu beschleunigen oder zu verlangsamen.

Verwende die Beinarbeit, um geschickt zu manövrieren und bei Angriff und Verteidigung ausgewogene Bewegung miteinander zu kombinieren. Behalte aber vor allem einen kühlen Kopf.

- Die Grundlage ist die Empfindsamkeit der Aura.
- Das zweite Prinzip ist Lebendigkeit und Natürlichkeit.
- Das dritte Prinzip sind die instinktiven Schritte (Distanz und Timing).
- Das vierte Prinzip ist die richtige Stellung des Körpers.
- Das fünfte Prinzip ist eine ausgewogene Position bei der Ausführung.

Nutze die eigene Beinarbeit und die des Gegners zum Vorteil. Merke dir seine Methode, falls er überhaupt eine hat, beim Vor- und Zurückgehen. Variiere Länge und Geschwindigkeit deiner Schritte.

Die Länge der Schritte beim Vor- und Zurückgehen sollte ungefähr auf die der Schritte des Gegners eingestellt werden.

Variationen des Kampfmaßes erschweren es dem Gegner, für seine Vorbereitungen und Angriffe das richtige Timing zu finden. Ein Kämpfer mit gutem Distanzgefühl oder ein Kämpfer, den man beim Vorgehen nur schwer erreichen kann, läßt sich jedoch oft auf das gewünschte Kampfmaß bringen, indem man eine Reihe von Rückwärtsschritten allmählich kleiner werden läßt oder ihm gegenüber Distanz gutmacht, wenn er einen Vorstoß unternimmt (dem Gegner zuvorkommen).

Die einfachste und grundlegendste Taktik ist, gerade soviel Distanz zu erreichen, um das Anbringen eines Treffers zu erleichtern. Dahinter steht die Idee, etwa einen Schritt nach vorne zu gehen und sich dann wieder zurückzuziehen, wodurch der Gegner zum Folgen eingeladen wird. Laß den Gegner dann mit ein oder zwei Schritten nach vorne kommen und mache dann plötzlich in seinen Schritt hinein einen Vorstoß, genau in dem Moment, wenn er sein Bein für einen weiteren Schritt hebt.

Ein schwer zu erreichender Gegner läßt sich mit einer Reihe von zunehmenden Schritten erreichen – der erste Schritt muß weich und sparsam sein.

Schnelle und kleine Schritte empfehlen sich, um perfektes Gleichgewicht, genaue Distanz und Fähigkeit zu plötzlichen Angriffen und Gegenangriffen zu entwickeln.

Sichere Beinarbeit und gutes Gleichgewicht sind nötig, um beim Vor- und Zurückgehen in und aus der Distanz die eigene Reichweite und die des Gegners abschätzen und berücksichtigen zu können. Wenn man weiß, wann man vorgehen und wann man zurückgehen muß, dann weiß man auch, wann man angreifen und wann man verteidigen muß.

Ein guter Kämpfer stiehlt, schafft und ändert die so wichtigen räumlichen Beziehungen; er reißt sie an sich, um seinen Gegner zu verwirren.

Übe deine Beinarbeit derart, daß immer genau die richtige und präzise Distanz in Beziehung zum Gegner gewahrt bleibt; bewege dich nur so viel, um deinen Zweck zu erreichen. Durch feines Distanzgefühl bringt man den Gegner dazu, sich mehr und mehr anzustrengen, was ihn schließlich nahe genug in die Reichweite von wirksamen Kontern bringt.

Die Grundlage von großen Fertigkeiten beim Kampf ist, sich im richtigen Moment zu bewegen; aber sich nicht nur im richtigen Moment zu bewegen, sondern auch in der bestmöglichen Position für Angriffe und Konter zu sein. Dies bedeutet Gleichgewicht, aber Gleichgewicht in der Bewegung.

Wenn sich die Füße in der richtigen Stellung befinden, dann dient dies als Drehpunkt für den gesamten Angriff. Man kommt dadurch in das richtige Gleichgewicht und die Schläge werden kraftvoll. Dies ist auch bei Sportarten wie Baseball der Fall, wo Kraft und Durchschlagsvermögen von den Beinen her zu kommen scheinen.

Das Gleichgewicht aufrechtzuerhalten, während man konstant das Körpergewicht verlagert, ist eine Kunst, die nur wenige beherrschen.

Die Füße müssen sich immer direkt unter dem Körper befinden. Jede Bewegung der Füße, die den Körper aus dem Gleichgewicht bringt, muß vermieden werden. Bei der Wachsamkeitsstellung findet man richtiges Gleichgewicht des Körpers und sie sollte deshalb immer verwendet werden, vor allem im Hinblick auf die Beinarbeit. Weite Schritte oder Beinbewegungen, die ein konstantes Verlagern des Gewichts von einem Bein auf das andere nötig machen, sollten nicht verwendet werden. Während dieser Gewichtsverlagerung gibt es einen Augenblick, in dem das Gleichgewicht gefährdet ist und somit Angriff oder Verteidigung unwirksam macht. Außerdem kann der Gegner diese Verlagerung für einen Angriff ausnutzen.

Während der Bewegung gewährleisten kurze Schritte das Gleichgewicht beim Angriff. Ebenso wird das Körpergleichgewicht immer aufrechterhalten, so daß jede beliebige Angriffs- oder Verteidigungsbewegung nicht irgendwie beschränkt oder beeinträchtigt wird, wenn man sich nach vorne, nach hinten bewegt oder den Gegner umkreist. Aus diesem Grund sind zur Überbrückung der gleichen Distanz zwei kürzere Schritte besser als ein langer Schritt.

Variationen des Kampfmaßes machen es dem Gegner schwerer, für seine Vorbereitungen oder Angriffe das richtige Timing zu finden.

Das richtige Setzen der Füße gewährleistet Gleichgewicht und Beweglichkeit – untersuche das an dir selbst. Man muß mit seiner Beinarbeit »mitfühlen«. Schnelle und leichtfüßige Beinarbeit ist eine Angelegenheit von richtiger Gewichtsverlagerung.

Für die Füße ist diejenige Stellung ideal, die es einem ermöglicht, sich in jeder Richtung schnell bewegen zu können und ein gutes Gleichgewicht aufrechtzuerhalten, so daß man Schlägen aus allen Winkeln widerstehen kann. Denke immer an den kleinen phasischen Stand mit gebeugten Knien.

Die hintere Ferse ist aus folgenden Gründen angehoben:

1. Beim Schlagen wird das Körpergewicht blitzartig auf das Führungsbein verlagert. Dies ist leichter, wenn die hintere Ferse schon etwas angehoben ist.
2. Wenn man selbst Treffer einstecken und etwas »nachgeben« muß, dann geht man mit der hinteren Ferse auf den Boden zurück. Dies wirkt wie eine Feder und schwächt die Kraft des Schlages ab.
3. Durch eine angehobene Ferse läßt sich das hintere Bein leichter bewegen.

Wie der Kolben in einem Motor, so ist die hintere Ferse der »Kolben« der »Kampfmaschine«.

Falls nicht taktische Gründe ein anderes Vorgehen erfordern, erfolgt das Vor- und Zurückgehen mit schnellen und kleinen Schritten. Eine richtige Verteilung des Gewichts über beide Beine führt zu perfektem Gleichgewicht und versetzt den Kämpfer in die Lage, sofort und leicht aktionsbereit zu sein, wann immer das Maß für Angriffe richtig ist.

Man sollte sich in der gleichen Art und Weise bewegen wie ein eleganter Tänzer, der seine Füße, Knöchel und Waden einsetzt und über den Boden gleitet.

Die Betonung liegt auf schneller Beinarbeit und der Tendenz zum Angriff mit einem Schritt nach vorne (üben! üben! üben!), die oft mit einem Angriff zur Hand des Gegners kombiniert werden.

Mache deine Stellung leicht, damit das zu überwindende Beharrungsvermögen kleiner wird. Die beste Methode zum Erlernen von richtiger Beinarbeit ist ein Schattenboxen über mehrere Runden, wobei man darauf achten sollte, leichtfüßig zu werden.

Allmählich wird einem dann diese Bewegungsart vertraut und man kann sie ohne großes Nachdenken leicht und mechanisch ausführen.

Es gibt bei der Beinarbeit nur vier mögliche grundlegende Bewegungsarten:
1. Vorgehen
2. Zurückgehen
3. Nach rechts kreisen
4. Nach links kreisen

Es gibt jedoch zu jeder dieser Bewegungsarten wichtige Variationen; ebenso besteht die Notwendigkeit, jede dieser grundlegenden Bewegungsarten mit Schlägen und Tritten zu kombinieren. Im folgenden sind einige Beispiele aufgeführt:

Der Vorwärtsshuffle: Darunter versteht man ein Vorwärtsgehen, ohne das Körpergleichgewicht zu stören, das nur durch eine Reihe von kurzen Schritten nach vorne ausgeführt werden kann. Diese Schritte müssen so klein sein, daß man die Füße überhaupt nicht anhebt, sondern mit ihnen über den Boden gleitet. Die grundlegende Stellung wird immer mit dem ganzen Körper eingehalten; hierin liegt auch der Schlüssel. Sobald sich einmal das richtige Körpergefühl eingestellt hat, kann man die Schritte mit den Körperwaffen kombinieren. Der Körper ist im Gleichgewicht, um entweder einen plötzlichen Angriff oder eine Verteidigung auszuführen. Das Hauptziel beim Vorwärtsshuffle ist, Öffnungen zu provozieren (durch die Verteidigungsreaktionen des Gegners) und den Gegner zum Schlagen mit der Führungshand zu verleiten.

Der Rückwärtsshuffle: Das Prinzip ist das gleiche wie beim Vorwärtsshuffle; man muß diese Bewegung ohne Störung der Wachsamkeitsstellung ausführen. Achte immer darauf, daß sich beide Füße zu jeder Zeit am Boden befinden, wodurch das für Angriff oder Verteidigung nötige Gleichgewicht gewährleistet wird. Der Rückwärtsshuffle wird eingesetzt, um den Gegner zum Schlagen mit der Führungshand zu verleiten oder ihn aus dem Gleichgewicht zu bringen und damit Öffnungen in der Deckung zu schaffen.

Das schnelle Vorgehen: Obwohl dies eine schnelle und plötzliche Vorwärtsbewegung ist, muß man immer darauf achten, daß das Gleichgewicht gewahrt bleibt. Der Körper wird eher eng am Boden geführt, als daß er in die Luft springt. Es ist kein Hüpfer. Das schnelle Vorgehen gleicht in jeder Hinsicht einem weiten Schritt nach vorne, bei dem der hintere Fuß sofort in Position gebracht wird. Erlange das richtige Körpergefühl, wenn du die Körperwaffen dabei einsetzt.

Der Schritt nach vorne und der Schritt nach hinten: Das Verkürzen oder Vergrößern der Distanz kann als Vorbereitung zu einem Angriff verwendet werden. Der Schritt nach vorne wird eingesetzt, um für den Angriff die richtige Distanz zu erhalten; der Schritt nach hinten kann verwendet werden, um den Gegner in die Distanz zu ziehen. »Ziehen« bedeutet normalerweise, bei einem Schlag der Führungshand des Gegners aus der Distanz zu gehen, indem man aus den Hüften nach hinten pendelt oder der Führungshand durch Beinarbeit ausweicht. Das Ziel liegt darin, den Gegner im entscheidenden Augenblick auf Reichweite zu locken, während man selbst außer Reichweite bleibt.

Der Schritt nach vorne bringt zusätzlich Schnelligkeit in den Angriff, wenn er mit einem Täuschungsmanöver (den Gegner zwingen, sich zu exponieren) oder einer Vorbereitung (um die Grenzen des Kampfmaßes zu verbinden und zu schließen) gemacht wird. Wenn der Schritt nach vorne ausgeführt wird und man dabei in der Linie des Aufeinandertreffens gedeckt ist, ist man dadurch gut in der Lage, mit einem in diese Bewegung hinein geschlagenen Stoppschlag zurechtzukommen.

Der Schritt nach hinten kann taktisch gegen einen Gegner eingesetzt werden, der immer zurückgeht, sobald irgendein Täuschungsmanöver oder eine Angriffsbewegung gemacht wird und deshalb nur sehr schwer zu erreichen ist, insbesondere, wenn er durch seine Körpergröße Vorteile hat.

Durch konstante Schritte nach vorne oder hinten mit genau geregelter Länge kann ein Kämpfer seine Absichten verbergen und sich so genau in der für einen Angriff idealen Distanz aufhalten, wobei sein Gegner oft außer Gleichgewicht ist.

Nach rechts kreisen: Das rechte Führungsbein wird zu einem beweglichen Drehpunkt, über den der gesamte Körper nach rechts gedreht wird, bis er sich in der richtigen Stellung befindet. Der erste Schritt mit dem rechten Bein kann so kurz oder so lang wie nötig sein – je länger der Schritt, desto größer das Eindrehmoment. Die grundlegende Stellung muß jederzeit beibehalten werden. Die rechte Hand sollte ein wenig höher als normalerweise gehalten werden, um auf Konter des Gegners mit der Linken vorbereitet zu sein. Durch die Bewegung nach rechts kann man den rechten Haken mit der Führungshand des Gegners wirkungslos werden lassen. Außerdem kann man in Position für Konter mit der linken Hand kommen und den Gegner zusätzlich aus dem Gleichgewicht bringen. Man sollte immer darauf achten, daß man die Füße niemals überkreuzt, sich leicht und ohne übermäßige Bewegung bewegt.

Nach links kreisen: Dies ist eine präzise Bewegung, die kürzere Schritte erfordert. Sie wird eingesetzt, um Schlägen mit der hinteren Hand und mit der Linken eines Gegners in Rechts-Vorwärtsstellung aus dem Weg zu gehen. Außerdem kommt man dadurch in eine gute Position für Haken oder Stichschläge. Diese Bewegung ist schwieriger, aber auch sicherer als das Kreisen nach rechts und sollte deshalb öfter eingesetzt werden.

Schritt hinein/Schritt heraus: Dies ist der Anfang eines Angriffsmanövers, und wird oft als Täuschungsmanöver eingesetzt, um eine Öffnung zu schaffen. Die Bewegung der Füße ist immer mit einer Schlag- und Trittbewegung kombiniert. Die einleitende Bewegung (Schritt hinein) geht direkt in den Gegner hinein, wobei die Hände wie zum Schlagen hochgehalten werden; dann sofort wieder heraus, bevor der Gegner seine Verteidigung einstellen kann. Der Gegner soll mit diesem Manöver eingeschläfert werden, bis er wie aufgezogen reagiert – dann erfolgt der richtige Angriff.

Der schnelle Rückzug: Dies ist eine schnelle, fließende und kraftvolle Rückwärtsbewegung, bei der man sich erforderlichenfalls noch weiter zurückziehen oder aber wieder zu einem Angriff nach vorne gehen kann.

Wenn es nötig ist, einen Rückwärtsschritt mit einer Abwehr zu kombinieren, dann kommt dies daher, daß man in Zeitdruck ist. Die Abwehr muß deshalb zu Anfang der Rückwärtsbewegung gemacht werden – das heißt, wenn sich der hintere Fuß bewegt.

Wenn der gegnerische Angriff mit Kombinationstechniken erfolgt, dann ist die richtige Koordination bei der Abwehr, wenn die erste Abwehr gleichzeitig mit der Bewegung des hinteren Beines und die übrigen Abwehren gleichzeitig mit der Rückwärtsbewegung des Führungsfußes gemacht werden.

Der Rückwärtsschritt kann auch zuerst ausgeführt werden; dies sollte jedoch nur dann der Fall sein, wenn der Angriff mit einem Schritt nach vorne vorbereitet und nicht wenn der Angriff mit einem Schritt nach vorne gemacht wurde.

Für einen Kämpfer mit guter Beinarbeit und guter Führungshand sind diese Bewegungen einfach. Sie sind ein konstanter Prozeß von Schlagen und Zurückgehen. Wenn der Gegner nach vorne kommt, dann begegnet man ihm mit einem Verteidigungsschlag mit der Führungshand und geht sofort nach hinten; wenn dann der Gegner nachfolgt, wird dies wiederholt, wobei man sich beständig im Kreis rückwärtsbewegt. Dabei sollte man öfters die eigenen Bewegungen überprüfen und gelegentlich anhalten, um den Gegner mit einer rechten oder linken Geraden oder manchmal mit beiden zu treffen.

Ein erfolgreiches Schlagen beim Rückzug erfordert eine gute Einschätzung der Distanz und die Fähigkeit, beim Rückzug schnell und unvermutet zu stoppen. Allgemein wird der Fehler gemacht, daß man den Schlag ausführt, während man sich noch in der Bewegung befindet, anstatt zur Ausführung kurz anzuhalten. Entwickle große Schnelligkeit beim Übergang von der Verteidigung zum Angriff und wieder zurück in die Verteidigung.

Denke immer daran, nicht zu schlagen, wenn du nach hinten ausweichst. Das Gewicht muß zuerst nach vorne gelagert werden. Mache einen Schritt nach hinten, halte kurz an, schlage dann oder lerne dein Körpergewicht kurzzeitig nach vorne zu verlagern, während der Fuß nach hinten geht.

Sei es beim Angriff oder sei es beim Rückzug, man sollte immer danach streben, ein verwirrendes und schwieriges Ziel zu sein. Man sollte sich beim Vor-

oder Rückwärtsbewegen nicht in gerader Richtung bewegen.

Wenn man den Gegner durch Beinarbeit vermeidet oder ihn ausmanövriert, sollte man sich für alle Möglichkeiten so nah wie möglich bei ihm aufhalten. Bewege dich leichtfüßig, fühle den Boden wie ein Sprungbrett, das jeden Schlag, Tritt oder Konter »peitschend« unterstützt.

Sich von Tritten zurückzuziehen bedeutet, dem Gegner Raum zu geben und deshalb ist es manchmal empfehlenswert, sich in seine Vorbereitung hineinzudrängen, sie zu unterdrücken und durch einen Stoppschlag Zeit zu gewinnen.
Schritt zur Seite: Der Schritt zur Seite bedeutet eine Gewichtsverlagerung und einen Wechsel der Füße ohne Störung des Gleichgewichts, um schnell in eine günstigere Position kommen zu können, aus der heraus sich ein Angriff führen läßt. Diese Bewegung wird zur Vermeidung von geraden Vorstößen des Gegners verwendet und um sich schnell außer Reichweite zu bringen. Wenn der Gegner auf einen zustürzt, dann ist es nicht so sehr das Zustürzen, dem man durch den Schritt zur Seite ausweicht, sondern dem beim Zustürzen geführten Schlag.

Der Schritt zur Seite ist eine sichere, zuverlässige und wertvolle Verteidigungstaktik. Man kann damit einen Angriff einfach dadurch vereiteln, indem man sich immer dann bewegt, wenn sich der Gegner für einen Angriff fertig macht; ebenso läßt er sich als eine Methode zum Vermeiden von Schlägen und Tritten einsetzen. Außerdem kann man durch diese Bewegung Öffnungen für Konterangriffe schaffen. Der Schritt zur Seite kann auch dadurch ausgeführt werden, daß man den Körper nach vorne verlagert, was mit »Vorwärtsfallen« bezeichnet wird. Dies ist eine ziemlich sichere Stellung, wobei der Kopf nahe an den Körper herangezogen ist, die Hände oben sind, bereit, zum Unterleib des Gegners zu schlagen; außerdem kann man einen Stampftritt zum Spann machen oder mit beiden Händen Haken schlagen. Das Vorwärtsfallen, auch »Fallverlagerung« genannt, wird verwendet, um entweder in die äußere oder innere Deckungsstellung zu kommen und ist deshalb auch eine sehr nützliche Technik beim Nahkampf oder Greifen. Diese Bewegung dient auch zum Kontern. Sie erfordert Timing,

Schnelligkeit und Einschätzungsvermögen, um sie richtig auszuführen; außerdem kann sie mit einem Stichschlag, einer linken Geraden sowie linken und rechten Haken kombiniert werden.

Der gleiche Schritt kann auch direkt nach links oder rechts oder nach hinten gemacht werden, je nach benötigter Sicherheit oder Vorgehensweise.

Wenn der Schritt zur Seite richtig eingesetzt wird, dann ist er nicht nur eine der cleversten Bewegungen, sondern auch eine Methode, allen Arten von Angriffen auszuweichen und den Gegner zu kontern, wenn er es am wenigsten erwartet. Die Kunst des seitlichen Ausweichens ist, wie die des Abdukkens und Wegpendelns, sich im letzten Moment und schnell zu bewegen. Man wartet bis der Tritt oder Schlag des Gegners kurz vor dem Ziel ist und weicht dann seitlich nach rechts oder links aus.

In fast allen Fällen wird zuerst derjenige Fuß bewegt, der der beabsichtigten Bewegungsrichtung am nächsten ist. Um den Schritt schnellstmöglich ausführen zu können, sollte sich der Körper kurz vor Ausführung des Schritts in die beabsichtigte Richtung neigen. Der hintere Fuß folgt dann schnell und ganz natürlich und wenn man einem vorstürzenden Gegner mit einem Schritt zur Seite ausweicht, dreht man sich sofort um und kontert, wenn der Gegner an einem vorbeischießt.

Wenn man einem Schlag mit der Führungshand durch einen Schritt zur Seite ausweicht, dann ist ein Konter natürlich leicht. Dies ist bei einem Vorstürzen des Gegners nicht ganz der Fall, denn um hier erfolgreich kontern zu können, muß man sich ganz nah am Gegner halten und sich nur so weit bewegen, daß einen dieser verfehlt. Dann muß man sehr schnell drehen, um den Gegner noch zu erreichen, bevor er vorbei ist.

Denke daran, daß wenn der Gegner auf einen zustürzt, dann ist es nicht so sehr das Vorstürzen, dem man mit einem Schritt zur Seite auweicht, sondern dem Tritt oder Schlag, der beim Vorstürzen gemacht wird; tatsächlich kann es passieren, daß wenn man dem Gegner ohne das Vorhandensein eines Schlags (dem man ausweichen muß) zur Seite ausweicht, man in einen Schwinger oder Haken läuft.

Schritt zur Seite nach rechts: Bringe den rechten Führungsfuß scharf nach rechts und nach vorne, in eine Entfernung von ca. 50 cm. Bringe dann den linken Fuß um etwa die gleiche Entfernung hinter den rechten. Dieser Schritt dient dazu, den Körper nach links zu drehen, wobei die rechte Seite weiter nach vorne und näher an die hintere linke Seite des Gegners (wenn dieser in Rechts-Vorwärtsstellung steht) gebracht wird. Aus diesem Grund wird der Seitwärtsschritt nach rechts nicht so häufig gebraucht wie der Seitwärtsschritt nach links. Das Ausweichen und die Seitwärtsschritte werden meist nach links gemacht, wodurch man der rechten Seite des Gegners näher und weiter von dessen linker hinterer Hand entfernt ist. (Die Lage ändert sich, wenn man in Rechts-Vorwärtsstellung einem Gegner in Links-Vorwärtsstellung gegenübersteht.)

Gelegentlich wird ein Seitwärtsschritt nach rechts gemacht, nur um die Ausweichrichtung zu variieren. Noch seltener kommt dieser vor, wenn man einer rechten Führungshand ausweicht und in sie hineingeht, um mit Links zu kontern.

Schritt zur Seite nach links: Den linken Fuß aus der grundlegenden Rechts-Vorwärtsstellung scharf nach links und nach vorne bringen (ca. 50 cm). Dies sollte einen auf die Außenseite des rechten Stichschlags des Gegners bringen. Man merkt dann, daß die linke Körperseite genau im Moment des Schritts nach links nach vorne schwingt und die rechte Körperseite nach hinten kommt, so daß man auf die rechte Körperseite des Gegners zudreht. Bei Beendigung dieser halbkreisförmigen Bewegung wird man feststellen, daß der rechte Fuß wieder in seiner normalen Stellung vor dem linken Fuß ist.

Wenn man zur Vermeidung der rechten Führungshand des Gegners einen Seitwärtsschritt nach links machen muß, sollte man den Körper beugen und den Kopf abducken (ohne das Gleichgewicht zu verlieren), und zwar nach links in der Richtung des Schritts. Die Rechte des Gegners geht dann vorbei, über den Kopf, auf die rechte Schulter zu. Wenn man nun den Körper nach rechts zum Gegner hin

eindreht, dann bietet sich einem des Gegners ganze rechte Seite ungeschützt dar und man kann schnell eine wirksame Linke zum Körper oder Kinn landen.

Achte immer auf die folgende einfache Regel: Bewege zuerst den Fuß, der der beabsichtigten Bewegungsrichtung am nächsten ist. Wenn du nach links ausweichen willst, dann bewege zuerst den linken Fuß und umgekehrt. Ebenso bewegt sich bei allen Handtechniken zuerst die Hand, und dann erst der Fuß. Bei Verwendung von Fußtechniken wird natürlich der Fuß vor der Hand bewegt.

Denke auch immer daran, die grundlegende Stellung beizubehalten. Unabhängig vom beweglichen »Untergestell« muß der die Körperwaffen tragende Körper immer in richtiger Stellung sein und eine konstante Bedrohung für den Gegner darstellen. Versuche dich immer fließend zu bewegen, dabei jedoch die Stellung der Füße zueinander beizubehalten.

Untersuche die Beinarbeit auf folgende Punkte:
1. Körpergefühl und Körperkontrolle, als Ganzes, in der Neutralität.
2. Fähigkeit zum jederzeitigen Angreifen und Verteidigen.
3. Leichtigkeit und Bequemlichkeit in jeder Richtung.
4. Anwendung von wirksamen Hebelverhältnissen bei allen Phasen der Bewegung.
5. Stetiges gutes Gleichgewicht.
6. Ausweichvermögen in gut geschützten entsprechenden Bewegungen und korrektes Distanzgefühl.

Experimentiere mit Mechanik und Gefühl der Beinarbeit:
1. Beinarbeit, die weich und ausweichend ist, wenn der Gegner nach vorne stürzt.
2. Beinarbeit, um Kontakt zu vermeiden (wenn der Gegner mit einem Messer bewaffnet wäre).

Denke immer daran, daß die Beweglichkeit und Schnelligkeit der Beinarbeit und die Schnelligkeit der Ausführung sehr wichtige Eigenschaften sind. Übe Beinarbeit und nochmals Beinarbeit!

Gute Beinarbeit läßt sich auch üben durch Seilspringen (eine Übung zum Erlernen der leichten Handhabung des Körpergewichts), Übungskämpfe mit einem Partner (Erlernen von Distanz und Timing bei der Beinarbeit) und Schattenboxen/Treten (Hausaufgaben für Übungskämpfe mit einem Partner).

Durch Lauftraining lassen sich die Beine zusätzlich kräftigen, um für wirksame Aktionen unerschöpfliche Kräfte zur Verfügung zu haben.

Erhöhe die Beherrschung der Beine durch Übungen mit mitteltiefen Hockstellungen und affengleichen Bewegungen (Entengang).

Übe auch wechselseitiges Beinspreizen für größere Beweglichkeit.

Es spielt keine Rolle, wie einfach die geübten Schläge sind oder ob sie Angriffs- oder Verteidigungsbewegungen sind – der Schüler muß dazu veranlaßt werden, diese mit Beinarbeit zu kombinieren. Er muß veranlaßt werden, vor, während und nach der Ausführung des Schlags, an dem er arbeitet, vor- und zurückzugehen. Auf diese Art erwirbt er ein natürliches Gefühl für die Distanz und entwickelt große Beweglichkeit.

Übe Variationen in der Beinarbeit zusammen mit:

1. Fußtechniken
2. Handtechniken
3. Geschützten Hand- und/oder Kniepositionen.

Beim Kampf wird ein Großteil der Abwehrarbeit mit der hinteren Hand ausgeführt; es ist jedoch besser, hierbei Beinarbeit einzusetzen – wegducken und kontern, nach hinten schnappen und einen Gegenschlag führen, ausweichen und schlagen.

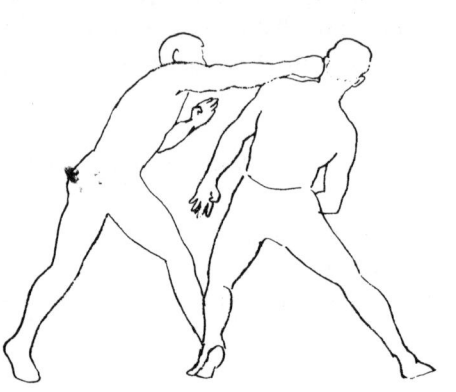

Weggleiten

Weggleiten heißt, einem Schlag ausweichen, ohne jedoch den Körper aus der Reichweite zu nehmen. Es wird hauptsächlich gegen Gerade mit der Führungshand und gerade Konter eingesetzt. Das Weggleiten erfordert genaues Timing und Einschätzungsvermögen und muß, um wirksam zu sein, so ausgeführt werden, daß man dem Schlag nur sehr geringfügig ausweicht.

Man kann entweder bei einer Rechten oder Linken mit der Führungshand weggleiten. In der Tat wird das Weggleiten häufiger bei mit der vorderen Hand

geführten Schlägen verwendet, weil es hier sicherer ist. Das Weggleiten nach außen, d. h. sich in eine Stellung außen von der rechten oder linken Füh-

rungshand des Gegners fallen lassen, ist die sicherste Methode und macht den Gegner gegen einen Gegenangriff hilflos.

Weggleiten nach innen bei einer linken Führungshand – Wenn der Gegner mit der Führungshand eine linke Gerade schlägt, das Gewicht nach hinten auf das linke hintere Bein fallen lassen, indem rechte Schulter und Körper schnell nach links gedreht

werden. Der linke Fuß bleibt auf der Stelle, aber die rechte Schulter dreht nach innen. Bei dieser Bewegung gleitet die Linke des Gegners über die rechte Schulter ab, wenn man die innere Deckungsposition einnimmt.

Weggleiten nach außen bei einer linken Führungshand – Wenn der Gegner mit der Führungshand eine linke Gerade schlägt, das Gewicht nach vorne über das rechte Bein verlagern und dabei die linke Schulter nach vorne schwingen. Der Schlag des

Gegners geht dann über die linke Schulter hinweg. Ein kurzer Schritt nach vorne und nach rechts mit dem rechten Fuß erleichtert die Bewegung. Die Hände sollten oben und in einer Deckungsstellung gehalten werden.

Weggleiten nach innen bei einer rechten Führungshand – Wenn der Gegner mit der Führungshand eine rechte Gerade schlägt, das Gewicht über das rechte Führungsbein verlagern und dadurch den Körper etwas nach rechts vorne bewegen. Dann die linke Schulter schnell nach vorne bringen. Dadurch

geht der Schlag des Gegners über die linke Schulter hinweg. Achte darauf, daß deine linke Hüfte nach innen gedreht und das linke Knie leicht gebeugt wird. Die innere Position wird häufig für Angriffe vorgezogen. Den Kopf sollte man nur dann zusätzlich bewegen, wenn das Weggleiten zu knapp war.

Weggleiten nach außen bei einer rechten Führungs-hand – Wenn der Gegner mit der Führungshand eine Rechte schlägt, das Gewicht nach hinten auf das linke Bein fallen lassen und die rechte Schulter und den Körper schnell nach rechts drehen. Der rechte Fuß bleibt auf der Stelle und der linke Zeh dreht nach innen. Der Schlag des Gegners geht harmlos vorbei. Nimm deine rechte Hand etwas nach unten; halte sie jedoch bereit, einen Aufwärts-haken zum Körper des Gegners zu schlagen. Die linke Hand sollte oben gehalten werden, nahe der rechten Schulter, um für einen Konter zum Kinn des Gegners bereit zu sein.

Eine weitere Methode ist, das Gewicht auf das linke Bein zu verlagern und die rechte Ferse so nach au-ßen zu drehen, daß sich die rechte Schulter und der Körper nach links drehen. Die rechte Hand etwas nach unten nehmen und die linke Hand in der Nähe der rechten Schulter oben lassen.

Das Weggleiten ist eine sehr nützliche Technik, da beide Hände für Konter freigehalten werden. Es ist die richtige Grundlage für Gegenangriffe und ist typisch für Könner.

Beim Weggleiten wird durch das Rollen der Schul-tern auch der Kopf mitbewegt – neige ihn nicht unnatürlich.

Versuche beim Weggleiten immer Schläge anzu-bringen, insbesondere beim Vorwärtsgehen. Man kann härter treffen, wenn man nach innen in einen Schlag geht, als wenn man abblockt und kontert oder abwehrt und kontert.

Der Schlüssel zum erfolgreichen Weggleiten liegt oft in einer geringfügigen Bewegung der Ferse. Wenn man zum Beispiel einer Führungshand nach rechts ausweichen will, so daß sie über die linke Schulter weggeht, sollte die linke Ferse angehoben und nach außen gedreht werden. Wenn man das Gewicht auf den rechten Fuß verlagert und die Schultern ein-dreht, dann kommt man in eine günstige Position für einen Konter.

Um eine Führungshand über die rechte Schulter mit einer Verteidigungsbewegung nach links abgleiten zu lassen, sollte die rechte Ferse auf ähnliche Art ge-dreht werden. Damit wird das Gewicht auf den lin-ken Fuß verlagert und die linke Schulter ist hinten, wodurch man in eine günstige Position für einen rechten Haken kommt.

Wenn man daran denkt, daß die Schulter, über die man einen Schlag abgleiten lassen will, und die ein-zudrehende Ferse auf der gleichen Seite liegen, dann geht man niemals falsch. Ausnahmen hierzu sind Bewegungen, die den unter »Weggleiten nach außen bei einer rechten Führungshand« beschrie-benen ähnlich sind.

Wegducken

Unter Wegducken versteht man ein Fallenlassen des Körpers nach vorne, unter zum Kopf gezielten Schwingern und Haken (Schläge oder Tritte) hin-durch. Es wird hauptsächlich mit der Hüfte ausge-führt. Das Wegducken ist ein Mittel, um Schlägen auszuweichen und gleichzeitig jedoch in Reichweite für einen Gegenangriff zu bleiben. Das Erlernen des Wegduckens bei Schwingern und Haken ist ge-nauso notwendig wie das Weggleiten bei Geraden. Beide sind für Gegenangriffe wichtig.

Rückwärtsschnappen

Rückwärtsschnappen bedeutet von einer geraden Führungshand einfach den Körper genügend weit nach hinten zu schnappen, daß der Schlag ins Leere geht. Wenn der Gegner seinen Arm dann wieder zum Körper zurücknimmt, kann man mit einem harten Konter nachfolgen. Dies ist eine sehr wirksame Technik gegen einen Stichschlag mit der Führungshand und kann auch als Ausgangsposition für eine 1-2-Kombination genommen werden.

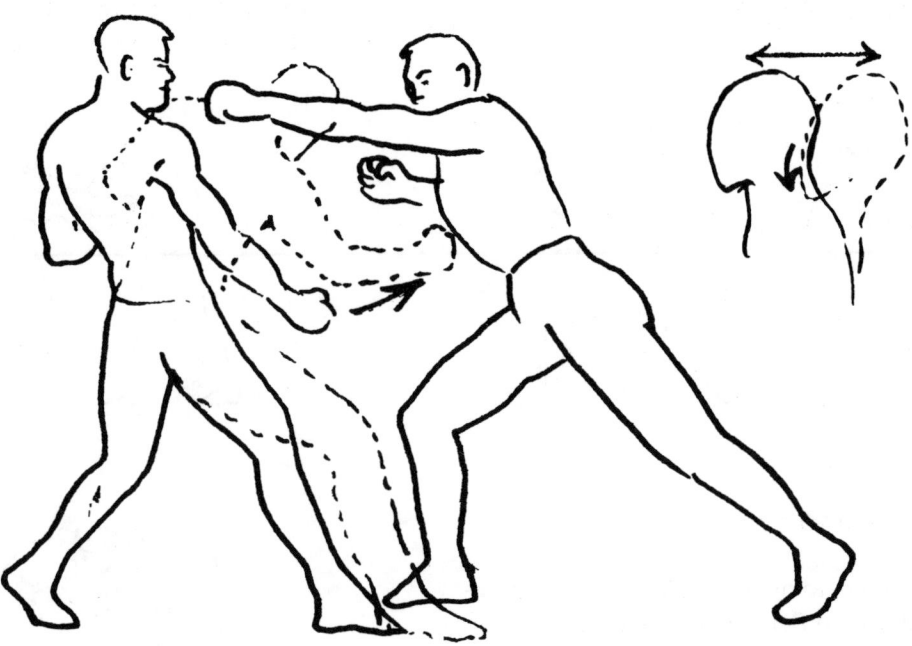

Rollen

Durch Rollen wird die Kraft eines Schlags hinfällig, wenn der Körper mit dem Schlag mitbewegt wird.
- Bei einer Geraden ist die Bewegungsrichtung nach hinten.
- Bei Haken ist die Bewegungsrichtung zur Seite.
- Bei Aufwärtshaken ist die Bewegungsrichtung nach hinten und weg.
- Bei Hammerschlägen ist die Bewegung seitlich kreisförmig nach unten.

Gleitende Rolle

Eine grundlegende Fähigkeit eines guten Kämpfers ist die gleitende Rolle. Er nimmt einen hereinkommenden Schlag oder hohen Tritt wahr (vielleicht instinktiv) und macht einen Schritt nach hinten, wobei er seinen Kopf nach hinten und unten bewegt. Er ist nun in der Lage, mehrere wirksame Schläge oder Tritte zu ungeschützten Stellen des Gegners machen zu können.

Das Körperschwingen (pendeln und kreiseln)

Durch die Kunst des Körperschwingens ist ein Kämpfer schwerer zu treffen und gibt ihm bei seinen Schlägen mehr Kraft, insbesondere bei Haken. Es ist deshalb nützlich, weil es die Hände für einen Angriff frei läßt, die Verteidigung verstärkt und bei Öffnungen Gelegenheiten zum harten Zuschlagen verschafft.
Der Schlüssel zum Schwingen heißt Entspanntsein; mit einem steifen, unbeweglichen Kämpfer kann man leichter zurechtkommen als mit einem Kämpfer, der immer hin- und herschwingt.

3. Den Gegner unsicher machen, welche Faust man zum Schlagen nimmt.

Kreiseln bedeutet, den Körper in einer Kreisbewegung um eine gerade Führungshand zum Kopf herumzubewegen. Es wird verwendet, um den Schlag des Gegners ins Leere gehen zu lassen und um für beide Hände Kontermöglichkeiten zu schaffen. Das Kreiseln basiert auf dem Weggleiten und ist eine kreisförmige Bewegung mit dem Oberkörper und Kopf, entweder nach links oder nach rechts.

a)

b)

Bewegungen beim Pendeln:

1. Tauche mit einer einzigen, gut kontrollierten Bewegung unter dem Schwinger oder Haken weg.
2. Bringe deine Fäuste zum Decken oder Angreifen in Richtung auf den Gegner.
3. Bleibe mit den Beinen und Händen in einer fast normalen Schlagstellung, selbst am unteren Punkt des Wegpendelns. Laß deine Knie die Bewegungsarbeit verrichten.
4. Halte jederzeit die normale Weggleitstellung von Kopf und Schultern bei, um gegen Gerade gewappnet zu sein. Es ist sehr wichtig, daß man in jeder Phase der Pendelbewegung ein Weggleiten ausführen kann.
5. Führe bei einem geraden Wegpendeln nach unten keine Konter aus, außer vielleicht einen geraden Stoß zum Unterleib. Kreisle, um verzögerte Konter mit wirbelnden Geraden oder Haken auszuführen.

Absichten des Kreiselns:

1. Den Kopf zu einem beweglichen Ziel (von Seite zu Seite) werden zu lassen.
2. Den Gegner unsicher machen, in welche Richtung man weggleitet, wenn er einen Schlag ausführt.

Kreiseln nach innen – Bei einer rechten Führungshand in die äußere Position weggleiten (Bild a). Dabei Kopf und Oberkörper nach vorne fallen lassen, unter den ausgestreckten Arm des Gegners gehen und dann nach oben in die Grundstellung zurückkommen. Die rechte Führungshand des Gegners ist nun nahe der linken Schulter (Bild b). Halte die Hände oben und nahe am Körper. Wenn sich der Körper in die Position innen bewegt, sollte man die offene rechte Hand auf die linke Hand des Gegners legen. Kontere später beim Weggleiten mit einer Rechten, dann mit einer Linken und einer Rechten, wenn das Kreiseln ausgeführt wird.

Kreiseln nach außen – Wenn der Gegner eine rechte Führungshand schlägt, in die innere Position weggleiten (Bild b) und die rechte Hand auf die linke

Hand des Gegners legen. Dann Kopf und Körper in einer kreisförmigen Bewegung nach links und oben bringen, so daß sich die rechte Führungshand des Gegners der rechten Schulter nähert. Der Körper befindet sich nun außen an der Führungshand des Gegners und in der Grundposition (Bild a). Halte beide Hände oben und eng zusammen.

Denke immer daran, daß das Kreiseln auf dem Weggleiten basiert und die Beherrschung des Weggleitens bei der Erlangung von Fertigkeiten beim Kreiseln hilft. Das Kreiseln ist schwieriger als das Weggleiten, ist aber, wenn man es erst einmal beherrscht, auch ein äußerst wirksames Verteidigungsmanöver.

Das Kreiseln wird nur selten allein eingesetzt. Sehr oft wird es zusammen mit dem Wegpendeln verwendet. Ziel des Kreiselns und Wegpendelns ist, unter dem Angriff des Gegners wegzugleiten und in die Nahdistanz zu kommen. Ein Kämpfer, der diese Bewegungen perfekt beherrscht, ist auch immer ein Spezialist für Haken. Sie eignen sich sehr gut zum Angriff auf größere Gegner. Dabei sollte man oft seinen Rhythmus unterbrechen und diese Bewegungen niemals gleichförmig einsetzen. Manchmal bringt man im Schritt einen schweren Konter an, wenn man bei einem Schlag nach innen weggleitet. Ausweichmanöver sollten nicht ohne Konterschläge oder -tritte geübt werden.

Außerdem sollte man seine Augen immer offen halten, wenn die Schläge hereinkommen. Die Schläge warten schließlich nicht auf einen. Sie kommen unerwartet und sind nur schwer zu stoppen, wenn man sie nicht sofort erkennt.

Ellenbogen und Unterarme werden zum Schutz gegen Schläge zum Körper eingesetzt. Zum Kopf gezielte Schläge werden mit der Hand zur Seite gefegt, wenn man nicht ausweicht und kontert.

Fast jeder Kämpfer kommt einmal in Bedrängnis und muß sich schützen. Wenn dies der Fall ist, dann ist es gut, wenn man eine gute Verteidigung gelernt hat.

Angriff

An der Kampfkunst ist nichts Geheimnisvolles. Nimm die Dinge wie sie sind: Schlage, wenn du schlagen mußt, tritt, wenn du treten mußt.

Es gibt im Jeet Kune Do nur wenig direktes Angreifen. Fast alle Angriffsaktionen sind indirekt und werden nach einem Täuschungsmanöver ausgeführt oder nehmen die Form an, daß nach einem fehlgeschlagenen Angriff des Gegners ein Gegenangriff gemacht wird. Angriffe erfordern bewegliches Manövrieren, Täuschungsmanöver, die Fähigkeit, den Gegner zu Aktionen zu verleiten – kurzum, einen wissenschaftlichen Plan.

Es gibt zwei grundlegende Augenblicke für Angriffe:
1. Wenn man mit dem eigenen Willen über den Angriffszeitpunkt entscheidet.
2. Wenn der Zeitpunkt des Angriffs von der Bewegung des Gegners oder von dessen fehlgeschlagener Aktion abhängt.

Wenn ein Kämpfer sich genügend konzentriert, den richtigen Angriffszeitpunkt spürt und schnell und entschieden darauf reagiert, dann sind die Erfolgsaussichten sehr gut.

Die Erfolgsaussichten sind sogar noch größer, wenn der direkte Angriff dann geführt wird, wenn der Gegner seinen Arm von der Linie wegbewegt, auf der man angreifen will. Das ist wichtig.

Der körperlich-geistige Ablauf beim Angriff

1. Überblick: Der Überblick verläuft ganz auf der geistigen Ebene und läßt sich in zwei Gruppen unterteilen.
   a) Definierbar: Hierzu gehören z. B. die Abschätzung der richtigen Distanz zwischen den Kämpfern oder das Auftauchen einer Öffnung.
   b) Instinktiv: Fühlen, ob der Gegner angreift oder sich zurückzieht.
2. Entscheidung: Dies verläuft auch auf der geistigen Ebene, aber die Nerven und Muskeln werden zur Vorbereitung einer Aktion alarmiert. Während dieser Phase entscheidet der Kämpfer, wie er angreift. Soll er z. B. auf der kurzen Distanz einen direkten Angriff machen oder aus der langen Distanz mit einem Kombinationsangriff angreifen? Er könnte aber auch mit einem Täuschungsmanöver oder auf jede andere beliebige

Art angreifen, von der er meint, daß sie Erfolg verspricht.
3. Aktion: Die Muskeln haben vom Gehirn einen Befehl erhalten, den sie nun ausführen. Aber selbst bei der Ausführung muß der Kämpfer immer auf die Möglichkeit eines Abfangens, eines Konters, usw. vorbereitet sein. Deshalb ist es sehr wichtig und einleuchtend, daß die körperliche und geistige Wachsamkeit den ganzen Kampf aufrechterhalten werden muß.

Schone deine Kräfte; greife jedoch entschlossen, bestimmt und zweckgerichtet an.

Primäre und sekundäre Angriffe

Primäre Angriffe

Hierunter versteht man Angriffe, die in der Absicht geführt werden, durch Tempo, List und Kraft Vorteile zu erzielen.
Tempo: Ein direkter Angriff wird in einem blitzartigen Vorstoß unternommen, um den Gegner mit Genauigkeit und Schnelligkeit zu treffen, bevor er abwehren kann, ohne daß man dabei versucht, die Bewegungsrichtung des Angriffs irgendwie zu verbergen.
List: Ein indirekter Angriff kann verwendet werden, um mit dem ersten Angriffsabschnitt den Gegner zu täuschen oder ihn zu umgehen. Diesem Angriff kann ein Täuschungsmanöver vorangehen, um den Gegner durch irgendeine vorbereitende Bewegung auf eine vermeintliche Linie festzulegen. Wenn er dann auf dieser Linie ein Abwehrmanöver macht, hat man ihn getäuscht und kann dann völlig frei auf einer anderen Linie vorstoßen und den Angriff beenden.
Kraft: Wenn der Gegner gut gedeckt ist, dann greift man dessen Hände so kraftvoll an, um sie beiseitezuschlagen und so eine Öffnung für einen Vorstoß zu schaffen.

Sekundäre Angriffe

Diese Angriffe zielen darauf ab, die vom Gegner eingeleiteten Angriffe in der einen oder anderen ihrer verschiedenen Phasen auszumanövrieren oder zu vergelten.

Angriffe in die Vorbereitung eines Angriffs hinein werden geführt, um die Bewegung des Gegners festzunageln, bevor dessen Angriffsplan ausreift.

Angriffe in die Entwicklung eines Angriffs hinein sind hauptsächlich »Zeit«-Angriffe. Nachdem man die beabsichtigte Angriffslinie des Gegners vorausgeahnt hat, fängt man seinen Arm ab, wenn er seinen Angriff beginnt und begegnet ihm mit einem gestreckten Konter.

Angriffe in die Beendigung eines Angriffs hinein werden ausgeführt, nachdem sich der Gegner mit seinem Vorstoß in die richtige Schlagreichweite gebracht hat. Diese Konterangriffe werden aus der Position der Abwehr heraus gemacht, wie auch immer diese aussieht, sobald der primäre Angriff des Gegners einmal abgewendet wurde. Diese Angriffe können ausgeführt werden, wenn sich der Gegner in der Vorwärtsbewegung befindet oder wenn er wieder zurückgeht; sie werden jedoch, fast ohne Ausnahme, nicht von irgendeiner Bewegung des Fußes begleitet.

Köder oder falsche Angriffe können in jeder der drei Phasen als Vorbereitung für die sekundären Angriffe verwendet werden. Wenn diese so eingesetzt werden, haben sie nicht die Absicht, den Gegner zu schlagen, sondern nur um ihn dabei zu verleiten, in einer bestimmten Linie anzugreifen, so daß man ihn mit einer entschlossenen Abwehr und einem wirksamen Gegenschlag treffen kann. Diese Angriffe werden jedoch nicht mit einem Vorstoß gemacht, denn eine kleine Bewegung des Fußes (falls überhaupt) ist alles, was benötigt wird.

Ein Schlag (Hand oder Fuß) wird ausgeführt, indem man den Takt verwendet, der dem des Gegners entspricht; man nutzt dann die Gelegenheit, ihn mit richtigem Timing ausführen zu können.

Gegen einen Gegner, der seine Deckung vernachlässigt oder ungestüm angreift, sind z. B. Konter in seine Aktion hinein oder Stopptritte gegen seine vornliegenden oder ungeschützten Zielflächen bei seinem Vorgehen besonders wirksam.

Ein aufmerksamer Kämpfer führt nicht weiter Schläge durch, die nicht mehr die richtigen sind. Viele Kämpfer machen für das Scheitern eines Angriffs mangelnde Schnelligkeit anstatt die falsche Wahl des Schlags verantwortlich. Profis wissen, daß das nicht stimmt.
Deshalb muß jeder Gegner nach den verschiedenen Gesichtspunkten des Stils, der Taktik und der Kadenz studiert werden, bevor man sich schließlich für einen endgültigen Aktionsplan mit einer Auswahl von Schlägen entscheidet.

Alle Kämpfer lassen sich in zwei Hauptkategorien einteilen: der »mechanische« Kämpfer und der »intellektuelle« Kämpfer. Für den mechanischen Kämpfer ist es leicht, Ratschläge zu geben, da seine Kampftechniken und Taktiken das Ergebnis mechanischer Wiederholung von Schlägen ist; das Ergebnis eines Unterrichts, der nur rein automatisch war und nicht das warum, wie und wann erklärte. Sein Kampfstil verläuft bei jeder Begegnung immer in ähnlichen Bahnen.

Der intelligente Kämpfer wird niemals zögern, seine Taktik zu ändern, um die für den jeweiligen Gegner richtigen Schläge einzusetzen. Es muß jedem klar sein, daß die Entscheidung für bestimmte Schläge von der Technik und Kampfmethode des Gegners beeinflußt sein muß.

Wachsamkeitsstellung, lebendige und beherrschte Abwehr, rechtzeitiger einfacher Angriff, einfühlsames und genau reguliertes Vor- und Zurückgehen, plötzliches Vorstoßen und schnelles ausgewogenes Zurückkommen, das muß alles sehr sorgfältig erlernt werden. Erwerbe die für alle diese Punkte angemessene Wahrnehmungsfähigkeit von Nerven und Muskeln, so daß sie keine größere Aufmerksamkeit erfordern, und man sich ganz auf den Gegner konzentrieren kann, auf seine Aktionen und auf die eigene Antwort auf dessen Angriffe und Abwehren. Freiheit der Bewegung, Gleichgewicht und Bestimmtheit begleiten und verstärken die grundlegenden Bewegungen.

Um Angriffe machen zu können, muß man die Schwächen und Stärken des Gegners studieren;

man muß die Schwächen ausnutzen und die Stärken vermeiden.

Wenn z. B. die Abwehr des Gegners gut ist, sollte den Angriffen ein Schlagen oder Drücken zur Hand des Gegners oder ein Täuschungsmanöver vorausgehen, wodurch die Abwehr gestört werden könnte.

Alle Angriffsbewegungen sollten so klein wie möglich ausgeführt werden; d. h. mit der geringsten Abweichung der Hand, mit der beim Gegner eine Reaktion ausgelöst wird. Die Vorsicht gebietet es, daß bei einem Angriff eine komplette Deckung vorhanden ist, oder daß der Angriff möglichst von den nötigen Verteidigungstaktiken begleitet wird.

Die Form eines Angriffs hängt meist von der Form der Verteidigung des Gegners ab. Mit anderen Worten heißt das, daß bei einem Gegner mit etwa gleichem Können ein Angriff nur dann eine Aussicht auf Erfolg hat, wenn die gegnerische Abwehr getäuscht oder überlistet werden kann. So hat z. B. ein mit einer kreisförmigen Bewegung geführter Angriff keinen Erfolg, wenn der Verteidiger ihm mit einer einfachen oder seitlichen Abwehrbewegung begegnet. Um mit einem Angriff durchzukommen, ist es deshalb wichtig, daß man die Reaktion des Gegners richtig vorausahnen kann. Die endgültige Wahl des Schlags sollte auf der Beobachtung der Reaktionen, Gewohnheiten und Vorlieben des Gegners beruhen.

Es ist gefährlich, wenn man komplizierte Kombinationsangriffe ausführt, die aus verschiedenen Perioden der Bewegungs-Zeit bestehen, in die hinein ein Gegner Stoppschläge machen kann.

Je komplizierter ein Angriff, desto größer ist die Chance eines plötzlichen und unvorbereiteten Konterangriffs. Aus diesem Grund muß der eigentliche Angriff einfach sein, welche Form auch immer seine Vorbereitung hatte.

Wenn der Gegner weites »Kampfmaß« hält, dann muß das Überbrücken der Distanz durch irgendeine Aktion »gedeckt« werden, die kurzzeitig die Aufmerksamkeit des Gegners ablenkt. Diese Aktion könnte folgendermaßen aussehen:

1. Variation der Distanz
2. Angriffe zu den näher gelegenen Zielen des Gegners (normalerweise Führungsbein, ausgestreckte Hand, Unterleib)
3. Eine Kombination der beiden obigen Punkte
4. Eine Angriffskombination zum Stören

Unter Vorbereitung des Angriffs versteht man eine Aktion, die dazu dient, eine Öffnung für den Angriff zu schaffen. Sie besteht meist in einer Bewegung, um die Führungshand des Gegners abzulenken oder eine gewünschte Reaktion (für eine Öffnung) und einen Wechsel der Distanz zu erhalten.

Ein aggressiver Gegner kann häufig in die Distanz gezogen werden, indem man eine Reihe von sich immer mehr verkürzenden Schritten nach hinten macht. Ein vorsichtiger Gegner kann oft in die gleiche Position gebracht werden, indem man eine Reihe von Vor- und Rückwärtsschritten mit unterschiedlicher Länge macht.

Man wählt das Mittel der Vorbereitung, um möglichst vom Gegner irgendeine Art von Reaktion zu erhalten, wenn Täuschungsmanöver diesen Zweck nicht erfüllen konnten.

Täuschungsmanöver, denen Schläge zur Hand oder Festhalten der Hand vorausgehen, können das Selbstvertrauen des Gegners stören und ihn zwingen, gegen seinen Willen bestimmte Verteidigungsaktionen zu machen. Diese Verteidigungsaktion kann dann beim Angriff getäuscht werden.

Durch Schläge zur Hand oder das Halten der Hand wird die Hand des Gegners entweder auf eine bestimmte Linie festgenagelt, wodurch er verkrampft und seine Reaktionen langsamer werden, oder er wird dazu veranlaßt, schon früher oder mit weniger Kontrolle abzuwehren, als er eigentlich wollte. Wie die Reaktion auch immer ausfallen mag, sie ebnet möglicherweise den Weg für einen einfachen erfolgreichen Angriff.

Durch Ablenken der Hand oder Halten der Hand beim Vorwärtsgehen wird die Möglichkeit des Gegners zu einem erfolgreichen Stoppschlag verringert. Ebenso ist ein Angriff zum Bein als vorbereitender Schritt sehr wirksam.

Beim Festhalten der Hand des Gegners muß man darauf achten, daß die Schlaglinien entweder gedeckt sind oder durch Pendeln des Oberkörpers oder zusätzliche Deckungen verstärkt werden. Die Bewegungen müssen knapp sein. Ebenso sollte jede Gelegenheit wahrgenommen werden, während des Festhaltens Stoppschläge oder Zeitschläge zu machen.

Festhalten der Hand, Schläge oder Druck zur Hand können dem Gegner das Abwehren erschweren, indem sie ihn verwirren. Achte auf das Trennen. Wenn der Gegner diese Taktik häufig verwendet, sollte man einen Stoppschlag machen, indem die Vorbereitung angetäuscht wird und dann mit dem Festhalten angreifen.

Wenn ein Vorwärtsschritt und eine Aktion zur Hand des Gegners gleichzeitig ausgeführt werden, dann bezeichnet man dies als zusammengesetzte Vorbereitung. Der Erfolg hängt hierbei von der perfekten Koordination von Händen und Füßen ab. Zum Üben dieser Vorbereitung muß viel Zeit aufgewendet werden.

Experimentiere mit den oben erwähnten Punkten, in der Absicht, das Festhalten der Hand zu benutzen, um sie entweder unbeweglich zu machen oder um eine Reaktion zu provozieren, um dann einen starken und lähmenden Schlag oder Tritt zu einer sehr empfindlichen Körperstelle zu machen.

Wenn man zur Vorbereitung des Angriffs nach vorne geht, dann sollte man insbesondere auf das Gleichgewicht und die Kontrolle der Füße achten, so daß man die Vorwärtsbewegung mit dem geringsten Kraftaufwand stoppen kann. Dazu dienen kurze und schnelle Schritte, da sich bei ihnen der Schwerpunkt nicht so sehr verlagert wie bei langen und eiligen Schritten. Stürze dich nicht auf den Gegner, sondern bewege dich immer ruhig und genau.

Wenn der Angriff mit Vorbereitung zu oft wiederholt wird, dann hat er eher einen Stoppschlag als eine Abwehr zur Folge. Deshalb sollte man bei Verwendung eines Angriffs mit Vorbereitung diesen sehr sparsam einleiten und die zum Fassen der Hand des Gegners nötigen Linien nie mehr als nötig öffnen. Versuche die Zeitspanne der eigenen Gefährdung zu verkürzen.

Wenn man sich immer ins Gedächtnis ruft, daß die Vorbereitung und der Angriff in Wirklichkeit zwei getrennte Bewegungen sind, obwohl sie in einem weichen Fluß ineinander übergehen, kann man Vorsichtsmaßnahmen gegen mögliche Gegenangriffe treffen.

Beim Üben der Vorbereitungen sollte man sie beim Kontakt, beim Wechsel des Kontakts und bei Täuschungsmanövern des Partners üben.

Alle direkten und indirekten Angriffe, die aus einer einzigen Bewegung bestehen, heißen »einfache Angriffe«, weil sie den Zweck haben, auf dem direktesten Weg ins Ziel zu gehen.

Ein direkter einfacher Angriff wird in die Kontaktlinie oder in die entgegengesetzte Linie geführt, indem man dem Gegner ganz einfach zuvorkommt oder ihn in einem Moment der Verwundbarkeit antrifft.

Ein indirekter einfacher Angriff besteht aus einer einzigen Bewegung, deren erste Hälfte den Gegner zu einer Reaktion verleitet, so daß die zweite Hälfte entgegen der ursprünglichen Kontaktlinie in die sich öffnende Linie geführt wird.

Alle Schläge sind wahrscheinlich erfolgreicher, wenn sie in eine sich öffnende, anstatt in eine sich schließende Linie hinein geführt werden. Ein in eine sich öffnende Linie hinein geführter Angriff gewinnt Zeit, da der Gegner auf eine entgegengesetzte Bewegungsrichtung festgelegt ist und er diese für eine Verteidigung grundlegend umkehren oder ändern müßte.

Beim Täuschen der Hand des Gegners werden normalerweise offensive Handbewegungen mit halbkreis- oder kreisförmigen Bewegungen gemacht.

Indirekte Angriffe verwenden oft das Trennen oder Konter-Trennen, um die sich öffnende Linie zu erreichen.

Das Trennen besteht aus einer einzigen Bewegung, bei der die Hand von der Kontaktlinie in die entgegengesetzte Linie geführt wird, wodurch von einer sich schließenden Linie in eine sich öffnende Linie hinein angegriffen wird. Um dieser Bewegung für die Ausführung des Angriffs das richtige Timing zu geben, muß man wissen, daß sich die Verteidigung für einen Moment in der entgegengesetzten Richtung wie der Angriff bewegt. Deshalb muß man die Offensive schon beginnen, wenn sich der Arm des Gegners in die andere Richtung bewegt. Ein ähnliches Timing gibt es bei einem Kämpfer, der dauernd außer Berührung geht und dann wieder in die Kontaktdistanz zurückkommt.

Anmerkung: Ergänze das Trennen mit einer Abwehr, einem innengeführten Fauststoß, einer Kopfbewegung, einem Wechsel der Höhe, einer Bewegung des Oberkörpers, usw.

Wenn man sich von einer hohen zu einer tiefen Linie oder umgekehrt bewegt, ist einem verstärkten Trennen der Vorzug zu geben. Wenn man sich von rechts nach links bewegt oder umgekehrt, werden die Angriffe überschneidend geführt (sich quer über die Kontaktlinie des Gegners bewegend).

Im folgenden werden die zwei Arten von einfachen Angriffen wiedergegeben sowie die entsprechenden Aktionen des Gegners, auf die sie abgestimmt sein müssen. Dies ist gleichzeitig ein Übungsdrill, den man in regelmäßigen Abständen wiederholen sollte.

1. Direkter Angriff bei
   a) Fehlen von Berührung
   b) Kontakt

c) Wechsel des Kontakts
d) Schritt nach vorne mit oder ohne den oben erwähnten Punkten

2. Indirekter Angriff mit Trennen bei
   a) Schlag zum Handgelenk
   b) Kontakt
   c) Wechsel des Kontakts
   d) Schritt nach vorne mit den oben erwähnten Punkten

Das Konter-Trennen ist diejenige Angriffsbewegung, die dem Wechsel des Kontakts oder der Konter-Abwehr entspricht. Ihr Zweck ist es, eine kreisförmige Bewegung zu täuschen und nicht eine seitliche Bewegung, wie es beim Trennen der Fall ist. Im Gegensatz zum Trennen endet das Konter-Trennen nicht in der Linie, die der des Gegners entgegengesetzt ist.

Beispiel: Der Angreifer greift im Sechstelbereich (obere äußere Linie des Angreifers) an. Der Verteidiger trennt mit einer kreisförmigen Bewegung zur gegenüberliegenden Linie. Der Angreifer folgt dieser Bewegung kreisförmig, bringt die Hand des Verteidigers wieder auf die ursprüngliche Linie zurück und greift an.

Denke immer daran, daß die meisten Kämpfer bei der Verteidigung der unteren Linie schwach sind. Deshalb sollte man seinen einfachen Angriff, Trennen und Konter-Trennen oft zur unteren Linie führen. Achte aber auch beim Angriff auf deine Verteidigung.

Bevor man sich für irgendeine Angriffsart entscheidet, muß man die Gewohnheiten und Vorlieben des Gegners beobachten. Insbesondere bei einfachen Angriffen (direkt oder indirekt) liegt der Erfolg in der richtigen Auswahl. Der Angriff muß jeweils genau der vom Gegner geplanten oder ausgeführten Bewegung entsprechen. Deshalb ist es gefährlich, wenn man mit Angriffen angreift, wie sie einem gerade in den Sinn kommen.

Der Erfolg eines einfachen Angriffs hängt auch vom richtigen Timing der Bewegung ab, die ganz natürlich mit der Kadenz der Bewegungen des Gegners verknüpft sein muß, damit sie sich nicht störend überschneidet.

Einfache Angriffe, die innerhalb der Kampfdistanz gemacht werden, müßten eigentlich zu Treffern führen, wenn sie richtig ausgeführt werden und der Gegner seine Abwehr nicht noch durch ein zusätzliches Rückwärtsgehen ergänzt. Um sicherzugehen, sollte der Gegner dazu verleitet werden, einen Schritt nach vorne in den Bereich innerhalb der Distanz zu machen, wobei er dann festgenagelt wird, während er seinen Vorwärtsschritt macht oder auch nur sein Gewicht nach vorne verlagert oder wenn er geistig wie körperlich irgendein Zeichen von »Gerichtetheit« zeigt.

Verwende einen »unschuldig losgelösten Rhythmus«. Wenn man einmal in Angriff ist, sollte man sich mit mechanischer Wirksamkeit und richtigem Timing auf dessen erfolgreichen Abschluß (Treffer) konzentrieren.

Um den Erfolg eines einfachen Angriffs zu gewährleisten, muß man alle Faktoren auf eine einzige und kraftvolle Aktion konzentrieren. Bleibe dabei immer locker und entwickle weiche und explosionsartige Schnelligkeit. Sei entspannt! Jede Spannung beim Abwarten der Gelegenheit zum Angriff (Gelegenheit durch Finden der richtigen Distanz) führt nur zu einer kurzen und krampfhaften Bewegung, zu einer zu frühen Bewegung oder gibt dem Gegner Hinweise über deine Absicht. Diese Tatsache kann nicht oft genug betont werden. Entspanntheit führt zu Weichheit, Genauigkeit und Schnelligkeit. Denke immer daran.

Vor der Einleitung des Angriffs – Sei locker, aber gefaßt.
Einleitung – Sei wirtschaftlich; komme mit einer beständigen und durchgehenden Bewegung aus der Neutralität.
Ausführung – Wende Bewegung und Kraft so wirtschaftlich wie möglich in der direktesten Angriffslinie an, unterstützt durch gute Deckung.
Nach Ausführung – Komme schnell und natürlich fließend wieder in die kleine phasische Stellung mit gebeugten Knien zurück.

Lege Nachdruck auf ein wiederholtes Einüben von sparsamer Form, um instinktive Einleitung, Schnelligkeit und Durchsetzungsvermögen von Kraft und Eindringungsvermögen zu erlangen. Denke immer daran, daß sich die Beschleunigung von Kraft durch reines Training und Willenskraft steigern läßt. Die mechanische Wiederholung ist die Grundlage hierzu. Mache jeden Tag zwei- oder dreihundert Angriffsvorstöße und steigere mit jedem Mal das Tempo.

Man muß einsehen, daß keine wissenschaftliche Methode irgendeiner Art den Mangel an Schlagkraft ausgleichen kann, und daß das kraftvolle Schlagen stark beeinträchtigt wird, wenn es nicht mit richtigem Timing, Schnelligkeit und Genauigkeit ausgeführt wird.

Deshalb liegt der erste Schritt im richtigen Erlernen von Tritten und Schlägen mit allen Körpergliedern. Tritte und Schläge müssen auch im Zusammenhang mit Beinarbeit gelernt werden.

Nichts stört einen Gegner so sehr wie Abwechslung bei Angriff und Verteidigung. Zusätzlich wird die körperliche Belastung herabgesetzt, da die Belastung konstant von einer Muskelgruppe auf eine andere verlagert wird.

Nichts ist gefährlicher als ein lau geführter Angriff; laß deshalb deinem Angriff ganz freien Lauf und befasse dich nur mit der richtigen und entschlossensten Ausführung deiner Offensive.

Beim Angriff sollte man so wild aggressiv aussehen wie ein Raubtier – ohne jedoch tollkühn zu werden – um sofort auf die Kampfmoral des Gegners Druck auszuüben. Vereine das Auge eines Adlers, die Schlauheit eines Fuchses, die Beweglichkeit und Wachsamkeit einer Katze mit dem Mut, der Angriffslust und Wildheit eines Panthers, dem Zustoßen einer Kobra und der Widerstandskraft eines Mungo.

Ein einfacher Angriff ist nicht immer bei jedem Gegner erfolgreich. Deshalb muß man auch andere Angriffsmittel zur Verfügung haben. Lerne so viel unterschiedliche Abwehrbewegungen und so viel nützliche und abwechslungsreiche Schläge wie möglich; danach ist man auf jeden Stil eingestellt und kommt mit allen zurecht.

Zwischen Kämpfern mit gleicher Schnelligkeit und gleichwertiger Technik, die beide genau auf ihre Distanz achten, läßt sich ein einfacher Angriff nur schwer anbringen. Der Angreifende muß das Problem lösen, nämlich seinen Nachteil beim Überbrücken der Distanz zu überwinden und gleichzeitig Zeit zu gewinnen. Dies ist jedoch durch Verwendung des Kombinationsangriffs möglich.

Kombinationsangriffe bestehen aus mehr als einer Aktion. Sie können z. B. zuerst mit einem Täuschungsmanöver eingeleitet werden, einer Vorbereitung zur Hand des Gegners oder einem Angriff zu einem näheren Ziel, worauf der eigentliche richtige Angriff folgt.

Die erste Bewegung einer Kombination sollte aus dem kleinen phasischen Stand heraus beginnen. Sie sollte sparsam fließend ohne Vorankündigung eingeleitet werden – ein weiches, überraschendes Ausstrecken.

Im Prinzip sind Kombinationsangriffe eine Zusammensetzung aus den vier Formen des einfachen Angriffs: Vorstöße, einfaches Trennen, Konter-Trennen und Überschneidungen.

Die Vielschichtigkeit des Kombinationsangriffs ist unmittelbar auf die Verteidigungsfähigkeit des Gegners in bezug auf die gemachten Angriffsbewegungen abgestimmt. Bei der Auswahl der Techniken für einen Kombinationsangriff hängt der Erfolg davon ab, ob man die Art der Abwehr (vordere Hand oder hintere Hand, seitlich oder kreisförmig) vorausahnen kann, die der Gegner als Antwort auf das Täuschungsmanöver oder den ersten Angriff macht. Bevor man einen Kombinationsangriff durchführt, ist es deshalb wichtig, den Gegner zu beobachten und eine Vorstellung von seiner wahrscheinlichen Reaktion zu bekommen.

Täuschungsmanöver müssen deutlich ausgeführt werden, um den Gegner zu beeinflussen. Ebenso sollte man nur so viele Täuschungsmanöver verwenden, wie für einen erfolgreichen Angriff nötig sind. Je komplizierter die Form eines Kombinationsangriffs, desto geringer ist die Erfolgschance. Es ist gefährlich, wenn man Angriffe mit mehr als zwei Täuschungsmanövern versucht.

Einfache Kombinationsangriffe, bei denen dem eigentlichen Angriff nur ein Täuschungsmanöver vorausgeht (1-2, tief-hoch, usw.), haben um so mehr Erfolgschancen, wenn sie in die Vorbereitung des Gegners hinein geführt werden, insbesondere, wenn er einen Schritt nach vorne macht.

Kombinationsangriffe haben keinen Nutzen, wenn ihr Timing schlecht ist oder wenn eine günstige Gelegenheit nicht ausgenützt wird.

Viele Kombinationsangriffe scheitern deshalb, weil der Angreifer die Geschwindigkeit seiner Täuschungsmanöver nicht so reguliert hat, daß diese nur kurz vor der eigentlichen Angriffsbewegung ablaufen. Deshalb muß man bei der Verteidigung des Gegners dessen Kadenz und Vorlieben herausfinden.

Kombinationsangriffe können folgendermaßen aussehen:

1. Kurze, schnelle Kombinationen.
2. Tiefe, eindringende (und schnelle) Kombinationen.

Alle Schläge versuchen maximale Kraftanwendung zur Geltung zu bringen und deshalb benötigen einige unter ihnen kräftigere Unterstützung als andere. Aus diesem Grund gibt es auch die Kombinationen.

Laß verschiedene Kombinationen und ihre Wege auf dich einwirken und sei in der Lage, die Wege bei der Ausführung ändern zu können.

Während der Lücken in Kombinationen sollte man die folgenden Punkte einfügen:

1. Sich nicht exponieren, um den Gegner abzulenken, oder um die Position oder den Fluß der Bewegung zu verbessern.
2. Feinheit, um Treffer zu landen, ohne das allgemeine Gleichgewicht oder den Fluß der Kombination zu stören (Fingerstiche, Fingerwedel, Fingerschläge, Rückhandschläge, Stöße mit der Handinnenfläche).

Bei einem Gegner, der langsam auf den Beinen oder erschöpft ist, kann man die doppelte Führungshand schlagen.

Einige Kombinationen aus dem Boxen (mit vorangehenden Täuschungsmanövern):

1. Rechter Jab (kurze schnelle Gerade)/linker Cross (1-2)
2. Rechter Jab/rechter Aufwärtshaken
3. Rechter Jab/linker Cross/rechter Haken

4. Rechter Jab/rechter Aufwärtshaken/rechter Haken.
5. Rechter Jab/rechter Haken
6. Rechter Jab/Körperhaken
7. Linker Fauststoß zum Körper/rechter Haken
8. Linker Fauststoß zum Körper/rechter Körperhaken

Kombinationen mit Tritten

Finde die Tritte heraus, die für dich am sparsamsten und am kürzesten zum Gegner sind. Nimm die Wachsamkeitsstellung als Richtlinie. Tritte in Kombinationsangriffen dienen verschiedenen Zwecken.

Um den Gegner zu stören:

1. Hakentritt zum Knie, tiefer seitlicher Stampftritt, Fingerstich mit der Führungshand, Cross mit der hinteren Hand oder Vorbereitung zur Hand des Gegners (Handfesthalten)
2. Direkter, schneller Hakentritt zum Unterleib und . . .
   ● Richte deine Augen immer auf den Gegner.
   ● Zeige beim Zurückgehen in die Ausgangsstellung keine Schwächen.
   ● Achte immer auf deine Wachsamkeitsstellung.
3. Konter-Stopptritt zum Knie/Schienbein und . . .
   ● Bei der Einleitung des Gegners
   ● Bei der Entwicklung des Angriffs des Gegners
   ● Bei Beendigung des Angriffs
4. Tiefer Schlag mit der Hand und hoher Hakentritt mit dem Führungsbein (gegen Gegner in Rechts-Vorwärtsstellung)
5. Tiefer Schlag mit der Hand und hoher umgekehrter Hakenfußtritt (mit dem hinteren Bein).
6. Hohes Täuschungsmanöver, tiefer Hakentritt
7. Angetäuschter tiefer Hakentritt, hoher Hakentritt
8. Angetäuschter Seitwärtstritt, ausgeführter Rückwärts-Drehtritt
9. Angetäuschter Seitwärtstritt, ausgeführter Hakenfußtritt (mit dem Führungsbein)
10. Angetäuschter gerader Fußtritt mit dem Führungsbein, ausgeführter Hakenfußtritt (mit dem Führungsbein)

11. Angetäuschter Fußfeger mit dem hinteren Bein, ausgeführter Hakenfußtritt mit dem vorderen Bein.

Um den Gegner aufzureiben:

1. Direkter, schneller Hakenfußtritt zum Unterleib und . . .
2. Direkter, schneller Seitwärtstritt zu Knie/ Schienbein und . . .

Das »Durchschlagen« hängt davon ab, ob man den Gegner stehend oder auf dem Rückzug »erwischt«.

Um den Gegner zu treiben:

1. Doppelter Seitwärtstritt zum Knie/Schienbein im Vorwärtsgehen.
2. Seitwärtstritt, der mit einem umgekehrten Haken mit der Hand eingeleitet wird.
3. Hakenfußtritt, der mit einem umgekehrten Haken mit der Hand eingeleitet wird.
4. Seitwärts- und Hakenfußtritte bei der Verfolgung des Gegners.

Wenn man Tritt- und Schlagkombinationen studiert, sollte man hinsichtlich möglicher Kombinationen diejenigen Bewegungen genauer untersuchen, die für einen am wirtschaftlichsten sind und die den direktesten Weg zum Gegner nehmen.

Wechsle dauernd Hand- und Fußtechniken ab und variiere auch die Höhe der Techniken – hoch/tief, tief/hoch oder Sicherheits-Dreierkombination tief/hoch/tief oder hoch/tief/hoch.

Verwende zwischen der Führungshand (Jab, Haken, Rückhandschlag, Schaufelhaken) und der hinteren Hand (Gerade, Cross, Über-Hand-Schlag, Hammerschlag) natürliche Folgetechniken. Finde ebenso die natürlichen Folgetechniken zwischen dem Führungsbein (Seitwärtstritt, Hakenfußtritt, gerader Fußtritt, Aufwärtsfußtritt, umgekehrter Fußtritt, vertikaler und horizontaler Fußtritt) und dem hinteren Bein (gerade Fußtritte mit unterschiedlichen Höhen, gedrehte Fußtritte, Hakenfußtritte mit unterschiedlichen Höhen). Welches sind die natürlichen Nachfolgetechniken zwischen Hand und Bein oder Bein und Hand?

Untersuche die Möglichkeiten bei allen Arten von Beinarbeit – Vorgehen, Zurückgehen, nach rechts kreisen, nach links kreisen und zusätzliche Bewegungen wie paralleles Gleiten.

Untersuche die natürlichen Nachfolgetechniken für Schläge, die zu kurz waren oder das Ziel verfehlt haben und studiere die zugehörigen Verteidigungstechniken. Beobachte die Reaktionen des Gegners, wenn dein Schlag das Ziel verfehlt.

»Pflege« deine Wachsamkeitsstellung. Untersuche alle Bewegungen darauf, wie man aus ihnen wieder leicht und schnell in die Wachsamkeitsstellung zurückkommt oder wie man aus der jeweiligen Position angreifen oder verteidigen kann.

(A)

(B)

The use of the left hand in countering the right

Der Gegenangriff ist eine feine Kunst – sicherer für den Ausführenden und vernichtender für den Gegner. Wenn man mit Kraft angreift, hat dies manchmal keine Wirkung, weil sich der Gegner in die gleiche Richtung wie die ausgeübte Kraft bewegt. Durch dieses Mitgehen mit der Kraft verliert diese ihren »Stachel«.

Bei zwei gleichwertigen Gegnern liegt der Vorteil bei dem, der kontert, denn derjenige, der führt, muß seine Deckung natürlicherweise mehr vernachlässigen als der Verteidiger. Jedes Exponieren öffnet automatisch eine Lücke oder ein Zielgebiet.

Anstelle eines falschen Angriffs, einem Wechsel des Kontakts, einem Schlag zur Hand oder deren Festhalten, kann eine Einladung (absichtliche Lücke in der Verteidigung) dazu verwendet werden, einen Gegner zum Angriff zu verleiten. Der »Provozierende« kann dann den Angriff des Gegners entweder abwehren, abblocken oder vermeiden und mit einem Gegenangriff kontern. Ein doppelter Schlag

ist die Folge, wenn der Gegner die gleiche Taktik einsetzt, indem er mit dem ersten Schlag »einlädt« und zum Gegner schlägt, wenn dieser zu kontern versucht. Man kann auch eine Einladung machen, indem man absichtlich ein Zielgebiet offen läßt, während man sich in der Verteidigungsposition befindet.

Um erfolgreich zu kontern, muß man es vermeiden, selbst getroffen zu werden und den Gegner schon dann treffen können, wenn er sich wegen des vorbeigegangenen Schlags noch außer Position befindet. Man muß instinktiv und sofort handeln, was sich durch ständiges Üben erreichen läßt. Sobald man einmal instinktiv zu kontern gelernt hat, kann man seine ganze Aufmerksamkeit auf seinen »Schlachtplan« legen.

Im Boxen geschieht das Vermeiden der Führungshand des Gegners – die erste Stufe des Konterns – auf dreierlei Art:

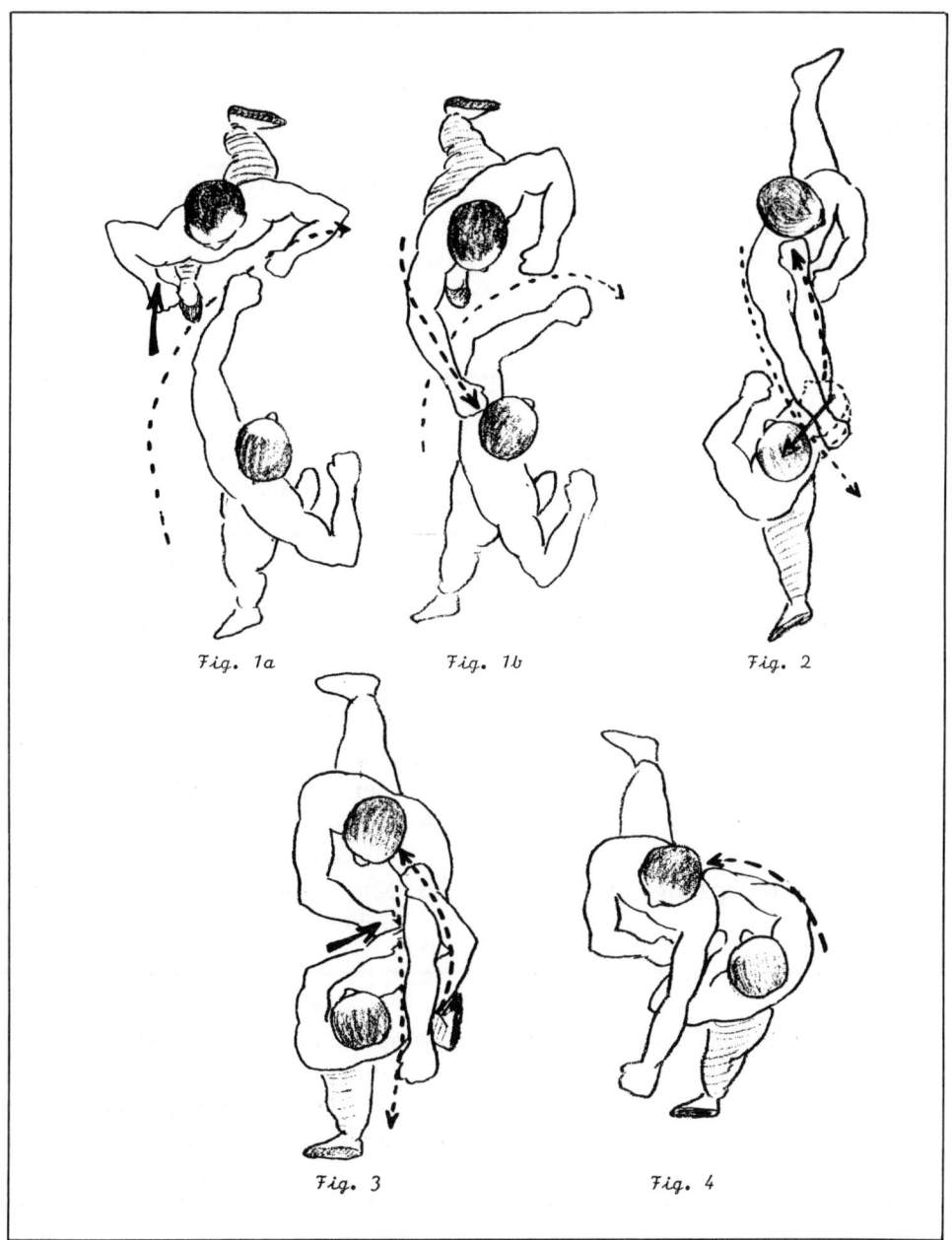

Fig. 1a   Fig. 1b   Fig. 2

Fig. 3   Fig. 4

1. Durch Ausweichen, Abducken oder Wegziehen den Schlag ins Leere gehen lassen.
2. Abdecken oder Ablenken von Geraden, indem man sie von sich wegdreht, wodurch sie ins Leere gehen und sich verbrauchen.
3. Man kann den Schlag mit einer Körperpartie abblocken, die diesen Schlag aushält – dies empfiehlt sich aber nicht so sehr. Es ist besser für einen selbst und ermüdender für den Gegner, wenn dessen Schläge ins Leere gehen.

Jeder Kämpfer kann lernen, wie man schnell und kraftvoll führt und wieder zurückgeht, da die Bewegungen mehr oder weniger rein mechanisch sind und er den Zeitpunkt für das Starten der »Maschine« selbst wählen kann. Dies ist vom Kontern sehr unterschiedlich; der »Führende« wählt die Zeit und auch die beabsichtigte Zielfläche. Der Konternde befindet sich in einer ähnlichen Lage wie der, der einen Sprint auf das »Los« seines Gegners beginnt.

163

Im Vorausahnen liegt das Geheimnis des Konterns und es empfiehlt sich deshalb, den Gegner durch Täuschungsmanöver zum Führen zu verleiten, anstatt darauf zu warten, daß er das von selbst macht.

Ein Gegenangriff ist eine Angriffsaktion, die in den Angriff des Gegners hineingeführt wird, so daß man diesem eine Periode »Bewegungszeit« abnimmt.

Konter bestehen aus einfachen Kombinationen der elementarsten Angriffs- und Verteidigungsbewegungen.

● Vermeidung der Führung des Gegners durch defensive Maßnahmen.

● Ausführung von entsprechenden Konterschlägen.

Beispiele

Führung	Konter
1. Jab (kurze, schnelle, gestochene Gerade)	1. Nach hinten schnappen, Konter-Jab
2. Jab	2. Nach außen ausweichen, Konter-Jab
3. Schwinger oder Haken mit der Führungshand	3. Mit dem hinteren Unterarm decken, Konter-Jab
4. Jab	4. Mit der hinteren Hand zur Seite stoßen. Schaufel-Körperhaken mit der Führungshand
5. Schwinger oder Haken mit der hinteren Hand	5. Dem Gegner mit einem schnellen Jab zuvorkommen
6. Jab	6. Nach innen ausweichen, mit der hinteren Hand zum Körper kontern
7. Jab	7. Nach innen ausweichen, linker Cross
8. Schwinger oder Haken mit der Führungshand	8. Dem Gegner mit linkem Cross zuvorkommen
9. Cross mit der hinteren Hand	9. Wegducken, zum Unterleib kontern oder mit Links Fauststoß zum Körper
10. Cross oder Schwinger mit der hinteren Hand	10. Mit vorderem Unterarm decken, Konter mit linkem Jab

Beim Üben von Kontern sollte man zuerst auf die gute Ausführung und dann erst auf die Schnelligkeit achten.

Bringe nach einem Konter immer Nachfolgetechniken und nutze deinen Vorteil aus, bis der Gegner zu Boden geht oder zurückschlägt.

Ein Gegenangriff stellt keine defensive Aktion dar, sondern ist eine Methode zur Ausnutzung des gegnerischen Angriffs, um den eigenen Angriff erfolgreich abschließen zu können. Der Gegenangriff ist eine hochentwickelte Phase der Offensive, der ein Vorauswissen derjenigen Öffnungen und Lücken erfordert, die sich aus dem Angriff des Gegners bei diesem ergeben.

Beim Gegenangriff sind höchste Fertigkeiten, perfekteste Planung und genaueste Ausführung aller

Kampftechniken erforderlich. Alle grundlegenden Techniken werden als Werkzeug eingesetzt: Abblocken, Decken, Abwehren, Ausweichen, Pendeln und Kreiseln, Abducken, Ausweichschritt zur Seite, Täuschen, Provozieren und Verlagern. Der Gegenangriff setzt alle Stufen von Greifen, Treten und Schlagen ein. Neben einer Meisterung der Techniken erfordert der Gegenangriff genaues Timing, unbeirrbares Einschätzungsvermögen und kühle, vorausrechnende Einstellung. Er erfordert sorgfältiges Abwägen, mutige Ausführung und sichere Kontrolle. Der Gegenangriff ist die größte Kunst beim Kämpfen, die Kunst des Meisters.

Es gibt zahllose Konter, die sich bei jeder Führung anwenden lassen, aber für jede spezielle Gelegenheit gibt es einen Konter, der in dieser Situation am wirksamsten ist. Man muß immer augenblicklich handeln. Wo sich jedoch eine große Auswahl von Handlungsweisen anbietet, wird das augenblickliche Handeln schwierig, wenn nicht sogar unmöglich, falls das richtige Handeln nicht schon im voraus einprogrammiert wurde. Dieses Einprogrammieren (geleitet von der allgemeinen Wachsamkeit) wird somit zum Grundstein des Gegenangriffs.

Das Einprogrammieren ist ein Prozeß, bei dem ein bestimmter Anreiz zu einer bestimmten Reaktion führt. Ein wiederholter Anreiz schafft im Nervensystem ein bestimmtes Handlungsmuster. Wenn dieses Handlungsmuster einmal festgelegt ist, führt schon das bloße Vorhandensein des Reizes zur entsprechenden Aktion. Diese Aktion erfolgt augenblicklich und beinahe unbewußt, was für ein wirksames Kontern auch wichtig ist. Eine einprogrammierte Aktion ist das Ergebnis von intensivem und konzentriertem Training und von geplanten Handlungsstrukturen als Antwort auf jede Führung.

Solche Aktionen sollten stundenlang, tagelang, wochenlang langsam geübt werden und immer im Hinblick auf eine bestimmte Führung. Zum Schluß bringt die Führung selbst den richtigen Konter automatisch mit sich.

Der Kampf sollte mit dem Kopf geführt werden und nicht mit den Händen oder Beinen. Es stimmt, daß man beim Kampf nicht daran denkt, wie man kämpfen soll, sondern man denkt an die Schwächen und Stärken des Gegners, an mögliche Öffnungen und Gelegenheiten. Das Kämpfen erreicht niemals die Stufe einer richtigen Kunst, wenn sich die Ausführung der Fertigkeiten nicht automatisch vollzieht und das Gehirn nicht befreit ist, um zu denken und zu kombinieren, Pläne zu machen und einzuschätzen. Die höheren Nervenzentren behalten immer die Kontrolle und handeln, wenn es nötig ist. Es ist wie eine Maschine durch Knopfdruck an- oder auszuschalten.

Zum Kontern muß man drei Faktoren kennen:

1. Die Führung des Gegners (Führungs-Hand, mit der der Angriff geführt wird)
2. Die Methode zur Vermeidung der Führung des Gegners
3. Das Kontern an sich mit Schlagen, Treten oder Greifen

1. Die Führungshand des Gegners ist für die Bestimmung derjenigen Körperseite wichtig, die sich Angriffen ungeschützt darbietet. Eine rechte Führungshand entblößt die rechte Seite des Körpers, während eine Führung mit der hinteren Hand beinahe den ganzen Oberkörper entblößt.
2. Zur Vermeidung von Führungen muß man sich entscheiden, ob der Gegenangriff mit einer oder mit beiden Händen ausgeführt werden sollte. Beim Abblocken, Decken, Stoppen, Abwehren bleibt immer eine Hand, mit der man kontern kann. Bei Manövern wie Ausweichen, Ausweichen mit einem Schritt zur Seite, Abducken, Pendeln und Kreiseln, Täuschen, Provozieren und Verlagern ist das Kontern mit beiden Händen möglich.
3. Der Konter hängt von der Methode ab, mit der man der Führung des Gegners ausweicht, und ebenso von der Führung selbst.

Punkt 1: Bringe den Gegner dazu, sich zu exponieren und seine Form aufzugeben.
Punkt 2: Gehe harmonisch und als eine einzige funktionale Einheit auf diese Exponierung des Gegners ein.
Punkt 3: Koordiniere alle Kräfte, um seinen Schwachpunkt anzugreifen.

Konter mit der rechten Führungshand auf eine rechte Gerade des Gegners mit der Führungshand

Mit Abblocken oder Stoppen
1. Fange bei einem gleichzeitigen Schritt nach rechts mit der linken Hand die Führungshand des Gegners ab und schlage dann mit der rechten Führungshand eine Gerade zum Kinn.

Mit Abwehren
1. Wehre zur äußeren Deckungsposition ab und schlage einen rechten Haken zum Solar Plexus des Gegners.
2. Wehre zur äußeren Position ab und schlage einen rechten Haken zum Kinn.
3. Wehre zur äußeren Position ab und schlage einen rechten Schaufelhaken zum Kinn.
4. Wehre zur inneren Position ab und schlage mit der Führungshand eine rechte Gerade zum Kinn.
5. Wehre zur inneren Position ab und schlage einen rechten Haken zum Solar Plexus.
6. Wehre zur inneren Position ab und schlage einen rechten Schaufelhaken zum Solar Plexus.

Mit Ausweichen
1. Weiche zur äußeren Deckungsposition aus und schlage einen rechten Haken zum Kinn.
2. Weiche zur äußeren Position aus und schlage einen rechten Haken zum Solar Plexus.
3. Weiche zur äußeren Position aus und schlage einen rechten Aufwärtshaken zum Solar Plexus.
4. Weiche zur äußeren Position aus und schlage eine rechte Gerade zum Kinn.

Mit Ausweichen mit einem Schritt zur Seite
1. Weiche seitlich zur äußeren Deckungsposition aus und schlage einen rechten Haken zum Kinn.
2. Weiche seitlich zur äußeren Position aus und schlage einen rechten Haken zum Solar Plexus.
3. Weiche seitlich zur äußeren Position aus und schlage einen Aufwärtshaken zum Kinn.
4. Weiche seitlich zur äußeren Position aus und schlage mit der Führungshand eine rechte Gerade zum Kinn.

Konter mit der linken hinteren Hand auf eine rechte Gerade des Gegners mit der Führungshand

Mit Abwehren
1. Wehre mit der linken Hand zur inneren Deckungsposition ab und schlage dann mit Links zum Kinn des Gegners.
2. Wehre mit Rechts zur inneren Position überkreuz ab und schlage eine linke Gerade zur Seite des Gegners.

Mit Ausweichen
1. Weiche zur inneren Deckungsposition aus und schlage einen linken Haken zum Körper.
2. Weiche zur inneren Position aus und schlage eine linke Gerade zum Körper.
3. Weiche zur inneren Position aus und schlage eine linke Gerade zum Kinn.
4. Weiche zur inneren Position aus und schlage einen linken Haken zum Kinn.
5. Weiche zur inneren Position aus und schlage eine linke Gerade zum Solar Plexus.

Mit Ausweichen mit einem Schritt zur Seite
1. Weiche seitlich zur äußeren Deckungsposition aus und schlage einen linken Haken zum Kinn.
2. Weiche seitlich zur äußeren Position aus und schlage eine Linke zum Körper.

3. Weiche seitlich zur äußeren Position aus und schlage einen linken Aufwärtshaken zum Kinn.
4. Weiche seitlich zur äußeren Position aus und schlage einen linken Schaufelhaken zum Kinn.
5. Weiche seitlich zur äußeren Position aus und schlage einen linken Aufwärtshaken zum Solar Plexus.

Konter mit der rechten Führungshand auf eine linke Gerade des Gegners mit der hinteren Hand

Mit Abwehren
1. Wehre mit der linken Hand überkreuz zur inneren Deckungsposition ab und schlage einen rechten Haken zum Kinn.
2. Wehre mit der linken Hand überkreuz zur inneren Position ab und schlage einen rechten Haken zum Bauch.

Mit Ausweichen
1. Weiche zur inneren Deckungsposition aus und schlage einen rechten Haken zum Solar Plexus.
2. Weiche zur inneren Position aus und schlage einen rechten Haken zum Kinn.
3. Weiche zur äußeren Position aus und schlage einen rechten Cross zum Kinn oder Körper.

Mit Ausweichen mit einem Schritt zur Seite
1. Weiche seitlich zur inneren Deckungsposition aus und schlage eine rechte Gerade zum Kinn.

Konter mit der linken hinteren Hand auf eine rechte Gerade des Gegners mit der hinteren Hand

Mit Abwehren
1. Wehre mit der rechten Hand zur inneren Deckungsposition ab und schlage eine linke Gerade zum Kinn oder Körper.
2. Wehre mit der rechten Hand zur inneren Position ab und schlage einen linken Haken zum Kinn oder Körper.
3. Wehre mit der rechten Hand zur inneren Position ab und schlage einen linken Aufwärtshaken zum Kinn oder Solar Plexus.
4. Wehre mit der rechten Hand zur äußeren Position ab und schlage einen linken Haken zum Kinn oder Solar Plexus.

5. Wehre mit der rechten Hand zur äußeren Position ab und schlage einen linken Aufwärtshaken zum Kinn oder Solar Plexus.

Mit Ausweichen
1. Weiche zur äußeren Deckungsposition aus und schlage einen linken Haken zum Kinn oder Körper.
2. Weiche zur äußeren Position aus und schlage einen linken Aufwärtshaken zum Kinn oder Körper.
3. Weiche zur äußeren Position aus und schlage eine linke Gerade zum Gesicht oder Körper.
4. Weiche zur inneren Position aus und schlage einen linken Schaufelhaken zum Solar Plexus.

Mit Ausweichen mit einem Schritt zur Seite
1. Weiche seitlich zur äußeren Deckungsposition aus und schlage einen linken Haken zum Kinn oder Körper.
2. Weiche seitlich zur äußeren Position aus und schlage einen linken Aufwärtshaken zum Solar Plexus.

Die Abwehr nach innen und rechter Jab ist eine rechte Gerade, die so getimt ist, daß sie die durch den Jab des Gegners entstehende Öffnung auf der linken Seite ausnutzt. Dies ist ein grundlegender Konter, der, bewußt oder unbewußt, von den meisten Kämpfern eingesetzt wird. Er dient zur Vermeidung des gegnerischen Jab und läßt sich gleichzeitig dazu verwenden, den Gegner zu »stechen« und zu beunruhigen. Ebenso schafft er Öffnungen für weitere Konter. Dieser Konter läßt sich am besten bei langsamen Jabs einsetzen.

Die Abwehr nach außen und rechter Jab ist ein Jab, der ausgeführt wird, nachdem man die Führungshand des Gegners über die rechte Schulter abgleiten lassen hat. Er ist eine sichere Methode zur Vermeidung der rechten Führungshand des Gegners und gleichzeitig ein wirksamer Konter. Er wird am besten gegen einen Gegner mit langen Armen eingesetzt, da er dem rechten Arm zusätzliche »Länge« verschafft. Die rechte Führungshand des Gegners wird abgewehrt und kurz gegen die rechte Schulter geführt. Je mehr der Gegner in seinen Schlag hineingeht, desto härter wird er getroffen. Dieser Konter sollte in Kombination mit Jabs aus der inneren Position verwendet werden.

Die Abwehr nach innen und rechter Haken zum Körper ist ein sehr wirksamer und unangenehmer Schlag, mit dem der Gegner abgebremst werden kann. Seine Ausführung ist ziemlich gefährlich, weil der Körper hierbei in die Reichweite der linken Hand des Gegners kommt. Wenn die rechte Hand und die rechte Schulter abgesenkt werden, wird die rechte Körperseite zu einem Ziel für den Gegner. Deshalb muß dieser Schlag ganz plötzlich kommen und sein Erfolg hängt ganz von seiner Geschwindigkeit und seinem Täuschungsvermögen ab.

Die Abwehr nach außen und rechter Haken wird dazu eingesetzt, die Deckung des Gegners nach unten zu ziehen, um ihn abzubremsen und um Öffnungen für die linke Hand zu schaffen. Dies ist ein leichter, sicherer und wirksamer Konter. Er nimmt oft eher die Form eines Aufwärtshakens als eines Hakens an.

Das Abblocken von innen und linker Haken ist in erster Linie ein Block, dann erst ein Haken. Dies sollte gegen einen langsamen Jab eingesetzt werden oder gegen einen Kämpfer, der seine rechte Führungshand weit außen von der rechten Schulter hält. Dieser Schlag ist kraftvoll, erfordert jedoch mehr Übung und genaueres Timing als die meisten Konter. Dabei muß man die rechte Führungshand von innen abblocken, dann das Gewicht nach vorne verlagern und die Linke als Haken zum Kinn schlagen. Dieser Konter empfiehlt sich aber nur, wenn die Öffnung ganz offensichtlich ist.

Der linke Cross ist einer der am meisten diskutierten Schläge im westlichen Boxen und ist der von allen Boxern am häufigsten gebrauchte Konter. Bei richtiger Ausführung ist dieser Schlag äußerst wirksam. Ein Cross ist einfach ein linker Haken zum Kinn, der über die ausgestreckte rechte Führungshand des Gegners herübergeführt wird. Man läßt den Jab des Gegners über die linke Schulter abgleiten und die linke Hand wird dann als Haken von außen herüber zum Kinn geschlagen. Der Cross ist leicht auszuführen und kann kampfentscheidend sein.

Die linke Gerade von innen ist ein Schlag, der so getimt ist, daß er unter und innen durch die rechte Führungshand des Gegners hindurchgeht. Er läßt

167

sich am besten gegen einen Gegner einsetzen, der beim Schlagen seiner rechten Führungshand ziemlich nach vorne kommt, insbesondere im Zusammenhang mit der Abwehr nach außen und rechtem Jab oder Cross. Dieser Schlag kann dem Gegner den letzten Rest geben und er ist sehr wirksam und leicht im Timing. Die Rechte muß hoch gehalten werden, um stoppen oder decken zu können.

Die innere Linke zu den Rippen ist ein »saugender« Schlag, da er jede sich durch eine rechte Führungshand ergebende Öffnung ausnutzt. Gegen ihn kann man sich nur schwer schützen. Bei diesem Schlag wird eine linke Gerade so getimt, daß sie bei einem Jab des Gegners unter dessen rechten Arm hindurchgeht. Sie wird auch verwendet, um den Geg-

ner abzubremsen oder um »seinen Arm zu verkürzen«.

Um die Gefahr eines Konters möglichst klein zu halten:

1. Führe Täuschungsmanöver aus, um den Rhythmus des Gegners zu stören, wodurch er seine »Fassung« verliert und gleichzeitig eine Periode der Bewegungszeit.
2. Verändere deine Körperposition beim Kampf durch Ausweichen nach links und rechts, plötzlichen Wechsel der Höhe (Abducken) und Körperschwingen (Pendeln und Kreiseln).
3. Verwende eine sich beständig ändernde Vielfalt von Angriffen und Abwehren.

Ein Konterangriff ist ein Angriff (oder genauer ein Gegenangriff), der auf eine Abwehr folgt.

Die Wahl des Konterangriffs wird, ebenso wie die Wahl des Angriffs, von den vermutlichen Verteidigungsbewegungen des Gegners dagegen bestimmt. Man kann sich nur über die Reaktionen des Gegners vergewissern, wenn man dessen Handbewegungen beobachtet, wenn er nach einem fehlgeschlagenen Angriff wieder zurückgeht.

Der direkte Konterangriff wird auf derselben Linie geführt wie die der Abwehr. Er besteht nur aus einer direkten Bewegung (Decken der Innenlinie, zusätzliche Deckung, Bewegung des Oberkörpers usw.). Die Wahl des direkten Konterangriffs hängt von den Reaktionen und Gewohnheiten des Gegners ab – Beobachtungen, Schlußfolgerungen ziehen und den richtigen Schlag einsetzen. Der indirekte Konterangriff (durch Trennen, Konter-Trennen, Überschneiden) wird in der Linie gemacht, die der der Abwehr entgegengesetzt ist, indem die Hand über, unter oder um die Hand des Gegners herumgeführt wird. Er wird gegen einen Gegner eingesetzt, der sofort deckt, wenn er abgewehrt wurde. Der indirekte Konterangriff sollte weich, sparsam und gut gedeckt ausgeführt werden.

Arten von Konterangriffen

1. Einfacher Konterangriff
   a) direkt
   b) indirekt
2. Zusammengesetzter Konterangriff
   a) mit einem oder mehreren Täuschungsmanövern
3. Einfache oder zusammengesetzte Konterangriffe, die auf der unteren Linie enden.

Alle diese Konterangriffe lassen sich unmittelbar nach einer Abwehr, oder mit Verzögerung ausführen. Ebenso kann ein Konterangriff mit oder ohne Vorstoß gemacht werden. Ob man den Konterangriff mit einem Vorstoß unterstützen sollte, hängt ganz von der Schnelligkeit des Gegners beim Zurückkommen nach einem Angriff ab.

Ganz allgemein ist der unmittelbare Konterangriff der wirksamste, da er den Gegner in die Defensive drängt. Um diese Wirksamkeit zu gewährleisten, muß der Konterangriff genau in dem Moment gemacht werden, wenn der Angriff zu Ende geht und bevor der Gegner die Gelegenheit hat, vom Angriff in die Verteidigung zu wechseln. Diese Form wird als »Abwehr und Konterangriff in der Endphase eines Angriffs« bezeichnet. Hiermit wird besagt, daß sich der Gegner der Linie sicher ist, in der der Angriff endet. Der unmittelbare Konterangriff in die Endphase eines Angriffs hinein kann hart, in einer direkten Kombination, geführt werden oder weich, um am Gegner zu bleiben und ihn zu lähmen. Beim verzögerten Konterangriff zögert man bei der Auswahl des Konterangriffs nach einer Abwehr und beobachtet die Reaktion des Gegners. Der Gegner, der auf einen direkten Konterangriff eingestellt ist, wird vielleicht ganz automatisch eine Abwehr machen. Da er aber keine angreifende Hand findet, wird er durch diesen Wechsel in der Kadenz verwirrt und verliert etwas die Beherrschung bei seiner Verteidigung. Der verzögerte Konterangriff kann ein Kombinationsangriff oder ein Angriff mit Täuschungsmanöver sein.

Anwendungsmöglichkeiten des einfachen Konterangriffs:

1. Der direkte Konterangriff wird gegen einen Kämpfer eingesetzt, der bei seinem Vorstoß den Fehler begeht, schon seinen Arm vorbereitend für das Zurückgehen anzuwinkeln und der sich deshalb auf der Abwehrlinie exponiert.

2. Der indirekte Konterangriff (durch Trennen oder Überschneiden) wird gegen einen Gegner eingesetzt, der in Erwartung eines direkten Konterangriffs in der Linie deckt, in der er abgewehrt worden ist. Manchmal deckt er absichtlich; oft ist es jedoch nur eine rein instinktive Bewegung. Wie auch immer, wenn dieses Decken Erfolg zeigt, muß man dies bei Konterangriffen vorausberechnen und die Abwehr mit einem einfachen Trennen täuschen.

3. Der Konterangriff mit Konter-Trennen wird gegen einen Gegner eingesetzt, der beim Vor- oder Zurückgehen nicht in der Linie der Abwehr bleibt, sondern seinen Kontakt wechselt. Dieses Wechseln des Kontakts wird durch das Konter-Trennen getäuscht. Diese Form des Konterangriffs läßt sich sehr gut aus der Rechts-Vorwärtsstellung gegen einen Gegner in Links-Vorwärtsstellung einsetzen.

4. Der Konterangriff zur unteren Linie wird gegen einen Gegner eingesetzt, der seine Angriffe immer richtig gedeckt beendet und der mit ausgestrecktem Arm zurückgeht und somit nur die unteren Körperpartien offen läßt.

Der zusammengesetzte Konterangriff ist eine Gegenoffensivbewegung nach einer Abwehr, die sich aus einem oder mehreren Täuschungsmanövern zusammensetzt. Beispiel:
Zusammengesetzter Konterangriff mit 1-2 nach einer Abwehr des Konters zum Sechstelbereich – Der Angreifer, der durch den Konter zurück in die Linie des Sechstelbereichs gebracht wurde und der den direkten Konterangriff ahnt, deckt im Sechstelbereich. Der Konterangreifer täuscht dann mit gebeugtem Arm ein Trennen an und zieht die Abwehr des Gegners zum Viertelbereich, die er, immer noch mit gebeugtem Arm, täuscht und schließlich den Konterangriff zum Sechstelbereich schlägt.

Das Timing ist immer sehr wichtig. Abwehr und Konterangriff sind am wirksamsten, wenn sie ausgeführt werden, als ob der Angriff seinen Weg zu Ende führen würde. Dadurch wird die Zeit auf ein Minimum beschränkt, die dem Gegner bleibt, um

vom Angriff in die Verteidigung zu wechseln. Aus diesem Grund hat ein Konterangriff die besten Erfolgschancen, bevor ihn der Gegner abwehren kann.

Indem man absichtlich auf die »kundschaftenden« Bewegungen des Gegners in einer bestimmten Weise reagiert, kann man diesen oft dazu verleiten, einen bestimmten Schlag einzusetzen. Wenn man diesen Schlag kennt, ist es nicht schwer, ihn richtig zu timen und ihn zum eigenen Vorteil zu nutzen.

Der Konter-Konterangriff ist eine Offensivbewegung, die auf eine erfolgreiche Abwehr des Konterangriffs durch den Gegner folgt. Er kann entweder vom Angreifer oder vom Verteidiger in Form eines einfachen oder eines zusammengesetzten Konter-Konterangriffs ausgeführt werden. Er läßt sich beim Vor- und Zurückgehen, nach dem Zurückgehen oder ohne Vorgehen, je nach Distanz, ausführen.

Der Konter-Konterangriff kann ein Ergebnis von Hintergedanken sein. Hintergedanken bedeutet hier, daß der ursprüngliche Angriff nicht mit dem Ziel eines Treffers geführt wird, sondern nur, um den Gegner zu einer Abwehr und einem Konterangriff zu verleiten, wogegen man wiederum einen Konterangriff macht. Diese Folge von Angriffs- und Verteidigungsaktionen des Angreifers wird normalerweise gegen einen Gegner eingesetzt, dessen primäre Abwehr sehr stark ist, wobei man hofft, daß ihn eine zweite Angriffsaktion unvorbereitet trifft. Nach dem einleitenden falschen Angriff kann der Angreifer entweder halb zurückgehen oder bei der Abwehr sein Körpergewicht auf das hintere Bein zurückverlagern. Damit bringt er sich außer Reichweite des gefährlichen Konterangriffs und er kann diesen Konterangriff dann kontern, wenn er halb nach vorne kommt oder seinen Oberkörper nach vorne lehnt.

Wenn sich der Gegner einfach ohne Abwehr zurückzieht, kann die Verdoppelung (beim Boxen) oder Nachstoßen (beim Fechten) nützlich sein. Es ist ein erneuter Angriff oder eine Ablösung der Körperwaffe zum Ziel, welche in der gleichen Linie wie der ursprüngliche Angriff oder Konterangriff geführt werden. Es besteht aus einem Schlag, der auch zu einem vorneliegenden Ziel wie Knie oder Schienbein geführt werden kann. Dieser Schlag »bestraft« einen Gegner, der bei der Ausführung von indirekten oder zusammengesetzten Konterangriffen Blößen zeigt, weil er seine Bewegungen zu weit macht. Der erneute Angriff ist gegen Kämpfer sehr wirksam, die, obwohl sie über eine starke Abwehr verfügen, bei Konterangriffen zögern oder dabei zu langsam sind. Dies kommt oft auch daher, daß sie eine Abwehr versuchten, jedoch dabei außer Gleichgewicht waren.

Viele Kämpfer machen bei der Abwehr den Fehler, sich auf ihr hinteres Bein zurückzulehnen, anstatt einen kurzen Schritt nach hinten zu machen. In solchen Fällen sollte man den gewichttragenden hinteren Fuß angreifen.

Der Erfolg eines erneuten Angriffs hängt zum großen Teil von einem schnellen Nachvornekommen ab (wieder Beinarbeit!). Dem Gegner darf es nicht möglich sein, den Verlust an Gleichgewicht (körperlich und geistig) und Kontrolle wieder gut zu machen, den er möglicherweise beim ursprünglichen Angriff erlitten hat.

Normalerweise wird das Nachvornekommen von einem Angriff auf die Arme begleitet. Die Vorteile hierfür sind:

1. Ausfüllung der Zeitlücke beim Nachvornekommen.
2. Beschäftigung der gegnerischen Aufmerksamkeit während dieser Periode und somit verringertes Risiko eines Stoppschlags oder Konterangriffs des Gegners.
3. Erhalten einer Art von Stütze, indem man den Arm des Gegners beim Nachvornegehen hält.

Obwohl ein erneuter Angriff in einem Augenblick möglich ist, ist damit nicht gewährleistet, daß man eine Periode Bewegungszeit gewinnt. In den meisten Fällen wird sein Einsatz als Schlag gemäß der Beobachtung der Gewohnheiten und Taktiken des Gegners vorausüberlegt.

Nach dem Nachvornekommen kann der eigentliche erneute Angriff die folgenden Beispiele umfassen:

1. Gerader Fauststoß
2. Vortäuschen eines geraden Fauststoßes, gefolgt von einem indirekten einfachen Angriff oder einem zusammengesetzten Angriff.
3. Eine Vorbereitung zur Hand (Schlag zur Hand, Handfassen), gefolgt von einem einfachen oder zusammengesetzten Angriff.

Taktik gehört zur Kopfarbeit beim Kampf. Sie beruht auf der Beobachtung und Bewertung des Gegners und auf der intelligenten Auswahl von Aktionen gegen ihn. Das Verfahren bei der Taktik besteht aus drei Teilen: Einleitende Untersuchung, Vorbereitung und Ausführung.

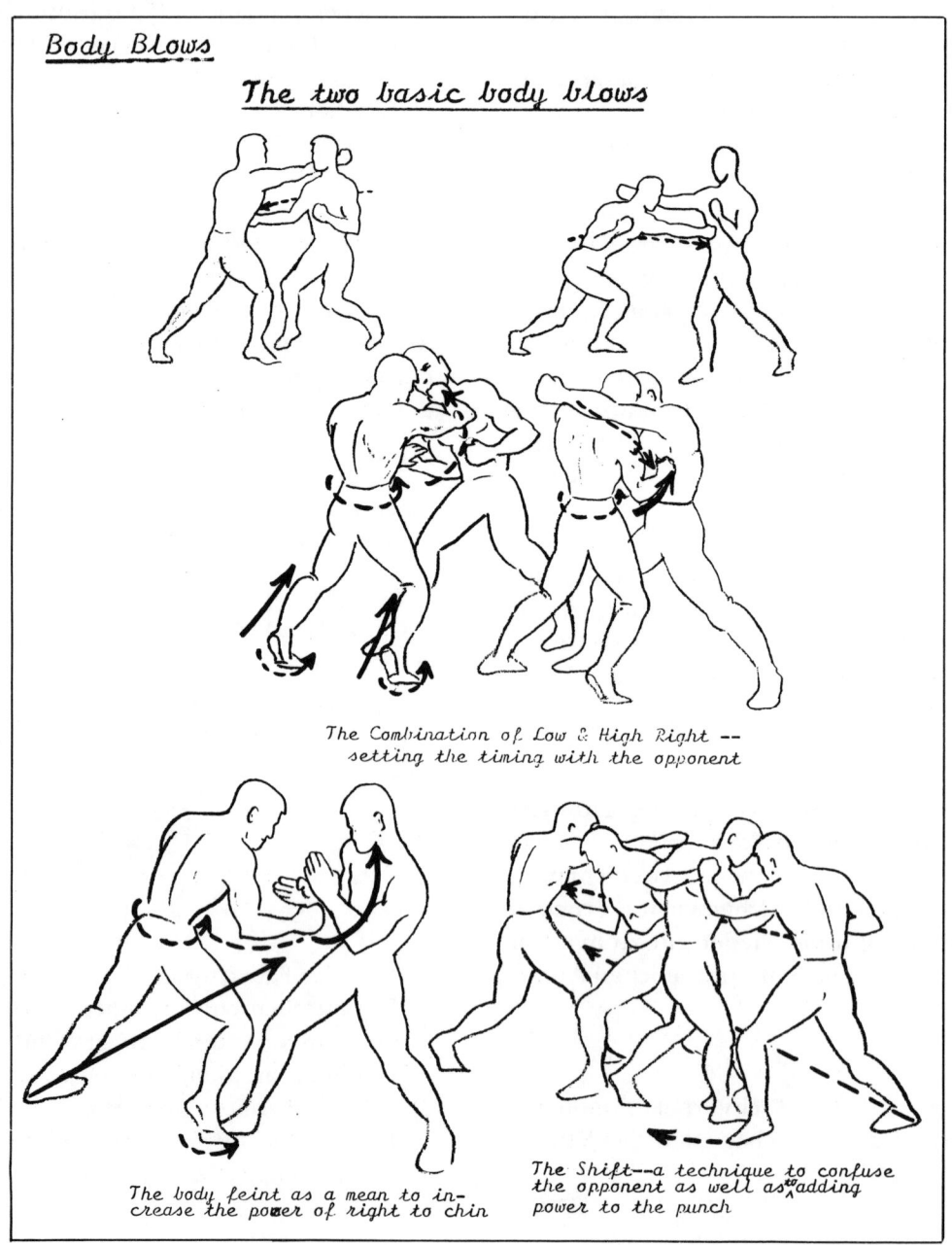

Body Blows

The two basic body blows

The Combination of Low & High Right --
setting the timing with the opponent

The body feint as a mean to increase the power of right to chin

The Shift--a technique to confuse the opponent as well as adding power to the punch

172

Einleitende Untersuchung: Der Zweck der einleitenden Untersuchung ist, durch genaue Überprüfung der Gewohnheiten, Schwächen und Stärken des Gegners eine Grundlage für den Angriff zu schaffen. Man sollte wissen, ob der Gegner mehr offensiv oder mehr defensiv ist, ob er seine Aktionen rechtzeitig ausführt und wie seine bevorzugten Angriffe und Abwehren aussehen. Deshalb muß man den Gegner gut beobachten, denn selbst wenn man ihn schon kennt, so ist doch seine körperliche und geistige Verfassung von Tag zu Tag verschieden. Der mit Taktik kämpfende sollte seine Distanz verkürzen und größer werden lassen und falsche Angriffe einsetzen, die überzeugend genug sind, um den Gegner zur Enthüllung seiner Fertigkeit und Schnelligkeit zu zwingen.

Vorbereitung: Während der Vorbereitung einer Aktion sucht jeder Kämpfer nach Anhaltspunkten und versucht seinen Gegner zu überlisten. Die Variationen hierbei sind zahllos und deshalb sollen hier nur einige Beispiele aufgezählt werden. Wenn ein Kämpfer z. B. beim Angriff Punkte sammeln will, muß er die Initiative ergreifen und den Kampf unter Kontrolle halten. Er versucht, seinen Gegner manchmal durch falsche Angriffe in die Irre zu führen, denen er dann einen richtigen Angriff zu einem anderen oder zum gleichen Zielgebiet folgen läßt. Linien und Positionen sollten dabei gewechselt werden, um dem Gegner nicht einen freien Augenblick zu geben, in dem er die Initiative an sich reißen kann.

Die Vorbereitung eines Angriffs sollte vorsichtig erfolgen und man muß immer für eine Abwehr vorbereitet sein, falls der Gegner einen plötzlichen Stoppschlag oder Konterangriff zu machen versucht.

Ausführung: Die Ausführung des eigentlichen, richtigen Angriffs muß mit richtigem Timing, schnell und ohne Unterbrechung oder Zögern erfolgen. Der Angriff muß eine bewußte, beschleunigte, bestimmte und entscheidende Bewegung sein. Das Überraschungsmoment ist äußerst wichtig und man muß immer an den Erfolg seiner Aktion glauben. Wenn der Gegner die Initiative übernimmt, muß man ihn durch beständige Bedrohung durch Konterangriffe entmutigen, durch kurze Fauststöße, durch Schläge auf seine Deckung oder durch andere Mittel, die seine Konzentration stören.

Wenn sich zwei Kämpfer körperlich gleichwertig sind, dann kann geistige Überlegenheit den Ausschlag zum Sieg geben. Bei zwei geistig gleichwertigen Gegnern können mechanische und technische Kenntnisse entscheidend sein.

Bevor man erfolgreich mit Taktik operieren kann, muß man erst einen ziemlich hohen Grad an technischer Fertigkeit erlangen. Sobald man einmal die mechanischen Bewegungen automatisch ausführen kann, kann sich der Geist auf die Beobachtung der gegnerischen Reaktionen konzentrieren, seine Absichten vorausberechnen und so die zum Sieg nötige Strategie und Taktik entwerfen.

Taktik verlangt kühles Urteilsvermögen, Vorausdenken, Ergreifen von Gelegenheiten, Täuschen und Konter-Täuschen, ebenso wie die Fähigkeit, zumindest schon eine Bewegung vorauszudenken. Dazu kommen Mut und die kontrollierte Reaktion von Muskeln und Gliedern, die den Kämpfer in die Lage versetzen, zu jedem Moment einfache oder komplizierte Bewegungen zu machen, wie es die Lage gerade erfordert.

Es wurde schon erwähnt, daß die Gedanken und Aktionen eines Kämpfers wie ein Blitz sein müssen. Sicherlich liegt das Geheimnis eines erfolgreichen Kampfes in der Koordinierung von Geist und Körper. Die rein mechanisch-körperliche Perfektion hat keinen Sinn, wenn nicht die geistigen Fähigkeiten hinzukommen. Ebenso bietet selbst die intelligenteste Einschätzung der Kampfesweise des Gegners noch keine Gewähr für Erfolg, wenn nicht die darauf erforderliche Technik geplant und richtig ausgeführt werden kann.

Der Hauptpunkt bei der Kampftechnik ist das Ausnutzen der Schwächen des Gegners.

Würdest du einen Gegner angreifen, der perfekt vorbereitet ist, sich in gutem Gleichgewicht befindet und sich entweder in einem nervösen, wilden Rhythmus oder in einem kontrollierten, ruhigen Rhythmus bewegt? Würdest du einem wütenden und nach vorne stürmenden Gegner frontal begegnen? Natürlich nicht! Ein richtiger Meister würde zuerst die Distanz durch korrigierende Beinarbeit unter Kontrolle bringen und dann den Rhythmus des Gegners durch Täuschungsmanöver, falsche Angriffe und wirtschaftliches »Picken« führen.

Man sollte der vom Gegner bevorzugten Taktik immer die entgegengesetzte Taktik entgegenstellen (feine Technik gegen einen kämpferischen Gegner, Kampfgeist gegen einen technisch guten Kämpfer). Es ist wohl unklug, einen Gegner beständig anzugreifen, der sich ganz auf seine Verteidigung verläßt, während man einen Gegner unverzüglich angreifen sollte, der starke und schnelle Angriffe bevorzugt. Konter-Zeit ist die Antwort gegen einen Stoppschlaganhänger und der Stoppschlag ist die Antwort auf einen Gegner, der viele Täuschungsmanöver einsetzt.

Gegen einen Kämpfer mit großer Reichweite, oder gegen einen Kämpfer, der immer erneute Angriffe macht oder mit einem Schritt nach vorne angreift, ist im allgemeinen ein größeres Kampfmaß erforderlich. Es ist ein Fehler, wenn man bei Angriffen oder Vorbereitungen immer nach rückwärts geht, da dadurch der Gegner den für seine Manöver benötigten Spielraum erhält. Solch ein Gegner wird wahrscheinlich gestört und verliert seine Präzision, wenn man das Kampfmaß durch einen Schritt nach vorne in den Angriff hinein verkürzt.

Kämpfer mit kleinerer Körpergröße versuchen ihren Mangel an Reichweite dadurch auszugleichen, daß sie als Vorbereitung zur Hand angreifen oder zu vorne liegenden (nahen) Zielen, oder in den In-Fight (Nahdistanz) gehen, wenn er stärker ist.

Spiele zur Verwirrung des Gegners mit der eigenen Kadenz und beschleunige deine Bewegungen dann plötzlich explosionsartig. Die grundlegende Taktik liegt darin, den Gegner zum Nachvorekommen zu verleiten und ihn dann bei seinem Schritt nach vorne anzugreifen.

Man kann nicht immer die gleichen Aktionen bei allen Gegnern anwenden. Ein guter Kämpfer sollte bei seinem Kampfstil einfache und komplizierte Angriffe und Gegenangriffe mit wechselnder Distanz usw. abwechseln. Gegen einen ruhigen und beherrschten Kämpfer müssen die Täuschungsmanöver länger geführt werden; gegen einen nervösen Kämpfer müssen diese kürzer sein. Bei einem ruhigen Kämpfer sollte man selbst ruhig bleiben; bei einem nervösen Kämpfer sollte man versuchen, dessen Nervosität noch zu schüren (während man selbst ruhig bleibt). Körperlich große Kämpfer sind normalerweise langsamer. Sie werden jedoch durch ihre große Reichweite gefährlich und deshalb muß man ganz genau auf die richtige Distanz achten (bis man in die innere Position gelangen kann).

Unkonventionelle Kämpfer verwenden weite, manchmal unerwartete Bewegungen. Gegen solche Kämpfer muß man genau seine Distanz einhalten und Abwehren sollten erst im letztmöglichen Augenblick ausgeführt werden. Unorthodoxe Kämpfer verwenden normalerweise einfache Aktionen, die sie fast immer mit dem gleichen Tempo ausführen. Diese Angriffe werden mit weiten Bewegungen gemacht, so daß man dagegen getimte Schläge oder Stoppschläge einsetzen kann. Wenn man gegen einen solchen Kämpfer den Kampf verliert, dann kommt dies meist daher, daß man seinen Kampfstil nicht den jeweiligen Erfordernissen anpassen konnte.

Bei einem Gegner, der immer mit einer perfekt getimten Vorbereitung zur Hand angreift, sollte man ohne Kontakt und mit abwechselndem Kampfmaß kämpfen (anstatt die Hand zu exponieren oder eine Wachsamkeitsstellung mit ausgestreckter Hand zu verwenden), wodurch dieser gestört und in seinem Spielraum eingeengt wird.

Gegen einen geduldigen und ruhigen Kämpfer, der gut gedeckt in der Wachsamkeitsstellung bleibt, sich außerhalb der Distanz aufhält und sich bei jedem Vorbereitungsversuch zurückzieht, ist es unklug, mit einem direkten Angriff anzugreifen. Solche Kämpfer machen nämlich im allgemeinen genaue Stoppschläge oder Stopptritte. Die sich anbietende Taktik ist, ihn durch bedrohende Täuschungsmanöver zum Schlagen seines Stoppschlags zu verleiten und dann diesen Angriff mit Täuschung mit eventuellem Ergreifen der Hand zu Ende zu führen.

Vor einem Angriff auf einen Gegner, der den Kontakt meidet, kann man falsche Angriffe oder Täuschungsmanöver machen, um diesen zu einer Reaktion zu veranlassen. Wenn er dann z. B. mit einem Stoppschlag reagiert, kann man mit seiner Konteraktion fortfahren und am besten die Hand ergreifen. Wenn er mit einer Abwehr reagiert, kann man einen zusammengesetzten Angriff beenden oder mit einem Konter-Konterangriff treffen. Andererseits führt dies dazu, daß er wieder auf Kontaktdistanz geht, wenn ein entsprechender Angriff gemacht werden kann.

Der wahrscheinlich unregelmäßige Kampfrhythmus eines Neulings ist nur schwer abzuschätzen, wodurch lange Kampfaktionen gefährlich werden, da er wahrscheinlich nicht auf die ihm angebotene Führung eingeht. Ein Neuling reagiert sicherlich sofort panikartig und führt schon bei der kleinsten Provokation eine Abwehrbewegung aus. Diese zu früh gestarteten und ohne Kontrolle geführten Abwehren sind oft peitschenartig und richtungslos geschlagen und können unter Umständen den Arm des Angreifers treffen. Deshalb muß man bei Neulingen sehr vorsichtig sein und darf nicht mit Kombinationsangriffen angreifen, sondern muß auf die Gelegenheit warten, einfache, schnelle und sparsame Techniken ausführen zu können.

Ganz unbeabsichtigt führt ein Neuling auch Angriffe mit unterbrochenem Rhythmus durch, die den erfahrenen Kämpfer verwirren können, da er diesen Rhythmus nicht erwartet hat. Deshalb ist es sehr wichtig, ein genau abgewogenes Kampfmaß aufrechtzuerhalten, wodurch der Neuling zum Treffen seine Schläge überziehen muß (zu große Reichweite).

Eine goldene Regel lautet, daß man nie kompliziertere Bewegungen wählen soll, als sie zur Erreichung des Ziels nötig sind. Beginne mit einfachen Bewegungen und setze erst dann zusammengesetzte Bewegungen ein, wenn sich kein Erfolg einstellt. Wenn man einen guten Kämpfer mit einer komplizierten Bewegung trifft, dann ist das befriedigend und zeigt, daß man die Techniken beherrscht; trifft man aber denselben Gegner mit einer einfachen Technik, dann ist das ein Zeichen von Größe.

Der halbe Kampf ist schon gewonnen, wenn man weiß, was der Gegner tut. Wenn dann eine Aktion trotz der richtigen Wahl von entsprechenden Bewegungen fehlschlägt, dann liegt dies wohl an mangelhafter Technik.

Wiederholung! Ein guter Kämpfer kennt jeden Schlag.

Da man weiß, daß der Gegner immer versucht, die Schwächen und Gewohnheiten zu studieren, muß man natürlich alles tun, um die eigene Kampftaktik bewußt so abwechslungsreich wie möglich zu machen (einschließlich des Vortäuschens von gewissen Schwächen und Gewohnheiten).

Rechtshänder gegen Linkshänder

Der rechte Haken ist sehr erfolgreich als Angriffsschlag und als Konterschlag, der unmittelbar nach einem kurzen Hüpfer nach hinten geführt wird. Ein Linkshänder, der seine rechte Hand wirkungsvoll zusätzlich zu seiner normal wirkungsvollen Linken einsetzen kann, ist nur schwer zu schlagen.

Der Rechtshänder muß seine rechte Hand geringfügig höher halten und dem Linkshänder entweder mit einer scharf geschlagenen Linken zuvorkommen oder einen Schlag mit der Linken antäuschen, zurückhüpfen und dann mit einer scharf geschlagenen Linken kontern, auf die ein rechter Haken folgt.

Bei einer anderen Variante bewegt man sich beständig nach rechts, wobei die Rechte viel zur Verteidigung, die Linke zu Angriffen zum Kopf und Körper, vor allem aber zum Körper eingesetzt wird.

Es ist sehr wirksam, wenn man dem linken Arm oder der linken Führungshand eines Gegners in Links-Vorwärtsstellung nach außen ausweicht und mit einem langen linken Haken zum Körper kontert.

Das Hereingleiten um den Gegner beim Kontakt in der äußeren Linie zu blockieren empfiehlt sich vor einem tiefen Seitwärtsfußtritt gegen ein vorneliegendes Ziel. Bei diesem Seitwärtstritt sollte man sich von der Führungshand des Gegners weglehnen. Wenn die Technik sparsam fließend beginnt, kann damit der Konterfußtritt des gegnerischen Führungsbeines ausgeschaltet werden, insbesondere wenn das Fließen auf die Nachvorneverlagerung des Gegners abgetimt ist. Achte darauf, daß dieses Nachvorneverlagern nicht eine Vorbereitung für einen geschnappten Fußstoß mit dem hinteren Bein ist. In diesem Fall sollte man beim Hereingleiten nach rechts kreisen. Man kann danach noch mit der Führungshand einen Faustrückenschlag machen oder irgendeinen beliebigen anderen Schlag in einer anderen Bewegungsperiode.

Ein Schlag beim Kontakt in der äußeren Linie kann als eine Vorbereitung für einen falschen Fußtritt zum Knie/Schienbein verwendet werden, worauf man sofort mit einem Eineinhalbrhythmus einen

Schlag mit der Führungshand zum Gesicht des Gegners (über dessen Hand) macht. Gegen das Trennen des Gegners zu einem linken Haken mit der Führungshand oder einem rechten Cross sollte man die entsprechende zusätzliche Deckung verwenden.

Beim Hineingleiten und Schlägen beim Kontakt in den inneren Linien des Linkshänders vor einem beliebigen Angriff sollte man auf dessen rechtes Bein und dessen rechten Cross achten. Durch eine sparsame Einleitung auf den ersten 8 cm der Bewegung kann man die Bedrohung durch Schläge mit der hinteren Hand des Gegners verringern. Dann sollte man bei der Vorbereitung des Angriffs nach rechts kreisen.

Verwende Abwehren und Gegenabwehren zur oberen inneren Linie.

Übe das Ausweichen des linken Jabs eines Links-händers, während du deine Rechte zu seiner ungeschützten Achselhöhle schlägst.

Stelle den Kontakt auf der oberen inneren Linie her, um diesen dann zu trennen und zur oberen oder unteren äußeren Linie des Gegners zurückzukehren. Dadurch wird dieser gezwungen, seine schwachen Abwehren einzusetzen – seine obere äußere Abwehr oder langsamere, kreisförmige obere innere Abwehr. Wenn der Angriff zur unteren äußeren Linie geführt wird, wird der Gegner eine tiefe Ab-

wehr verwenden, wodurch seine obere Linie ungeschützt bleibt. Dies kann sehr wirkungsvoll sein, wenn der Angriff zur unteren Linie nur ein Täuschungsmanöver war.

Der Kampf ist ein Spiel von Timing, Taktik und Täuschung. Zwei der hierzu wirkungsvollsten Mittel sind im folgenden beschrieben:

176

1. Der einfache Angriff aus der Unbeweglichkeit heraus. Dieser Angriff wird den Gegner überraschen, insbesondere, wenn er nach einer Reihe von falschen Angriffen und Täuschungsmanövern ausgeführt wird. Der Verteidiger erwartet unterbewußt eine Vorbereitung oder eine kompliziertere Bewegung und kann dann nicht mehr rechtzeitig auf die plötzliche und unerwartete einfache Bewegung reagieren.

2. Die Variation von Rhythmus oder Kadenz vor oder während eines Angriffs. Durch diese Variation läßt sich das gleiche Überraschungsmoment erzielen. So läßt sich z. B. eine Reihe von absichtlich verlangsamten Täuschungsmanövern und absichtlich langsames Hinein- und Herausgehen aus der Distanz dazu verwenden, den Gegner »einzuschläfern«. Eine Bewegung, die dann plötzlich mit höchster Schnelligkeit explosionsartig geführt wird, trifft den Gegner dann meist unvorbereitet. Ebenso wird ein wachsamer Gegner oft durch eine Reihe von schnellen Täuschungsmanövern verwirrt, denen eine absichtlich verlangsamte oder mit unterbrochenem Rhythmus geführte Abschlußtechnik folgt.

Einige Kämpfer haben die Angewohnheit, die Hand oder das Bein wegzuziehen, wenn auf sie ein Angriff geführt wird. Diese Kämpfer sind dann sehr verletzbar gegenüber erneuten Angriffen mit schnellen Vorstößen.

Manchmal kann eine Reihe von Täuschungsmanövern zur oberen Linie den Weg für ein plötzliches Trennen zum Knie ebnen.

Eine Vorbereitung zum Knie und das Ergreifen der Hand oder des Beines, während man des Gegners Bein behindert, wird oft verwendet, um den Bewegungs-Zeitfaktor zu verringern. Umgekehrt sind aber auch Angriffe in die Vorbereitung hinein sehr wirksam.

Ein Angriff mit unterbrochenem Rhythmus, bei dem vor der Abschlußbewegung eine kurze Pause eintritt, kann den Gegner sehr wirkungsvoll über die eigenen Absichten täuschen.

Eine Methode, um etwas über die Reaktion des Gegners zu erfahren, besteht darin, einen einfachen Angriff gerade noch etwas außer Distanz zu führen, so daß er ihn trotzdem abwehren muß. Warte auf seinen Konterangriff, lenke diesen ab und suche sorgfältig ein Ziel für deine Gegenaktion aus.

Beobachte deinen Gegner! Wende deinen Blick von ihm beim Kampf niemals ab. Um erfolgreich kämpfen zu können, muß man alles sehen, was sich während eines Kampfes abspielt. Beim Kampf auf größerer Distanz sollte man die Augen des Gegners beobachten. Achte einmal darauf, wohin Tiere bei ihren Kämpfen schauen. Beim In-Fight (Nahdistanz) sollte man entweder die Beine oder die Hüfte des Gegners im Auge behalten.

Versuche dem Gegner die Initiative zu nehmen und ihn in die Defensive zu drängen; laß ihn immer rätseln, welche Bewegung du als nächste ausführst. Gib ihm, wenn möglich, niemals eine Ruhepause. Schlage aus allen Winkeln. Mache deine rechten Jabs zu Doppelschlägen. Spüre die Schwächen des Gegners auf. Finde heraus, was ihn am meisten stört. Konzentriere deinen Angriff auf diesen Fehler in seiner Verteidigung und laß niemals nach. Zwinge ihm die Gangart auf, die er am wenigsten mag.

Sei immer in Bewegung, um damit den Gegner nicht in die Position zum Schlagen kommen zu lassen oder um dessen Schläge ins Leere gehen zu lassen. Weiche seinen Vorstößen seitlich und durch Kreiseln aus. Wenn er außer Gleichgewicht kommt, sei sofort mit allen Mitteln da. Nutze Vorteile aus.

Verschwende keine Bewegung. Setze hinter jedes Täuschungsmanöver, jeden Angriff oder jede Verteidigung ein Ziel. Kündige keine Schläge schon im voraus an.
- Greife mit Bestimmtheit an.
- Greife mit Genauigkeit an.
- Greife mit großer Schnelligkeit an.

Rückblickend läßt sich sagen, daß alle Angriffsaktionen mit dem Arm, unabhängig, wie einfach oder kompliziert sie sind, auf eine oder mehrere der folgenden drei Grundlagen zurückgehen: Schlag oder Vorbereitung zu Führungshand oder Führungsfuß des Gegners, Trennen und einfacher Schlag.

Jede grundlegende Angriffs- oder Verteidigungsaktion mit richtiger Strategie und kämpferischer Offenheit läßt sich, unter den richtigen Bedingungen, auch bei den kompliziertesten Kampfformen einsetzen.

Trainingshilfen

In den Übungsstunden wird der Lehrer versuchen, die taktischen Anwendungen eines jeden Schlags genau und überzeugend zu erklären, sei es bei Angriff, Verteidigung oder Gegenangriff. Für jeden der Fälle wird er eine Erklärung der folgenden Punkte geben:

Wie	wird eine Technik ausgeführt.
Warum	wird eine Technik ausgeführt.
Wann	wird eine Technik ausgeführt.

Wenn in den Übungsstunden die Vielzahl der Situationen behandelt wurde, in denen sich ein Schlag einsetzen läßt, dann wird der Schüler wahrscheinlich durch eine ungewöhnliche Aktion nicht so leicht zu überraschen sein.

Übe öfters mit wechselnden Partnern, um nicht auf eine bestimmte Taktik oder Kadenz festgelegt zu werden.

Denke immer daran, daß derjenige ein erfolgreicher Kämpfer ist, der aus der Vielzahl der erlernten Schläge den für die jeweilige Situation richtigen auswählen gelernt hat.

Einer der wichtigsten Punkte beim Training ist die Beherrschung von Kombinationen (Hände, Beine, oder beide zusammen, usw.). Man muß zuerst den Stil des Gegners studieren, bevor man entscheidet, welche Kombinationen sich bei diesem möglicherweise erfolgreich einsetzen lassen.

Anmerkung des Herausgebers: Die fünf Wege des Angriffs sind die letzten skizzierten Aufzeichnungen, die Bruce kurz vor seinem Tod zur Erklärung seiner Techniken verwendete. Die Unvollständig-keit dieser Aufzeichnungen ist ganz offensichtlich, wenn man sie mit den ausführlichen Erklärungen vergleicht, die er seinen persönlichen Schülern gab.

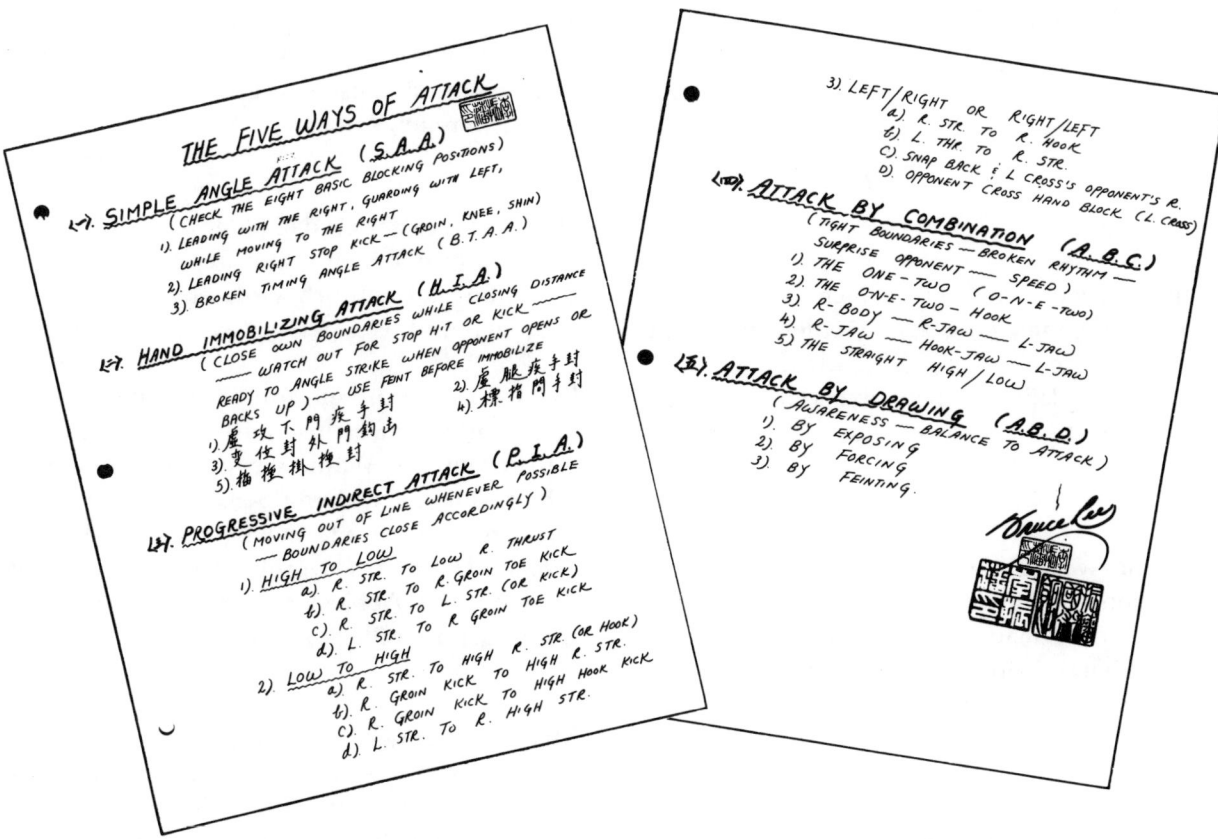

Einfacher Winkelangriff

Der einfache Winkelangriff ist ein einfacher Angriff, der mit einem unerwarteten Winkel geführt wird und dem manchmal ein Täuschungsmanöver vorausgeht. Er wird häufig durch eine Korrektur der Distanz mittels Beinarbeit eingeleitet. Studiere die ausweichende Führungshand und den einfachen Angriff.

Angriff mit Unbeweglichmachung

Der Angriff mit Unbeweglichmachung wird so ausgeführt, daß bei ihm gegen Kopf (Haare), Hand oder Bein des Gegners eine unbeweglichmachende Vorbereitung (Festnageln, Fangen, Festhalten) angewendet wird, während man durch die Kontaktlinie hindurchgeht. Durch das Unbeweglichmachen wird der Gegner daran gehindert, den betreffenden Körperteil zu bewegen, wodurch eine Sicherheitszone entsteht, aus der heraus man schlagen kann. Angriffe mit Unbeweglichmachung lassen sich vorbereiten (Aufstellung), indem man beliebig einen der vier anderen Wege des Angriffs einsetzt. Das Unbeweglichmachen läßt sich einzeln oder in Kombinationen ausführen. Studiere ebenso den Stoppschlag.

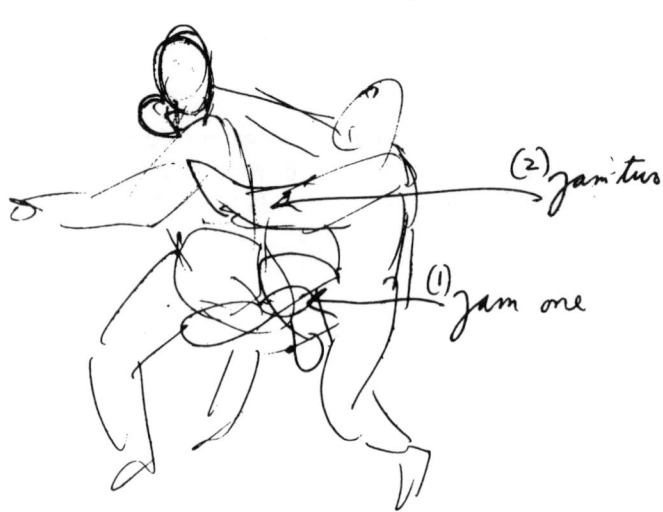

Das Unbeweglichmachen kann auch als eine vorbeugende Maßnahme eingesetzt werden, während man mit der einen Hand angreift und mit der anderen festnagelt. Es läßt sich ebenfalls als vorbeugende Maßnahme beim Ausweichen oder Kontern einsetzen.

Um das Unbeweglichmachen in dem Moment einsetzen zu können, in dem der Gegner einen Schlag führen will, muß man wissen, wann der Gegner seine Hand herausbringt. Außerdem muß man dabei schnell und geschickt handeln.

Entwickle für deinen Unterarm Körpergefühl, um ihn als Störungswaffe verwenden zu können. Verwende ihn zusammen mit Ellenbogenstößen wie einen lockeren, schnappenden Stock.

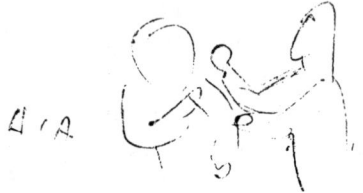

Vorschreitender indirekter Angriff

Dem vorschreitenden indirekten Angriff geht ein Täuschungsmanöver oder ein absichtlich zielloser Vorstoß voraus, um die Aktionen und Reaktionen des Gegners fehlzuleiten, damit man in die sich öffnende Linie schlagen kann. Der vorschreitende indirekte Angriff wird ohne Zurückziehen in einer einzigen, nach vorne gerichteten Bewegung ausgeführt, ganz im Gegensatz zum einfachen Winkelangriff, dem ein Täuschungsmanöver vorausgeht und der somit eigentlich aus zwei Aktionen besteht. Studiere Täuschungsmanöver und Trennen.

Der vorschreitende indirekte Angriff wird hauptsächlich bei Gegnern angewendet, deren Verteidigung stark und schnell genug ist, um mit einem einfachen direkten Angriff fertig zu werden. Außerdem läßt sich durch diesen Angriff eine größere Vielfalt beim Angreifen erreichen.

Denke immer daran, daß jeder vorschreitende indirekte Angriff als eine einzige, vorwärtsgerichtete Bewegung ausgeführt wird, obwohl Täuschungsmanöver und Trennen verwendet werden. Er ist vorschreitend, um Distanz zu überbrücken. Um die Distanz zu verkürzen, muß das Kampfmaß zur ersten Hälfte mit dem Täuschungsmanöver überbrückt werden. Wähle ein genügend langes Täuschungsmanöver, damit der Gegner darauf reagieren kann. Die zweite Bewegung wird dann in der zweiten Hälfte des Kampfmaßes ausgeführt. Warte nicht auf das Abblocken vor Beendigung des Angriffs. Sei dem Block immer voraus.

Man muß seine Angriffsaktion beginnen, während sich der Arm des Gegners seitwärts, aufwärts, abwärts, usw. bewegt. Das bedeutet, daß sich sein Arm kurzzeitig in einer deinem Angriff entgegengesetzten Richtung bewegt. Der Angriff erfolgt dann mit einem Trennen.

Von wenigen seltenen Ausnahmen abgesehen sollten alle Bewegungen so klein wie möglich ausgeführt werden, d. h. mit der kleinsten Abweichung, um den Gegner nicht zu einer Reaktion zu veranlassen. Das Trennen sollte ebenso sehr nahe an der Hand des Gegners vorbeigeführt werden.

Um einen vorschreitenden indirekten Angriff mit dem Bein wirkungsvoller zu machen, sollte man ihn mit einer eineinhalbtaktigen Bewegung versuchen.

E-i-n:
Der erste Angriff erfolgt tief, plötzlich, sparsam, gut gedeckt und, vor allem, gut ausbalanciert. Unterscheide zwischen einer Einleitung für Kraft (wie der umgekehrte Haken) und einer geraden Einleitung.

E-i-n-h-a-l-b:
Die zweite Hälfte besteht aus einem Tritt, der schnell und kraftvoll sein muß und der nicht zu sehr aus der Wachsamkeitsstellung abweicht, wenn man möglicherweise den Kampf auf der Nahdistanz einleitet.

Um das Ziel zu erreichen, muß der Angreifer das nach vorne gerichtete Gleichgewicht des Gegners täuschen, ebenso sein statisches Gleichgewicht, seine Deckung und Abwehren und ihn außerdem in einem Augenblick körperlichen oder geistigen Unvorbereitetseins treffen.

Gehe bei Kombinationen mit Täuschungsmanövern in der einleitenden Phase locker zur eigentlichen

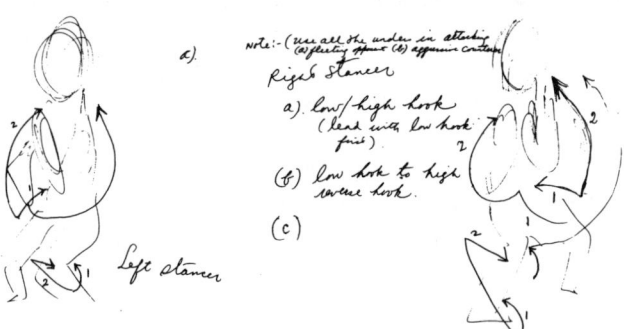

Absicht in der zweiten Phase über. Achte besonders auf das wirksame Überbrückungsvermögen dieser beiden Bewegungen, um dadurch Kraft und Schnelligkeit zu erreichen.

Angriff mit Kombinationen

Der Angriff mit Kombinationen besteht aus einer Reihe von Techniken, die ganz natürlich aufeinander folgen und die im allgemeinen in mehr als nur einer Linie geführt werden. Studiere zusammengesetzte Angriffe und Kombinationsschläge.

Angriffe mit Kombinationen sind normalerweise aus »Vorbereitungen« zusammengesetzt. Der Ausdruck »Vorbereitungen« bedeutet hier eine Serie von Schlägen und/oder Tritten, die in natürlicher Folge ausgeführt werden. Ihr Ziel ist es, den Gegner in solch eine Lage zu bringen, oder solch eine Öffnung zu schaffen, daß der letzte Schlag der Serie

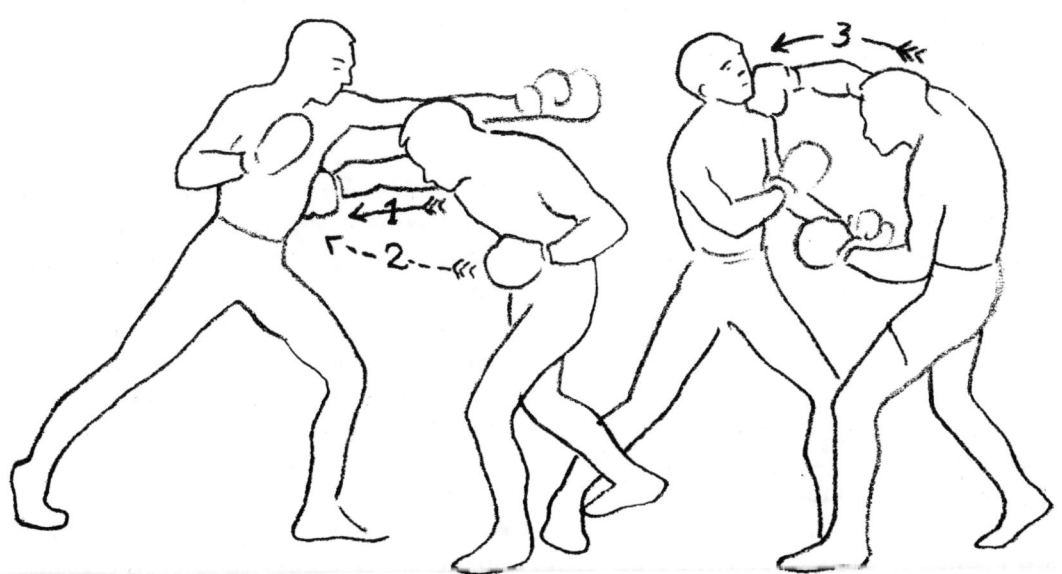

eine empfindliche Stelle trifft. Durch Kombinationen wird der Gegner für einen endgültigen KO-Schlag oder -Tritt »bereitgestellt«.

Der Unterschied zwischen einem erfahrenen Kämpfer und einem Neuling liegt darin, daß der Erfahrene jede Gelegenheit nutzt und in jede Öffnung hineinstößt. Er nutzt seine sensitive und beherrschende Aura und seinen bestimmenden Rhythmus. Er führt seine Schläge und/oder Tritte in einer wohlüberlegten Reihe aus, wobei jede Öffnung wieder eine weitere ergibt, bis er schließlich den entscheidenden Schlag sauber ausführen kann.

Dreifachschläge sind bei Angriffen mit Kombinationen nicht ungewöhnlich. Sie können ausgeführt werden, indem man zuerst nach innen oder außen ausweicht und dann zwei Schläge zum Körper macht, denen ein Schlag zum Kopf folgt. Durch die ersten beiden Schläge wird die Deckung des Gegners heruntergebracht, wodurch die für den abschließenden Schlag nötige Öffnung entsteht.

Es scheint natürlich zu sein, wenn man zuerst eine Gerade und dann einen Haken schlägt. Ebenso scheint es natürlich, wenn man zuerst zum Kopf, und dann zum Körper schlägt.

Die Grundlage von Folgeschlägen und »Vorbereitungen« ist Rhythmus und Gefühl. Das Schlagen in einem bestimmten Rhythmus ist ein wichtiger Faktor beim westlichen Boxen.

Einige Schläge scheinen »Folgeschläge« zu sein, weil sie nach bestimmten Führungshänden gemacht werden. So ist z. B. die linke Gerade ein Folgeschlag auf den rechten Jab, und ein rechter Haken ist ein Folgeschlag auf die linke Gerade.

Eine andere Version des Dreifachschlags ist unter dem Namen »Sicherheits-Dreier« bekannt. Der Sicherheitsdreier besteht aus einer Serie von Schlägen, bei denen auf der Grundlage eines bestimmten Rhythmus zuerst zum Körper und dann zum Kopf geschlagen wird, oder umgekehrt. Man muß sich nur merken, daß der letzte Schlag genau zur gleichen Stelle wie der erste Schlag gemacht wird.

Wenn der erste Schlag zum Kiefer erfolgt, dann geht der letzte Schlag ebenfalls zum Kiefer.

Studiere auch die 1-2-Variationen.

Stehe den verschiedenen Wegen bei Kombinationen aufgeschlossen gegenüber und sei fähig, ihren Weg bei der Ausführung zu ändern.

Be expose to the various paths of combinations and to change path during one path.

Angriff mit Ziehen

Der Angriff mit Ziehen ist ein Angriff oder Gegenangriff, der eingeleitet wird, nachdem der Gegner in eine exponierte Lage verlockt (»Ziehen«) wurde, indem man ihm absichtlich eine Öffnung anbietet oder Bewegungen macht, die er zu timen und zu kontern versucht. Beim Angriff mit Ziehen können die anderen vier Wege des Angriffs verwendet werden. Studiere das Timing und die acht grundlegenden Verteidigungsstellungen.

Es ist normalerweise immer am besten, wenn man den Gegner möglichst zum Führen veranlaßt (Verleiten, »Ziehen«), bevor man selbst einen Schlag ausführt. Wenn man den Gegner zwingt, sich auf einen bestimmten Schritt festzulegen, dann kann man sich über dessen weitere Aktionen ziemlich sicher sein. Diese Festlegung beraubt ihn der Möglichkeit, seine Position und Deckung schnell genug zu ändern, um sich erfolgreich gegen einen Angriff zur Wehr zu setzen.

Allein schon durch das Schlagen wird oder sollte einem der Gegner Öffnungen anbieten. Man sollte ihn soweit bringen, daß er einem ein gutes Zielgebiet »schenkt«.

Am wichtigsten ist jedoch, daß man sich vom Gegner eine beträchtliche Kraft »ausgeliehen« hat, die man der des eigenen Konters hinzufügt. Denke immer daran, daß das ganze Geheimnis beim harten Schlagen im richtigen Timing, in richtiger Plazierung und geistiger Anwendung liegt.

Behalte deine Wachsamkeit und dein Gleichgewicht zum Angriff, nachdem der Gegner durch das Anbieten einer absichtlich ungedeckten Stelle verleitet wurde, sich zu Exponieren (»Ziehen«). Dieses Exponieren läßt sich auch durch Drängen (Hereingehen mit oder ohne Unbeweglichmachen, langsam oder schnell) und durch vorgetäuschte Angriffe erreichen, die er zu kontern versucht.

武道釋義

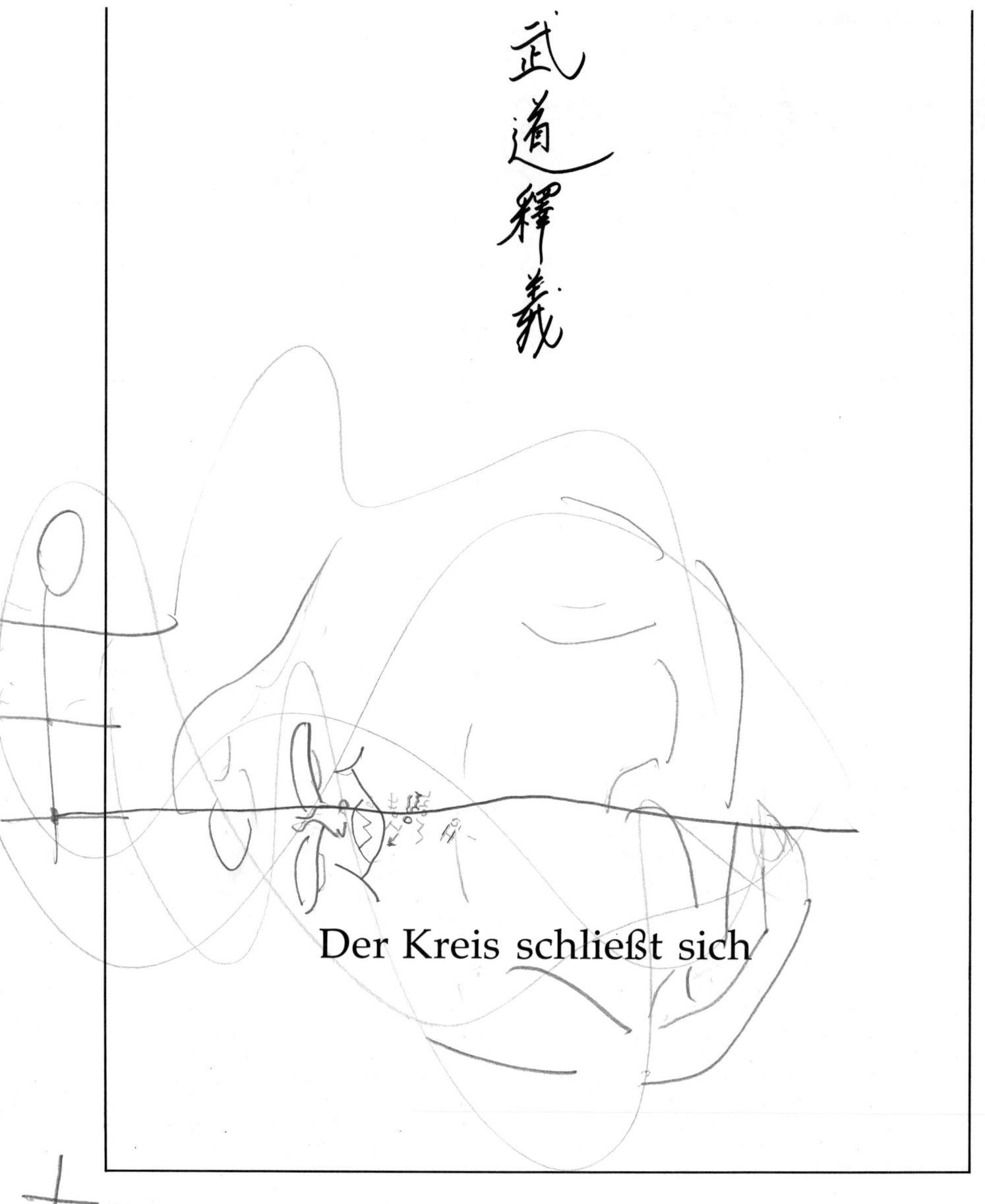

Der Kreis schließt sich

Jeet Kune Do ist letzten Endes keine Angelegenheit von Technik, sondern von hochentwickelter persönlicher Geistigkeit und Körperlichkeit. Dabei geht es nicht darum, das zu entwickeln, was schon entwickelt wurde, sondern die Dinge wieder ans Licht zu bringen, die bereits vergessen waren. Diese Dinge sind immer mit uns, in uns, und wurden nur durch unsere fehlgeleitete Manipulation verschüttet oder verfälscht. Das Jeet Kune Do ist daher keine Angelegenheit von Technologie, sondern von geistiger Innenschau und Training.

Die Werkzeuge liegen in einem unbestimmbaren Zentrum eines Kreises ohne Umfang, sich bewegend und doch nicht bewegend, gespannt und doch entspannt, alles sehend und doch ohne jegliche Furcht vor dem Ergebnis des Gesehenen, ohne einen festgelegten Plan, ohne eine bewußte Berechnung, ohne Vorausdenken, ohne Erwartung – kurz, unschuldig wie ein Baby und doch mit all dem Wissen, der List und der wachen Intelligenz eines voll entwickelten Geistes.

Lasse die Weisheit hinter dir und begebe dich noch einmal zum gewöhnlichen Menschsein zurück. Nachdem du die andere Seite verstehen gelernt hast, komme zurück und lebe auf dieser Seite. Nachdem du die Nicht-Kultur kultiviert hast, sind deine Gedanken von den rätselhaften Dingen befreit, obwohl man mitten im Rätselhaften bleibt und doch von ihm losgelöst ist.

Der Mensch und seine Umgebung sind ausgeschaltet. Dann sind weder der Mensch, noch seine Umgebung ausgeschaltet. Führe diesen Gedanken zu Ende!

Man kann niemals Meister seines technischen Könnens sein, wenn nicht alle geistigen Hinderungsgründe aus dem Weg geräumt sind und man seinen Geist nicht in einen Zustand der Leere (Fließen) bringen kann, in dem alle erlangten Techniken ausgelöscht sind.

Wenn sich das ganze Training im Wind auflöst, wenn sich der Geist seines eigenen Arbeitens nicht mehr bewußt ist, wenn sich das eigene Selbst ir-

gendwo verflüchtigt, dann hat die Kunst des Jeet Kune Do ihre höchste Perfektion erlangt.

Je bewußter man wird, desto mehr streift man das Erlernte in zunehmendem Maß ab, so daß der Geist immer frisch und von vorausgegangener Konditionierung frei ist.

Das Erlernen der Techniken entspricht einem intellektuellen Begreifen der Zen-Philosophie. Sowohl im Zen als auch im Jeet Kune Do kann der gesamte Bereich nicht mit einer gewissen geistigen Fertigkeit erfaßt werden. Beide erfordern ein Erlangen der letzten Realität, nämlich der Leere oder des Absoluten. Das Absolute übersteigt alle Arten von Relativität.

Im Jeet Kune Do sollte man jegliche Technik ganz vergessen und es ganz dem Unbewußten überlassen, mit einer Situation fertig zu werden. Die Technik wird dann ihre Fähigkeiten ganz spontan und automatisch zur Geltung bringen. Sich in der Totalität treiben zu lassen, keine Technik zu haben, bedeutet die totale Technik zu haben.

Die erworbenen Kenntnisse und Fähigkeiten sind dazu bestimmt, »vergessen« zu werden, so daß man leicht und bequem, ohne Hinderungen, ganz in der Leere aufgehen kann. Das Lernen ist wichtig; man sollte sich aber davon nicht versklaven lassen. Eigne dir aber vor allem nichts Äußerliches und Überflüssiges an – es kommt in erster Linie auf den Geist an. Jede Technik, und sei sie auch noch so gut und erstrebenswert, wird zu einer Krankheit, wenn der Geist von ihr »besessen« ist.

Die sechs Krankheiten:

1. Das Streben nach Sieg.
2. Das Streben, sich auf technische Listen zu verlassen.
3. Das Streben, alles Gelernte auch zeigen zu wollen.
4. Das Streben, dem Gegner Furcht einzuflößen.
5. Das Streben, die passive Rolle zu übernehmen.
6. Das Streben, die Krankheit loszuwerden, von der man befallen ist.

Streben ist wie eine Sucht. Angestrengt nicht zu streben ist ebenfalls eine Sucht. Von der Sucht frei zu sein bedeutet dann, daß man von beiden Aussagen, der positiven wie der negativen, frei ist. Das bedeutet, daß man gleichzeitig »Ja« und »Nein« sein muß, was intellektuell eigentlich absurd ist. Nicht jedoch im Zen.

Nirvana heißt, bewußt unbewußt zu sein oder unbewußt bewußt. Darin liegt das Geheimnis. Dieser Vorgang ist so direkt und unmittelbar, daß hier eine intellektualisierte Betrachtung keinen Ankerplatz findet, um diese Aussage zu »zerpflücken«.

Der Geist ist zweifellos die Kontrollinstanz unserer Existenz. Diese unsichtbare Steuerzentrale kontrolliert in jeder nur denkbaren äußeren Situation jede Bewegung. Erhalte dir diesen Zustand geistiger Freiheit und Nicht-Bindung, sobald du die Kampfstellung einnimmst. Sei »Herr im Haus«.

Es ist das Ich, das sich starr gegen Einflüsse von außen stemmt und durch dieses starre Ich wird es unmöglich, alle uns konfrontierenden Dinge hinzunehmen.

Kunst besteht dort, wo absolute Freiheit herrscht, denn wo diese nicht ist, kann es auch keine Kreativität geben.

Strebe nicht nach der kultivierten Unschuld eines klugen Geistes, der die Unschuld bewußt will, sondern komme eher zu einem Zustand der Unschuld, in dem es weder Verneinung noch Bejahung gibt und wo die Dinge für sich selbst gesehen werden.

Alle von den Zielen losgelösten Mittel sind Illusionen. Das Werden ist eine Verneinung des Seins.

Wenn ein Irrtum für lange Zeit immer wieder wiederholt wird, dann stellt die Wahrheit, die zu einem Gesetz oder einer Religion wird, Hindernisse in den Weg zur Erkenntnis. Die Methode, die in ihrem eigentlichen Wesensgehalt Unkenntnis ist, schließt dann die Wahrheit wie in einem Teufelskreis ein. Wir sollten diesen Teufelskreis durchbrechen, nicht durch das Streben nach Wissen, sondern durch Entdeckung der Ursache für unser Unwissen.

Erinnerung und Vorausdenken sind die hochentwickelten Eigenschaften des Bewußtseins, die den menschlichen Geist von dem der Tiere unterscheidet. Wenn jedoch ein bestimmtes Handeln in direkter Beziehung zur Frage von Leben und Tod steht, dann müssen diese Eigenschaften zugunsten von freier Beweglichkeit der Gedanken und blitzschnellem Handeln zurückgestellt werden.

Durch das Handeln setzen wir uns in Beziehung zu allen bestehenden Dingen. Beim Handeln geht es nicht um richtig oder falsch. Richtig und falsch tauchen nur dann auf, wenn das Handeln nur die eine Hälfte des Bestehenden umfaßt.

Laß deine Aufmerksamkeit nicht in einer bestimmten Richtung festnageln. Überwinde das dualistische Verstehen einer Situation.

Gebe das Denken auf, als ob du es nicht aufgibst. Beobachte die Techniken, als ob du sie nicht beobachtest. Benutze die Kunst als ein Mittel, um auf dem Studium des Wegs (Tao, Do) weiterzukommen.

Unbewegliches Prana (Lebenskraft) bedeutet nicht Unbeweglichkeit oder Abstumpfung. Es besagt, daß der Geist mit den Fähigkeiten von unendlicher, sofortiger Bewegung ausgestattet ist, die keine Hindernisse kennt.

Mache die Werkzeuge sehend. Alle Bewegungen kommen aus der Leere heraus, und der Geist ist ein Name für diesen dynamischen Aspekt der Leere. Sie ist direkt, ohne Ich-bezogene Motivation. Leere heißt Echtheit, Aufrichtigkeit und Direktheit, wodurch nichts zwischen das Selbst und seine Bewegungen treten kann.

Jeet Kune Do existiert, wenn ich dich nicht sehe und du mich nicht siehst, wo Yin und Yang noch eine Einheit bilden.

Jeet Kune Do wendet sich gegen Aufteilung oder Kategorisierung. Totalität kann in jeder Lage bestehen.

Wenn der Geist beweglich ist, gleicht er dem Mond, der sich in einem Fluß spiegelt. Er ist zugleich beweglich und unbeweglich. Das Wasser bewegt sich immer, aber der Mond behält seine Ruhe. Der Geist bewegt sich in Reaktion auf zehntausende Situationen und bleibt doch immer derselbe.

Ruhe in der Ruhe ist keine richtige Ruhe; erst wenn sich die Ruhe in der Bewegung bildet, kommt der allgemeine Rhythmus zum Ausdruck. Sich mit einer Änderung zu ändern ist der änderungslose Zustand. Das Nichts kann nicht abgegrenzt werden; ein weicher Gegenstand kann nicht hart gefaßt werden.

Erlange die ursprüngliche Reinheit. Um diese ursprünglichen Aktivitäten bis zur Grenze der Vollendung wirken lassen zu können, sollten alle seelischen Hinderungsgründe beseitigt werden.

Wenn man doch nur sofort mit dem Auge schlagen könnte! Wieviel geht auf den langen Weg vom Auge durch den Arm zur Faust verloren!

Schärfe dein Vermögen zu Sehen, um sofort gemäß dem Gesehenen handeln zu können. Sehen findet tief im Geist statt.

Da das eigene Selbst-Bewußtsein und Ich-Bewußtsein zu stark über dem ganzen Aufmerksamkeitsbereich vorhanden ist, stören sie die freie Entfaltung egal welcher Fertigkeit, die man sich erworben hat oder die man sich noch erwirbt. Man sollte dieses sich aufdrängende Selbst oder Ich-Bewußtsein ausschalten und sich so der Arbeit widmen, als ob in diesem Moment nichts außergewöhnliches stattfinden würde.

Leersein des Geistes bedeutet Totalität des Geistes.

Der Geist muß geöffnet sein, um seine Gedanken frei entwickeln zu können. Ein beschränkter Geist kann nicht frei sein.

Ein konzentrierter Geist bedeutet nicht ein aufmerksamer Geist. Nur ein Geist, der sich in einem Zustand von Bewußtsein befindet, kann sich konzentrieren. Bewußtsein schließt nichts aus, sondern schließt alles ein.

Nicht gespannt, sondern bereit, nicht denkend und doch nicht träumend, nicht starr, sondern beweglich – dies bedeutet, völlig und ruhig zu leben, bewußt und wachsam, bereit für alles, was auch immer kommen mag.

Das Jeet Kune Do lehrt, daß man immer auf die Andersartigkeit der jeweiligen Gegner eine Einstellung finden muß. Sobald der Geist bei einem von ihnen »stoppt«, verliert er seine Beweglichkeit. Deshalb sollte man seinen Geist immer in einem Zustand der Leere halten, so daß die Freiheit in der Aktion auf keine Hindernisse stößt.

Die Stufe des Verweilens ist der Punkt, wo der Geist zögert, um zu verweilen. Er verharrt bei einem Gegenstand und stellt das Fließen ein.

Ein getäuschter Geist ist ein Geist, der gefühlsmäßig vom Intellekt belastet wird. Er kann sich nicht ohne Anhalten und Nachdenken über sich selbst bewegen. Dadurch wird seine ursprüngliche fließende Beweglichkeit zerstört.

Ein Rad dreht sich, wenn seine Nabe nicht zu fest an der Achse befestigt ist. Wenn der Geist starr ist, fühlt er sich bei jeder gemachten Bewegung behindert und kann nichts mehr spontan ausführen. Die geleistete Arbeit ist dann entweder von geringer Qualität oder wird möglicherweise nie zu Ende geführt.

Wenn der Geist an einen bestimmten Mittelpunkt »angebunden« ist, dann ist er nicht frei. Er kann sich nur innerhalb des von diesem Mittelpunkt gewährten Spielraums bewegen. Wenn man isoliert ist, dann kommt das dem Tod gleich; man ist ein Gefangener in der Festung seiner eigenen Vorstellungen.

Wenn man ein totales Bewußtsein entwickelt hat, bleibt dort kein Raum für eine Konzeption, ein Schema, ein »der Gegner und ich«; dort existiert nur noch vollkommenes Aufgehen.

Wenn alle Hinderungsgründe beseitigt sind, dann bewegt man sich so schnell wie der Blitz oder wie der Bilder reflektierende Spiegel.

Wenn das Unwesentliche und das Wesentliche nicht starr und festgelegt sind, wenn es keinen Weg gibt, das zu ändern, was ist, dann hat man die formlose Form gemeistert. Wenn es ein Anhängen an der Form gibt, ein Binden des Geistes, so ist dies nicht der richtige Weg. Wenn Technik aus sich selbst heraus entsteht, dann hat man den richtigen Weg.

Jeet Kune Do ist die Kunst, die nicht auf Techniken oder Lehrsätzen beruht. Sie ist einfach wie man selbst.

Wenn es keinen Mittelpunkt und keinen Umfang gibt, dann ist dort Wahrheit.

Die meisten von uns haben ein sehr heftiges Verlangen, sich als Instrumente in den Händen von anderen sehen zu wollen, um sich damit von der Verantwortung für Handlungen zu entbinden, die von unseren eigenen fragwürdigen Neigungen und Impulsen verursacht werden. Sowohl die Starken, als auch die Schwachen greifen nach diesem Alibi. Die letzteren verstecken ihre Übeltaten hinter der Tugend des Gehorsams. Ebenso versuchen sich die Starken loszusprechen, indem sie sich als ausgewählte Werkzeuge einer höheren Macht ausgeben – Gott, Geschichte, Schicksal, Staat oder Menschheit.

Ebenso haben wir mehr Vertrauen in Dinge, die wir nachahmen, als in Dinge, die wir selbst schaffen. Von Dingen, die ihre Wurzeln in uns selbst haben, können wir für uns kein Gefühl der absoluten Gewißheit ableiten. Das stärkste Gefühl von Unsicherheit wird durch das Alleinsein verursacht und wir sind nicht allein, wenn wir nachahmen. So ist es mit den meisten von uns; wir sind das, was andere von uns sagen. Wir kennen uns sozusagen hauptsächlich vom Hörensagen.

Um von dem verschieden werden zu können, was wir sind, müssen wir zuerst ein bestimmtes Bewußtsein von dem entwickeln, was wir sind. Man kann ohne das Bewußtsein von einem selbst, das Selbstbewußtsein, nicht feststellen, ob dieses Verschiedensein nur zu einer Verstellung führt oder zu einer wirklichen Änderung. Es ist bemerkenswert, daß genau diejenigen, die am meisten mit sich selbst unzufrieden sind, die am stärksten nach einer neuen Identität suchen, auch das wenigste Selbstbewußtsein haben. Sie haben sich von einem ungewollten Selbst abgewendet und konnten es deshalb nie genau untersuchen. Das führt dazu, daß die meisten unzufriedenen Leute sich weder verstellen noch

eine wirkliche Änderung erreichen können. Sie sind durchschaubar, und ihre ungewollten Eigenschaften bestehen durch alle Versuche von Selbst-Dramatisierung und Selbst-Umwandlung. Es ist der Mangel an Selbst-Bewußtsein, der uns durchsichtig macht. Der Geist, der sich selbst kennt, ist undurchsichtig.

Furcht kommt von Ungewißheit. Wenn wir uns absolut sicher sind, sei es über unseren eigenen Wert oder die eigene Wertlosigkeit, findet die Furcht so gut wie keinen Zugang. So kann ein Gefühl von äußerster Wertlosigkeit zu einer Quelle für Mut werden. Alles scheint möglich, wenn wir absolut hilflos oder absolut mächtig sind – und beide Zustände regen unsere Leichtgläubigkeit an.

Stolz ist ein Gefühl von Wert, das sich von etwas ableitet, das nicht ursprünglich Teil unseres Wesens war, während sich die Selbstachtung von den Möglichkeiten und Errungenschaften des Selbst herleitet. Wir sind stolz, wenn wir uns mit einem imaginären Selbst identifizieren, einem Führer, einer heiligen Sache, einer Gemeinschaft oder gemeinsamen Besitzgütern. Im Stolz liegt Furcht und Intoleranz; er ist empfindlich und nicht nachgebend. Je weniger Aussichten und Möglichkeiten im eigenen Selbst liegen, desto dringender wird Stolz erforderlich. Im Kern bedeutet Stolz Selbstablehnung. Es stimmt aber auch, daß Stolz zur Versöhnung mit dem Selbst und zur Erlangung von wirklicher Selbstachtung führen kann, wenn durch ihn Energien freigesetzt werden und er als ein Pfad zur Vollendung dient.

Verheimlichung kann eine Ursache für Stolz sein. Es ist paradox, daß Verheimlichung die gleiche Rolle spielt wie Prahlerei – beide schaffen falsche Vorstellungen. Durch Prahlerei wird die Schaffung eines imaginären Selbst versucht, während Verheimlichung uns das erheiternde Gefühl vermittelt, daß wir Prinzen unter dem Mantel der Bescheidenheit sind. Von diesen beiden Dingen ist die Verheimlichung schwieriger und wirkungsvoller. Für jemand, der sich selbst beobachtet, beinhaltet die Prahlerei Selbstverachtung. Es ist so, wie schon Spinoza sagte: »Nichts fällt dem Menschen schwerer als das Zügeln seiner Zunge. Er kann seine Wünsche besser mäßigen als seine Worte.« Deshalb bedeutet Bescheidenheit nicht die Absage an den Stolz mit Worten, sondern das Ersetzen des Stolzes durch Selbst-Bewußtsein und Objektivität. Eine gezwungene Bescheidenheit ist falscher Stolz.

Es wird ein schicksalhafter Prozeß in Gang gesetzt, wenn das Individuum »in die Freiheit seiner eigenen Ohnmacht« entlassen wird und seine Existenz durch seine eigenen Anstrengungen rechtfertigen muß. Das Individuum für sich, das nach Selbstverwirklichung strebt und seinen Wert unter Beweis stellen will, hat all das geschaffen, was in Literatur, Kunst, Musik, Wissenschaft und Technik Größe besitzt. Ebenso wird das selbständige Individuum zu einem Nährboden für Frustrationen und zum Samen für die bis in die Grundfesten gehende Erschütterung unserer Welt, wenn es sich nicht selbst verwirklichen oder seine Existenz durch eigene Anstrengungen rechtfertigen kann.

Das selbständige Individuum ist nur so lange gefestigt, wie es Selbstachtung aufweist. Die Aufrechterhaltung der Selbstachtung wird zu einer fortdauernden Aufgabe, die die Kräfte und inneren Möglichkeiten des Individuums beansprucht. Wir müssen jeden Tag unseren Wert neu beweisen und unsere Existenz rechtfertigen. Wenn aus irgendeinem beliebigen Grund die Selbstachtung nicht erreicht werden kann, dann wird das selbständige Individuum zu einem äußerst explosiven Wesen. Es wendet sich von dem wenig versprechenden Selbst ab und stürzt sich in das Streben nach Stolz, dem explosiven Ersatz für Selbstachtung. Alle gesellschaftlichen Unruhen und Umwälzungen haben ihre Wurzeln in Krisen der Selbstachtung des Individuums, und das große Streben, hinter dessen Banner sich die Massen bereitwillig sammeln, ist im Grunde genommen die Suche nach Stolz. So erlangen wir ein Gefühl von Wert, indem wir entweder

unsere Talente erkennen, oder uns beschäftigt halten und uns mit etwas außerhalb unseres eigenen Selbst identifizieren – sei es ein Führer, eine Sache, eine Gruppe, Besitztümer, usw. Der Pfad zur Selbstverwirklichung ist der schwierigste Weg. Er wird nur dann eingeschlagen, wenn die anderen, breiteren und bequemeren Straßen zu einem Gefühl von Wert mehr oder weniger verschlossen sind. Talentierte müssen zu kreativer Arbeit ermutigt und angespornt werden. Ihr Stöhnen und Wehklagen hallt über die Jahrhunderte wider.

Handeln ist ein breiter Weg zu Selbstvertrauen und Selbstachtung. Wo dieser Weg offen ist, fließen ihm alle Energien zu. Er kann sich den meisten bereitwillig öffnen und seine Belohnungen sind greifbar. Die Kultivierung des Geistes jedoch ist flüchtig und schwierig und das Streben danach ist selten spontan, während die Gelegenheiten zum Handeln in Vielzahl vorhanden sind.

Der Hang zum Handeln ist für eine innere Unausgeglichenheit symptomatisch. Ausgeglichen sein bedeutet, mehr oder weniger in Ruhe zu sein. Handeln liegt an der unteren Stufe – ein Schwingen und Rudern der Arme, um sein Gleichgewicht wiederzufinden und sich weiterzubewegen. Und wenn es wahr ist, wie Napoleon an Carnot schrieb, daß »die Kunst des Regierens darin besteht, die Menschen immer beschäftigt zu halten«, dann ist es eine Kunst des »Ungleichgewichts«. Der wesentliche Unterschied zwischen einem totalitären Staat und einer freien Gesellschaftsordnung liegt vielleicht in den Methoden des »Ungleichgewichts«, durch die die Bevölkerung aktiv und beschäftigt gehalten wird.

Man erzählt uns, daß das Talent seine eigenen Gelegenheiten schafft. Dennoch hat es manchmal sogar den Anschein, daß ein intensives Verlangen nicht nur seine eigenen Möglichkeiten, sondern auch seine eigenen Talente schafft.

Die Zeiten drastischer Veränderungen sind leidenschaftliche Zeiten. Wir können niemals für etwas tauglich und bereit sein, das gänzlich neu ist. Wir müssen uns zuerst anpassen und jede radikale Anpassung bedeutet eine Krise in der Selbstachtung: wir unterziehen uns einer Prüfung; wir müssen uns

selbst beweisen. Eine drastischen Veränderungen ausgesetzte Bevölkerung ist somit eine Bevölkerung von »Unpassenden« und »Unpassende« leben und atmen in einer Amosphäre von Leidenschaft.

Wenn wir etwas leidenschaftlich verfolgen, dann bedeutet das nicht immer, daß wir es wirklich wollen oder eine spezielle Eignung dafür haben. Allzu oft ist die Sache, die wir leidenschaftlich verfolgen, nur ein Ersatz für die Sache, die wir wirklich wollen, aber nicht bekommen können. Man kann normalerweise mit Bestimmtheit voraussagen, daß die Erfüllung eines äußerst stark gehegten Verlangens unser nagendes Verlangen wahrscheinlich nicht stillt. Bei jeder leidenschaftlichen Verfolgung eines Verlangens zählt das Verlangen mehr als die verlangte Sache.

Unser Gefühl für Macht wird stärker ausgeprägt, wenn wir den Willen eines Menschen brechen, als wenn wir seine Zuneigung gewinnen, denn diese Zuneigung kann sich morgen schon wieder abwenden. Wenn wir jedoch einen stolzen Geist brechen, dann ist das endgültig und absolut.

Eher als das Prinzip der Gerechtigkeit kann uns das Mitgefühl davor bewahren, zu unseren Mitmenschen ungerecht zu sein.

Es ist zweifelhaft, ob es etwas wie impulsive oder natürliche Toleranz gibt. Toleranz erfordert eine bestimmte geistige Anstrengung und Selbstkontrolle. Ebenso geschehen Akte von Freundlichkeit selten ohne Überlegung und Nachdenken. So scheint es, daß eine gewisse Künstlichkeit, ein Vorgeben und Posieren mit jeder Handlung oder Haltung untrennbar verknüpft ist, die eine Beschränkung unseres »Appetits« und unserer Selbstsucht beinhalten.

Wir sollten uns vor Leuten hüten, die es nicht für nötig halten vorzugeben, daß sie gut und anständig sind. Der Mangel an Heuchelei in solchen Dingen weist auf eine Fähigkeit für eine verderbte Unbarmherzigkeit hin. Vorgeben und Vorschützen ist oft unerläßlich auf dem Weg zur Erlangung von Echtheit. Es ist eine Form, in die echte Neigungen fließen und sich dort verfestigen.

Die Steuerung unseres Seins ist der Kombination eines Safes nicht unähnlich. Durch nur eine Drehung des Knopfes wird der Safe selten geöffnet; jedes Vor- und Zurückgehen ist ein Schritt zur endgültigen Vervollkommnung.

Der Sinn des Jeet Kune Do liegt nicht darin, jemanden zu verletzen, sondern es stellt eines der Wege dar, durch die uns das Leben seine Geheimnisse enthüllt. Wir können nur dann andere durchschauen, wenn wir uns selbst durchschauen können und Jeet Kune Do ist ein Schritt zur eigenen Selbsterkenntnis.

Selbsterkenntnis ist die Grundlage des Jeet Kune Do, weil sie nicht nur für die Kampfkunst des einzelnen wirksam ist, sondern auch für sein Leben als menschliches Wesen.

Das Erlernen des Jeet Kune Do ist nicht das Ansammeln von Wissen oder Anhäufen von stilisierten Mustern, sondern das Herausfinden des Grunds für Unwissenheit.

Wenn die Leute sagen, daß Jeet Kune Do von »diesem« oder von »jenem« verschieden ist, dann soll der Name des Jeet Kune Do ausgelöscht sein, damit es ist, was es ist, nämlich nur ein Name. Davon sollte bitte kein Aufhebens gemacht werden.